KB196563

正說清朝 12帝

청나라 제국의 황제들

청나라 제국의 황제들

초판   1쇄 발행 2007년 7월 5일
개정 1판 1쇄 발행 2017년 9월 20일
개정 2판 1쇄 발행 2025년 3월 5일

지은이 옌 총니엔
옮긴이 장성철
발행인 권윤삼
발행처 도서출판 산수야

등록번호 제2002-000278호
주 소 서울시 마포구 월드컵로 165-4
전 화 02-332-9655
팩 스 02-335-0674

ISBN 978-89-8097-629-4   03910

값은 뒤표지에 있습니다. 잘못된 책은 바꿔드립니다.

www.sansuyabooks.com
sansuyabooks@gmail.com
도서출판 산수야는 독자 여러분의 의견에 항상 귀 기울입니다.

중원을 삼킨 만주족 오랑캐의 성장과 몰락

옌 충니엔 지음 ｜ 장성철 옮김

청나라
제국의 황제들

산수야

추천사

『청나라 제국의 황제들』은 12명의 만주족 오랑캐 황제들을 중심으로 청제국의 성장과 몰락을 조명하는 책이다. 저자는 방대한 사료와 문헌을 바탕으로 청태조 누르하치부터 마지막 황제 푸이에 이르기까지 각 황제들의 개성과 업적, 그리고 그들이 이끌었던 청나라의 흥망성쇠를 생생하게 그려낸다. 단순히 연대기적인 사건 나열에 그치지 않고 황제들의 성격과 정치적 판단, 그들이 처했던 시대적 상황을 분석하며 독자의 이해를 돕는다.

독자는 초기 청나라 리더들(청태조 누르하치에서부터 건륭제까지)의 성공적인 치세를 통해 리더의 역량이 만들어 낸 성장의 결과를 확인하고, 후기 황제들(가경제에서부터 마지막 황제 선통제까지)의 몰락 과정을 통해 역사의 순환과 변화, 권력의 무상함을 배운다.

기업이나 국가와 같은 조직에서 리더의 중요성은 아무리 강조해도 지나치지 않다. 조선과 명나라 틈새에서 생존에 급급하던 여진족이 만주족으로 거듭나며 조선을 정복하고 중원의 명나라까지 정복한 성장 과정에는 오랑캐 정신으로 똘똘 뭉친 리더들이 있었다.

누르하치, 홍타이지, 순치제, 강희제, 건륭제, 초기 청나라 황제들의 리더십은 탁월했다. 그들은 부와 권력을 쥐었지만 '오랑캐 특유의 자유롭고 강인한 야생성'을 포기하지 않았고 '스스로 정한 규칙을 지키려는 규율성'을 지녔다. 그리고 이러한 야생성과 규율성을 바탕으로 '생존을 위해 다름을 적극적으로 수용하는 개방성', '성장을 위해 실리를 집요하게 추구하는 실용성', '지속을 위해 변화를 능숙하게 다루는 전략성'을 두루 갖추었다. 그 결과 변방 오랑캐의 한계를 넘어 중원으로 자신들의 힘을 끝까지 투사할 수 있었다.

그러나 선대의 강점을 잃어버린 후기 청나라 황제들의 몰락 또한 독자에게 소중한 교훈을 전한다. 권력이 아무리 크고 강해도 권력을 다루는 리더의 역량을 넘어설 수 없다는 교훈이다. 가경제를 비롯한 후기 청나라 황제들의 권력 기반은 선대 황제들의 그것과 비교할 수 없을 만큼 안정되었다. 그럼에도 그들은 결국 제국 통치에 실패했다. 선대 황제들이 지녔던 다섯 가지 오랑캐 정신, 즉 '야생성, 규율성, 개방성, 실용성, 전략성'을 상실했기 때문에 대내외적 도전을 이겨낼 수 없었던 것이다.

『청나라 제국의 황제들』은 과거를 되돌아보고, 현재를 살아가며, 미래를 열어가는 독자에게 생존과 성장의 지혜를 보여주는 책이다.

오랑캐연구소

머리말

이민족 왕조사를 외면해 온 중국에서 『청나라 제국의 황제들』의 출간은 각계각층의 관심을 집중시키고 청나라 역사를 되돌아보는 계기가 되었다.

중국 역사에서 청나라는 이민족 왕조사이자 2천여 년 동안 지속된 황제정치의 종결이며, 유교문화의 말미를 상징하는 마지막 제국이다. 17세기부터 19세기에 걸쳐 268년간 지속된 청나라의 역사는 진나라 이후 2천여 년의 중국 봉건왕조사 가운데 8분의 1을 차지하는 기간에 해당한다.

중국 역사에서 200년 이상의 통일 국가를 누린 왕조는 전한(前漢), 당(唐), 명(明), 청(淸) 4왕조뿐이다. 이들 중 한고조 유방과 당고조 이연, 그리고 명태조 주원장은 한족 출신이지만 청태조 누르하치만이 이민족 출신이라는 점이 특색이다.

누르하치가 창건한 청나라는 강희·건륭성세에 이르러 전 세계에서 인구가 가장 많고 영토가 가장 광활하며 경제적·문화적으로 가장 부유하고 융성한 제국으로 성장하였다. 필자는 『청나라 제국의 황제들』에서 사료와 문헌의 철저한 고증을 통해 청 왕조를 객관적인 시각으로 보여주고자 노력했다. 특히 만주사와 청사 연구소를 설립하고 국제적인 학술연구를 발표함으로써 이민족의 지배라는 구실로 중국에서 소홀히 다루어져 왔던 청나라 역사를 학계와 일반인뿐만 아니라 해외에까지 관심의 대상으로 부각시켰다.

유럽 사람들이 칭기즈칸과 누르하치에 주목하는 것은 이민족이 중원의 패권을 잡고 한족 중심의 다민족국가를 지배하였다는 것 자체가 경이롭게 받아들여지기 때문일 것이다. 청나라가 영토를 확대하고 국력을 신장한 것도 종래의 왕조를 훨씬 능가하며, 청나라의 문화 또한 과거 중국문화의 집대성이라 볼 수 있다.

만주족은 중국을 지배함과 동시에 한족 내부로 들어가서 완전히 동화되었다. 이제는 그 흔적을 찾아볼 수도 없다. 이 책이 청나라 제국의 흔적을 발견하고, 창업주 누르하치부터 마지막 황제 푸이에 이르기까지 만주족 오랑캐의 흥망성쇠 과정을 통해 인간과 세상의 지혜를 배우는 계기가 되기를 기대해 본다.

 차례

Chapter 7
가경황제 옹염

Chapter 8
도광황제 민녕

청태조

누르하치

가정 38년(1559)~천명 11년(1626)

Chapter 1

청태조 누르하치

　최근 누르하치(Nurhachi)를 소재로 출간된 전기, 논문, 소설 등의 작품과 영상물은 무려 60여 종에 달한다. 누르하치가 학계에서부터 일반 대중에 이르기까지 주요 관심사로 부상되었음을 말해주는 결과이다.

　20~30년 전만 해도 중국에서 이는 상상조차 어려운 것이었다. 문화대혁명(1966년부터 1976년까지 중국에서 일어난 대규모 파괴 운동이자 내란) 기간에 필자는 이미 『누르하치전』을 완성하고 문화대혁명이 끝나자 출판을 의뢰했다. 그러나 출판 심의과정에서 한 관계자는 "삼가촌(三家村)¹ 사건의 등탁(鄧拓, 1912~1966), 오함(吳晗, 1909~1969), 요말사(廖沫沙, 1907~1991)와 같은 거물급 인사의 전기도 나오지 않았는데 어떻게 이

민족의 전기를 출간하겠는가"라고 반
문했다.

결국 원고는 서랍 속에 있다가
1983년이 되어서야 출판되어 세상에
나올 수 있었다. 누르하치에 대한 중
국인들의 관심과 인식을 말해주는 대
목이다.

누르하치에 대한 연구는 중국뿐만
아니라 해외에서도 큰 관심을 보이
고 있다. 중국 역사 위인들 가운데에
서 유럽 사람들이 가장 주목하는 인물
이 칭기즈칸과 누르하치이다. 중국 역

청태조 누르하치

사 위인들 중에 진시황, 한무제, 당태종, 송태조와 같은 걸출한 제왕
이 많음에도 불구하고 유럽 사람들이 칭기즈칸과 누르하치에게 주목
하는 이유는 무엇일까?

가장 큰 이유는 이들이 한족이 아니라 이민족이기 때문일 것이다.
이민족이 중원의 패권을 잡고 한족 중심의 다민족국가를 지배하였다
는 것 자체만으로도 경이롭게 받아들이기에 충분했다고 본다.

누르하치는 칭기즈칸과 비교했을 때 전설적인 색채가 좀 더 농후
하다. 진시황 이하 2천여 년의 중국 봉건왕조사에서 200년 이상의 통
일국가를 누린 왕조는 전한, 당, 명, 청 4왕조뿐이다.

이들 왕조 중에 한고조 유방과 당고조 이연, 명태조 주원장은 한족
출신 황제이며 청태조 누르하치만이 이민족 출신으로 패권을 쥐었다.

만주 창시 여신상—푸쿠룬(佛庫倫)

청나라는 268년간 지속되었는데 이는 진나라 이후의 중국 봉건왕조사에서 8분의 1이라는 기간을 차지한다. 중화문명사의 한 페이지를 장식하고 있는 누르하치가 창건한 청나라는 강희·건륭성세에 이르러 세계에서 인구가 가장 많고 영토가 가장 광활하며 경제와 문화적으로도 가장 강대한 제국으로 성장했다.

누르하치는 대청제국의 창시자로서 청나라 역사에 지대한 영향을 미쳤다. 그는 '강희·건륭성세'의 기틀을 마련함과 동시에 '광서·선통 쇠망'의 씨앗도 심었던 인물이기도 하다. 이것이 누르하치가 죽은 지 400여 년이 된 지금도 사람들이 여전히 그에게 관심을 보이는 이유이다.

지난 한 세기 동안 역사학자들의 지속적인 관심과 연구로 누르하치와 관련된 내용을 대부분 복원했음에도 불구하고 여전히 의문점은 남아 있다. 수수께끼처럼 남아 있는 의문점을 대략 12가지로 분류한다.

누르하치의 성씨는 무엇이며 출생지는 어디인가, 누르하치가 동생 수얼하치(舒爾哈齊)를 유폐하고 장남 저영(褚英)과 함께 살해한 것은 단순히 정권강화를 위한 것일까, 그가 과연 팔기(八旗)제도의 창시자인가,

누르하치의 대비 울라나라(烏拉那拉)와 대버일러 다이산(代善)은 불륜 사이인가, 누르하치는 여허(Yehe, 葉赫) 부족의 노처녀에 대하여 왜 넓은 아량을 베풀었는가, 정말 포탄을 맞고 숨졌는가, 누르하치는 생전에 후사를 거론한 유조(遺詔)를 남겼는가 등이다. 이러한 의문점들에 대하여 만주사와 청사를 연구하는 학자들의 명쾌한 답변이 언젠가는 있을 것으로 기대한다.

여기에서는 누르하치의 일생에서 최대 의문점이라고 할 수 있는 두 가지를 밝히고자 한다. 하나는 그의 통일 위업이 성공할 수 있었던 이유에 관한 것이다. 누르하치가 송이버섯을 따는 시골뜨기 소년에서 위대한 정치가, 군사가로 성장하고 역사 무대에서 자신의 인생극을 연출할 수 있었던 까닭은 무엇이며, 성공의 비결은 과연 무엇인가 하는 점이다.

누르하치는 68세가 되던 해에 영원성전투에서 패배하면서 그의 불패신화도 깨졌는데, 이로 인해 우울함 속에서 생을 마감한다. 위대한 천명칸 누르하치의 종말은 비극적이었다. 따라서 이 비극의 근원이 어디에 있는가 하는 것이 또 다른 한 가지이다.

누르하치의 10대 공적과 성공 비결

미국의 역대 대통령을 다룬 대부분의 평전에는 역사학자가 수긍할 만한 대통령의 역사적 공훈을 언급하고 있다. 그런데 대체로 한두 건이고 많아야 서너 건에 지나지 않으며 한 건도 없는 대통령도 있다. 하지만 25세(1583)부터 사망할 때까지 44년을 정치가이자 군사가로 생애를 보내며 68세(1559~1626)까지 살았던 누르하치는 기록이 말해주는 것처럼 사학자들이 수긍할 만한 역사적 공적을 대충 헤아려도 10건은 넘는다.

여진 통일

금나라가 멸망하자 여진은 오랫동안 거듭되는 분쟁에 휘말리며 약육강식의 환경에 시달렸다. 이런 상황에서 누르하치는 '귀순하는 자는 덕으로 다스리고 거역하는 자는 군사로 정벌한다'는 책략을 바탕으로 30년 동안 거듭되

여허성 유적

는 정복과 안무를 통해 여진 각 부족을 통일시켰다. 원·명 300년 동안에도 이루지 못했던 민족통일을 불과 30년 만에 해낸 것이다.

여진 부족의 분쟁이 끊이지 않은 까닭은 이해집단의 모순을 조절하고 통합할 수 있는 강력한 민족 지도자가 없었기 때문인데, 누르하치가 여진족, 즉 만주민족의 통일을 성취한 것은 엄청난 성과라 할 수 있다.

동북 통일

명나라의 왕권이 약화되면서 광활한 만주지역의 통제기능을 상실

한 틈을 이용해서 누르하치와 홍타이지는 각고의 노력으로 이 지역을 통일했다.

"동북 바닷가로부터 서북 바닷가에 이르기까지 개를 부리고 사슴을 기르는 부족과 검은 여우와 수달 가죽을 생산하는 부족, 어업을 생계로 하는 부족, 그리고 어루터(厄魯特) 부족에서 워난허(幹難河) 원두와 원이(遠迤)의 여러 나라에 이르기까지 차례로 복속시켰다."

이는 동쪽으로는 오호츠크해에서 서북으로는 바이칼호에 이르고, 서쪽으로는 청해, 남쪽으로는 동해에 이르며, 북쪽으로는 외흥안령을 가로지르는 약 500만㎢의 광활한 지역인데 대체로 명나라의 실제 면적과 맞먹는 크기이다.

동북 통일은 장기간의 민족 갈등과 상호 유린과 정복으로 얼룩진 참상을 종식시키고 강희제 28년(1689) 청·러 간의 '네르친스크조약'의 기틀이 되었다. 누르하치의 동북통일이 없었다면 훗일이긴 하지만 러시아의 동진과 일제의 남진이라는 열강 쟁탈전에서 이 지역의 귀추는 종잡을 수 없었을 것이다.

만문 창제

금나라가 멸망하자 여진족의 문자를 아는 사람은 줄어들었고 명나라 중기에는 거의 유실된 상태가 되었다. 만주어는 알타이어 계통의 만-퉁구스 언어로 원래 만주에는 문자가 없었다.

누르하치가 흥기하고 건주여진과 조선, 명나라와의 공문서 왕래가 빈번해지면서 한족인 공정륙이 한문으로 작성하였다. 여진족을 상대로 군령·정령을 반포할 때면 몽고 문자를 사용했지만 일반인은

명나라 공문서에 적힌 만문(滿文)

읽지도 못하고 이해할 수도 없었다.

명나라 만력 27년(1599), 누르하치는 파커스어얼더니(巴克什額爾德尼)와 자얼꾸치거까이(爾固齊蓋)에게 "몽고문의 자모를 따서 만문(滿文)을 만들라"고 명하였다. 그것이 바로 무권점만문(無圈點滿文)으로 구만문이며, 홍타이지 때 유권점만문으로 개진된 것이 신만문이다.

병음문자로 6개의 원음자모와 22개의 보음자모, 10개의 특정자모가 있는 만문은 차츰 청나라 관방 언어와 문자로 자리 잡았다. 당시 만주를 제외하면 동북아지역 만-퉁구스어 계통의 각 민족들은 문자가 없었다.

만문은 동북아지역의 귀중한 문화인류학적 자료를 기록하는 수단인 동시에 만족과 한족, 동서양 문화교류의 중요한 교량이 되었다. 예수회 선교사들도 만문으로 사서오경을 번역하여 유럽으로 전파시켰다. 누르하치의 만문창제는 만주족 발전사에 있어서 중요한 이정표이며, 중국문화사와 동북아문명사에서도 획기적인 사건이다.

팔기제도 창설

누르하치는 여진족의 몰이사냥을 원형으로 팔기제도(八旗制度)를 창설했다. 여진족은 사냥을 할 때면 화살을 한 개씩 각출하고 장정 10명에 리더 1명을 두는데, 그 리더를 니루에젠(牛額眞, 니루는 큰 화살을 말하며 에젠은 수령을 뜻함)이라 불렀다.

사냥조직의 리더인 니루에젠은 나중에 하나의 관직명으로 정착되었다. 니루는 팔기제의 가장 하위조직이다. 둔전, 개간, 장정징집, 납세, 부역 따위는 모두 니루를 단위로 진행되었다. 누르하치는 이를 확대 개편하여 팔기제도를 창설했다. 즉, 장정 300명에 니루에젠 한 명을 두고 5니루에 1자란에젠을 두었으며, 5자란에젠에 1구사에젠을 둔 것이다. 구사는 만주호구와 군사편제에서 최대조직이다.

1구사에는 특정 색깔의 깃발이 수어겼기 때문에 구사를 한자로 '기(旗)'라 하고 고유의 황색, 백색, 홍색, 남색 등 4가지 깃발에 4가지 깃발을 추가했다. 추가된 깃발은 고유 깃발에다 테두리를 두르고 황, 백, 남 3색의 깃발에는 붉은색, 홍색 깃발에는 흰색을 둘렀다. 이렇게 총 8가지 색상의 깃발을 '팔기'라 하였으며, 이것이 만주팔기의 시초가 된다. 나중에 몽고팔기와 한군팔기를 증설하고 통틀어서 팔기라 하였지만 실제로는 8기가 아니라 24기였다.

팔기제도는 '깃발로 군사를 통솔하고 깃발로 백성을 통솔하는 제도'이다. 팔기제에 속한 팔기군은 평시에는 농사와 수렵 등에 종사하다가 전시에는 전쟁터로 나갔다. 누르하치는 팔기제도를 창설하고 팔기제의 깃발을 유대로 만주족 사회의 군사, 정치, 경제, 행정, 사법과 종족을 엄밀하면서 역동성 있는 사회유기체로 연결시켰다.

청나라의 핵심 사회제도인 팔기제는 청나라가 중원으로 진출하여 북경에 도읍을 정한 후, 중국 전역을 통일하고 정권의 안정을 찾을 수 있었던 중요한 키워드가 되었다.

만주족 형성

건주여진과 여진족 그리고
동북지역의 통일, 여러 민족
의 융합, 부족 간의 혼인관계,
팔기 창건, 만문 창제는 만족
공동체의 출현을 가능하게 하
였다. 만주족은 건주여진을
핵심으로 하고 해서여진을 주

허투알라성의 칸왕전

체로 하며 일부 한인과 몽고인, 조선인을 흡수하여 형성된 새로운 민
족공동체이다. 이러한 민족공동체 형성을 반영하듯 홍타이지는 천총
9년(1635) 10월 13일에 조서를 내렸다.

> 우리나라는 만주라는 국호를 사용하고 유구한 역사를 계승했으며
> 나라를 천추만대로 전할 것이다. 오늘부터 모든 사람들은 우리 만
> 주국의 본명을 함부로 사용하지 말라.

비로소 만주족이라는 공식명칭이 선포된 것이다. 만주족은 본디
동북 변두리의 자그마한 부족이었지만 점차 민족공동체로 형성되어
천만이 넘는 거대 민족으로 발돋움하였다. 이러한 만주족을 일으킨
사람이 바로 누르하치이다.

후금 수립

대업을 꿈꾸는 자는 반드시 근본을 세운다. 만력 44년(1616) 변방

소수민족의 리더이던 누르하치는 허투알라(赫圖阿拉, 랴오닝성 무순시 신빈만족자치현 목기진 일대)에서 몽고정권을 참작하고 중원의 한족정권을 모방하여 정권을 창출한 후 대칸(大汗)에 등극했으며 국호를 후금이라 정하였다.

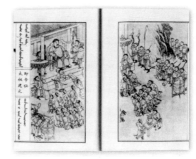

대칸에 등극하는 누르하치

누르하치는 이를 기점으로 근거지 강화에 나서고, 통일 관련 대업 추진에 박차를 가했다. 그 뒤 심양, 요양, 광녕, 의주를 차례로 점령하고 요양으로 천도했다가 다시 심양으로 옮겼다.

아들인 홍타이지는 천총 10년(1636) 4월에 원년을 숭덕(崇德)이라 하고 국호를 대청(大淸)으로 바꾸었다. 천명 원년(1616)부터 선통 3년(1911)까지 대청제국은 296년이라는 역사를 가지게 되었고 누르하치는 대업을 시작하고 제국의 기틀을 마련했다. 따라서 그를 대청제국의 창시자라 부른다.

군제 재정비

누르하치는 44년을 전쟁터에서 보냈다. '용병술이 신기에 가깝다'고 정평이 날 정도로 뛰어난 지략가였던 누르하치가 창건한 팔기군은 17세기 전반기에 중국은 물론 세계에서도 손꼽히는 막강한 기병대였다.

누르하치는 팔기군을 이끌고 고륵산(古勒山), 오갈암(烏碣岩), 하다(Hada, 哈達), 오이파(Hoifa, 輝發), 울라(Ula, 烏拉), 무청(撫淸), 사르후(Sarhu, 薩

누르하치의 갑옷

爾許), 여허(Yehe, 葉赫), 개철(開鐵), 요심(遼瀋), 광녕(廣寧), 각화도(覺華島) 등지에서 열두 차례의 대첩을 거두었다.

그중에서도 고륵산, 사르후, 요심, 광녕, 각화도대첩은 주목받는 전투였다. 누르하치는 병력을 집중하여 각기 격파, 성곽 포위공격, 내외호응, 철기군으로 급습, 속전속결 등의 다양한 전술과 탁월한 지휘술을 발휘했다. 사르후대첩에서 사용했던 "적들이 몇 갈래로 진격해 와도 나는 오직 한 갈래만 공격한다"는 전술은 병력을 집중해서 각기 격파하는 전략전술로서 중국 군제사상 약소 병력으로 강적을 무찌른 전형적 사례로 꼽는다.

이외에도 군사조직과 군사훈련, 군사지휘와 군사전술 등에서도 괄목할 만한 성과를 거두었는데 특히 작전지휘전술에서 수많은 군사원칙을 자유자재로 숙련되게 운용함으로써 중국고대 군제를 재정비하였다.

유화정책 제정

진한 이래 북방의 유목민족들은 중원 왕조의 우환거리였기 때문에 진시황은 제후국을 평정하자 6국의 장성을 연결시키는 만리장성을 구축했다. 명대에는 수도가 두 차례나 북방민족의 공격을 받았고,

심지어 명나라 영종은 와랄
(瓦剌)군에 생포되기도 했다.
서달과 척계광은 변방을 공
고히 하기 위해 만리장성의
대대적인 보수공사에 나서
기도 했다.

누르하치의 어용검

　청나라가 흥기한 뒤 누르하치는 몽고족에 대해 중원의 한족과 금
나라의 여진이 취했던 방법과는 전혀 다른 방법을 취하였다. 몽고족
을 팔기제도에 편입시키고 혼인, 회맹, 책봉, 종교 등 각종 정책을 동
원하여 상층귀족과 그 부민에 대한 연대와 통치를 강화한 것이다. 막
남 몽고(내몽고)는 팔기제도에 편입되어 군정통치의 중요한 버팀목이
되었고, 커얼커 몽고(외몽고)에는 기맹제, 어루터 몽고에서는 와이자싸
커(外薩克)제도를 실시했다.

　혼인방식에서도 한나라나 당나라에서 취했던 공주출가라는 전통
적인 방식과는 전혀 다른 상호혼인을 통해 사돈관계를 형성시켜 나
갔다. 이러한 정책은 원나라를 제외한 역대 중원 왕조의 몽고지배 정
책과 비교하면 탁월한 성과를 거두었다고 평가할 수 있다. 2천년 중
국 왕조사에서 북방 유목민이라는 우환거리는 청대에 이르러서야 비
로소 해결될 수 있었다.

　훗날 강희제는 "진나라는 토목공사를 일으켜 만리장성을 축조했
다. 우리는 커얼커 몽고에게 은혜를 베풀고 북방을 지키게 했는데 이
는 만리장성보다 훨씬 더 견고하다"고 평가했다. 몽고민족에 대한 진
정한 유화정책의 창시자는 누르하치라고 말할 수 있다.

사회개혁 추진

누르하치는 44년간 정치를 하면서 끊임없이 사회개혁을 추진했다. 정권체제 차원에서는 점차 칸(汗) 중심체제로 운영하고 5대신과 8대 버일러(貝勒, 청나라 종실 및 몽고 외번에게 수여된 작위로 지위는 군왕(郡王) 아래이고 패자(貝子) 위이다)를 핵심으로 하는 지도체제를 수립했으며 구사, 자란, 니루 등의 조직을 통해 후금 사회의 군대와 백성을 통제해 나갔다.

그 뒤에 창건된 8대 훠쒀버일러공의국정제(和碩貝勒共議國政制)는 대신들이 어깨를 나란히 하고 공동으로 국정을 논의하며 송사를 판단하는 제도이다. 이처럼 누르하치는 칸제도를 폐지하고 귀족공화제를 실시하였다. 하지만 그가 죽은 뒤 공화제는 더 이상 시행되지 않았다.

경제체제라는 차원에서는 니루의 둔전을 실시하고 계정수전과 안정편장이라는 제도를 실시하여 니루의 둔전을 팔기의 기지로 전환하는 한편, 노예제 전장을 봉건제 전장으로 바꾸었다. 또한 팔기군민이 요하 유역으로 이주하면서 여진족은 유목경제에서 농경경제로 전환하게 되었다. 이로써 사회문화 차원에서는 유목문화에서 농경문화로의 전환을 초보적으로 실현할 수 있었다.

심양 천도

요나라가 5경을 설치했을 때 심양은 포함되지 않았다. 금나라가 5경을 설치했을 때도 심양은 여전히 포함되지 않았다. 동북지역에서 원나라의 행정중심은 요양에 있었고, 명대 요동의 중심지도 처음에는 광녕이었다가 나중에 요양으로 바뀌었다.

천명 10년, 천계 5년(1625)에 누르하치는 심양 천도를 결심했지만 버일러와 대신들이 반대하였다. 보수 중인 동경성 궁궐은 완공되었으나 백성들의 거주지가 완공되지 않았다는 것이 이유였다.

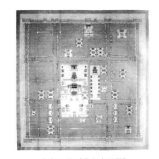

성경궁궐도(盛京宮闕圖)

그러나 이는 표면적인 것이고, 해년이 좋지 않은 데다가 대대적인 토목공사를 일으키는 것은 백성을 번거롭게 하고 재물을 낭비하는 행위라는 것이 근본적인 이유였다. 그럼에도 누르하치는 심양 전도 의지를 굽히지 않았다.

> 심양은 지리적으로 더없이 뛰어난 곳이다. 서쪽으로 명나라를 공격할 때는 요하만 건너면 탄탄대로에 가깝고, 북으로 몽고를 정벌할 때도 2~3일이면 다다를 수 있으며, 남으로 조선을 정벌할 때는 청하 길목을 이용해서 공격할 수 있다. 또한 혼강(渾河)과 쑤커쑤후강(蘇克蘇滸河) 상류에서 뗏목을 띄우면 목재를 마련하기에도 수월하고, 사냥을 할 수 있는 야산이 가깝고 짐승이 많을 뿐만 아니라 물고기도 풍부하다. 짐은 이미 오래 전부터 이곳을 생각해 두었는데 어찌하여 그대들은 이런 것은 고려하지 않는가?

누르하치는 역사와 지리, 사회와 자연, 정치와 군사, 민족과 경제, 지형과 교통 등 제반요소를 종합적으로 고려하여 심양 천도를 단행하였고, 심양은 처음으로 도성이 되었다. 심양 천도는 요하지역의 경제

심양황궁의 대정전(大政殿)과 십왕정(十王亭)

개발을 촉진했다. 채집과 수렵경제를 중시한 누르하치는 인삼을 쪄서 말리는 방법(홍삼제조법)을 개발하여 막대한 이익을 남김으로써 백성과 나라가 부강할 수 있는 발판을 마련하였다.

또한 채굴업과 제련업도 중시하여 만력 27년(1599)부터 건주는 야철을 시작했고, 금광과 은광을 채굴하였다. 특히 수공업 생산을 중시했는데 이는 군수품과 조선, 방직, 도자기 제조, 제염, 야철, 화약 등의 분야도 장족의 발전을 가져왔다. 명나라조차도 "이들이 제조한 것은 아주 정교하다"고 혀를 내두를 정도였다. 또한 여진지역으로 들어오는 기술자들을 대우해 주고 수많은 물품을 내렸으며 소와 말도 지급했다.

일찍이 누르하치는 "사람들은 구슬과 금은을 보물로 여기는데 그게 무슨 보배인가? 날씨가 추울 때 입을 수 있는 것도 아니고 배고플

때 먹을 수 있는 것도 아니다. …… 우리나라 사람들이 만들어낼 수 없는 물품을 만드는 기능공을 확보하는 것이야말로 진정한 보물이다"라고 말했다.

누르하치와 홍타이지의 지속적인 개발에 힘입어 심양의 사회경제는 전면적인 개발과 신속한 발전을 거둘 수 있었고, 만주지역 경제문화도 비약적으로 도약할 수 있었다. 청나라가 북경으로 천도한 후 심양은 제2의 도읍지가 되었다. 근대의 요하 유역과 심양·해성의 경제개발도 누르하치 때부터 시작하였다고 할 수 있다.

누르하치는 열두 차례의 대첩을 거두는 동안 10가지 역사공적을 남겼다. 그의 인생 궤적은 분명히 눈부시게 빛나지만 누르하치를 이야기할 때 사람들은 화려한 업적에 매료되어 고달픈 인생살이에 대해서는 간과하는 경향이 있다.

누르하치는 어려서 어머니를 여의고 계모 나라씨(那拉氏)의 슬하에서 자랐다. 가정은 화목하지 못했고 이복형제들도 분가를 종용했다. 아버지 탁시(Taksi, 塔克世)는 계모의 말만 믿고 누르하치에게 아주 적은 양의 가업을 물려주었기 때문에 생활하기조차 어려웠다.

누르하치는 유소년 시절에 온갖 고초를 겪었다. 인삼을 캐고 버섯을 따며 개암과 잣송이를 주워 팔아서 연명했다. 25세가 되던 해에는 조부와 아버지가 명나라 군사의 공격을 받아 목숨을 잃는 불행을 겪었다. 이 사건은 향후 누르하치의 인생에 결정적인 영향을 미쳤다.

이 사건의 원인과 결과는 왕고의 죽음에서부터 논해야 할 것이다. 당시의 건주여진 가운데서 왕고세력이 가장 강했다. 왕고는 일찍이 군사를 이끌고 명나라 요동의 요충지인 요양을 공격하고 그곳의 지휘

성경성 종루

자인 왕국동을 살해했다. 나중에 왕고는 명군에 생포되어 북경으로 압송되었고 결국 그곳에서 살해당했다.

왕고가 죽은 뒤 그의 아들 아타이(阿台)는 아버지의 원수를 갚기 위해 명군을 기습했다. 만력 11년(1583) 2월, 명나라 장수 이성량이 군사를 이끌고 아타이의 거점을 공략했다.

아타이 아내의 조부는 누르하치의 조부인 기오창가(Giocang-ga, 覺昌安)이다. 기오창가는 손녀로 하여금 전란을 피하고 부민의 사상자를 줄이기 위해, 아들 탁시와 함께 성안으로 들어가 아타이에게 항복을 권유했다. 하지만 건주여진 투룬성(圖倫城)의 성주 니칸 와일란(Nikan Wailan, 尼堪外蘭)은 명나라 군대와 내통하여 그들을 이끌고 성곽 공격에 나섰다.

"이태사께서 영이 있었다. 누구든지 아타이를 죽이는 자는 고륵성의 성주가 될 것이다!"

이 명령에 성안에는 첩자가 생겼고, 기오창가 부자도 목숨을 잃었다. 누르하치는 조부와 아버지의 부음을 접하고는 땅을 치며 통곡했다.

"내 조부와 아버지는 무엇 때문에 피살당했는가? 네놈들은 나와 불공대천의 원수가 되었다!"

명나라에서는 관리를 보내 사과했다.

"달리 의도가 있었던 것은 아니오, 단지 오살이었소!"

청태조 누르하치

명군은 기오창가 부자의 시신을 돌려주었다. 조정에서도 누르하치에게 '칙서 30통과 말 30필'을 내리고 지휘사로 책봉했다. 그러나 누르하치의 분노는 가라앉지 않았다. 그렇다고 명나라와 전면전을 벌일 수도 없어서 누르하치는 니칸 와일란에게 분노를 돌렸다.

만력 11년(1583) 5월 누르하치는 아버지와 조부의 원한을 갚는다는 명분으로 군사 100여 명을 이끌고 니칸 와일란의 주둔지인 투룬성을 공략함으로써 여진통일전의 서막을 열었다. 열두 차례의 대첩을 통해 누르하치는 여진족 각부를 통일하고, 나아가 만주전역을 통일했으며 후금의 대칸이 되었다.

그렇다면 누르하치의 성공비결은 무엇인가? 400년 동안 사람들은 수많은 분석을 했다. 통계에 따르면 한 명의 운동선수가 금메달을 따기 위해서는 대략 156여 개의 요소가 필요하다고 한다. 그렇다면 위대한 정치가와 군사가의 성공에는 더 많은 요소의 화합과 통일이 필요할 것이다. 누르하치의 성공비결은 고달픈 생활의 시련을 극복하는 과정에서 찾을 수 있다. 누르하치는 계모의 박대를 통해 자립심을 길렀으며, 시장에서의 교역을 통해 안목을 넓히고 많은 친구를 얻었다. 그리고 아버지와 조부의 희생을 통해 평범한 일상생활에서 벗어나 통합과 정복의 길로 걸어 갔다.

그러나 가장 중요한 누르하치의 성공비결은 그가 천합(天合), 지합(地合), 인합(人合), 기합(己合) 등 '사합(四合)'을 실현하였다는 점이다.

천합 실현

사마천은 '하늘과 인간의 관계를 규명하고 과거와 현재의 변화를 관통하다(究天人之際, 通古今之變)'를 『사기』 저술의 목적으로 삼았다. '천'이란 '상천', '천명', '천도', '천의', '천시' 등으로 이해할 수 있다. 여기서는 주로 '천시'를 말한다.

'천시'에는 대천시와 소천시가 있는데 위원은 "소천시는 날카로움과 무딤 같은 것을 결정하고, 대천시는 흥성과 쇠망 같은 것을 결정한다"고 하였다. 맹자는 "500년마다 반드시 성왕이 나타난다"고 하였는데 500년은 개략적인 수치이며 300년에 성왕이 나타날 수도 있다.

명말 청초는 중국 역사상 대혼란과 대변혁의 시기였다. 당시의 세계는 러시아의 세력이 동쪽으로 우랄산맥을 넘지 못했고, 포르투갈도 마카오에 발붙였지만 아직은 명나라에 위협적인 존재가 되지 못했으며, 일본의 도요토미 히데요시도 조선 침략에서 패배한 상태였다.

여진족 동쪽에 있던 조선은 내우외환으로 쇠락의 길을 걸었고, 서쪽의 몽고도 사분오열된 상태였다. 북쪽의 후룬(扈倫)도 상호 분쟁에 말려들었다. 남쪽의 명나라와 일본, 북쪽의 몽고 또한 모두 내우외환에 빠져 극도로 부패한 상태였다.

이런 시대 상황은 누르하치에게 300년에 한 번 만날까 말까 하는 대천시로 다가왔다. 통계에 따르면 『청태조고황제실록(淸太祖高皇帝實

사르후대첩이 있었던 곳

錄)』의 총 83,875자 가운데 '천' 자가 312번 등장한다. 누르하치는 대천시를 만나 대성공을 거둘 수 있었다.

사르후대첩의 승전 원인 가운데 하나도 바로 천시문제이다. 만력 47년(1619) 3월 초하루, 밤새 내린 대설로 허투알라는 설원이 되었고, 강물도 꽁꽁 얼어붙었다. 명나라 군대는 네 갈래로 나누어 신격했는데 먼 노징에 신길 또한 험난하고 산림이 울창했다. 진격로가 빙설로 뒤덮여 허투알라를 사전 계획대로 진격할 수 없었다. 하지만 후금은 지형에 밝았기 때문에 매복하여 기습하는 전술을 택할 수 있었다.

누르하치는 천시를 교묘하게 이용하여 명군의 포위와 공격 이전에 자신의 병력을 총동원하여 네 갈래로 진격해 오는 명군을 하나하나 격파함으로써 대승을 거두었다.

지합 실현

지리는 주로 지형과 지세 또는 지역을 가리킨다. 허투알라는 산과 강물로 둘러싸여 있고 기후가 따뜻하고 토양이 비옥하다. 서쪽으로 100km 떨어진 곳인 무순지역은 관산이 막고 있어 독자적인 발전을 도모하기에 적합하며 대로가 요양과 심양으로 곧게 뻗어 있어 군사를 이끌고 진격하기에 아주 편리했다.

누르하치는 이곳에 전초기지를 마련하고 이를 기점으로 사방으로 확충해나갔다. 동으로는 동해에 이르고, 동북으로는 쿠릴열도에 이르렀으며, 북으로는 외흥안령을 가로질렀고, 서쪽으로는 청해에 이르렀으며, 서북쪽으로는 바이칼호에, 남쪽으로는 만리장성에 이르는 광활한 영역을 확보해 나갔다.

이곳에는 식량, 모피, 인삼, 목재, 광산 자원이 풍부하여 자급자족의 경제체제를 형성할 수 있었다. 일례로 명나라 군사는 심양과 요양 두 도성에 의존해 지리를 선점했고, 누르하치는 평원에서 성곽을 공략했기 때문에 불리했다. 하지만 누르하치는 명군을 밖으로 유인해서 평원에서 기마전을 치렀다. 자신에게 불리한 요소를 유리하게 전환시켜 끝내 대승을 거둔 것이다.

인합 실현

인합은 인간관계를 이르는 말이다. 누르하치는 단결할 수 있는 모든 힘을 동원함으로써 소극적 요소를 적극적으로 변화시켰다.

당시는 후금의 누르하치 진영과 명나라의 만력·태창·천계 황제 등 양대 진영이 대치상태에 있었다. 북방의 이민족에 대한 명나라 황제의 근본적인 태도는 '분화책'이었다. 이는 분화하고 약화시키며 이간질을 통해 제어한다는 정책이다.

분화되면 약화되고 통합되면 강대해진다. 누르하치는 명나라와 첨예하게 대립하면서 '통합책'을 사용했다. 웅정필은 "왕올당, 왕고, 아타이와 같은 옛 건주의 여러 오랑캐는 벌써 분화되었다. 그러나 통합이 시작된 건 노추(누르하치) 때부터이다"라고 하였다.

'인합'에 관한 두 가지 사례를 살펴보자.

하나는 누르하치가 군사를 이끌고 웡커뤄성(翁科洛城)을 공격하다가 어얼궈니(鄂爾果尼)에게 화살을 맞고 선혈이 발등까지 흘러내렸다. 누르하치는 아픔을 참고 계속 전투에 참가했는데 뤄커(洛科)의 화살이 또다시 누르하치의 목을 명중시켰다. 갈고리가 달린 화살을 제거하자 선혈이 거침없이 뿜어져 나왔다. 누르하치는 활을 짚고 내려와서는 곧 쓰러졌다.

웡커뤄성을 함락하고 어얼궈니와 뤄커를 생포하자 누르하치의 부하들은 화살로 나사하는, 당시의 가장 잔혹한 형벌을 가할 것을 요구하였다. 그러자 누르하치는 "양쪽 군영의 대치 상황에서 저들은 자신의 주인을 위해 화살로 나를 쏘았다. 이런 용사야말로 참으로 구하기 어렵다"면서 이들을 풀어주고 관직까지 내렸다.

자신을 해친 자를 용서하고 관직까지 내렸으니 성과만 있으면 승진은 당연하다는 사실을 부하들에게 알린 것이다. 부하들은 합심하여 누르하치에게 충성을 다했고, 전투에서 더욱 용감하게 적과 싸울 수 있었다.

다른 하나는 여허노처녀(葉赫老女) 관련 사례이다. 여허노처녀는 여허부족의 버일러 뿌양구(布揚古)의 여동생으로 절세미인이었다. 건주여진과 연합을 꾀했던 뿌양구는 13세의 여동생을 누르하치에게 시집보내기로 결정했다. 그러나 뿌양구는 이 혼약을 번복하고 연이어 하다의 버일러, 호이파의 버일러, 울라의 버일러와 혼약해 버렸다. 이 세 부족은 나중에 누르하치에 의해 멸족되었다. 몽고의 짜루터(魯特) 부족의 제싸이(介賽) 또한 그녀를 취하려 했지만 여허노처녀의 결사항쟁으로 제싸이는 보복을 결심했다.

뿌양구는 여동생을 커어커 부족의 다얼한(達爾漢) 버일러의 아들 망굴타이(莽古爾岱)에게 다시 시집보내기로 했는데 이 소식을 접한 건주의 버일러들은 몹시 분개했다. 대칸과 혼약한 지 20년이 되었는데 망굴타이에게 시집을 가다니 그야말로 더없는 치욕이었던 것이다.

결국 그들은 군사를 동원하여 그녀를 탈취할 것을 주장하였지만 누르하치는 "우리의 공익을 위해 상대를 공격하는 것은 명분이 서는 일이지만 한 여인을 위해 상대를 공격하는 것은 좋지 않다. 이 여인과 혼약했던 당사자인 나도 화를 내지 않는데 그대들이 어찌하여 그처럼 노발대발하는가"라고 말했다.

결국 33세의 여허노처녀는 몽고의 망굴타이에게 시집을 갔다. 이는 누르하치가 대세를 중시하고 화목을 소중히 여기며, 각종 이해관계를 잘 처리해 나갔다는 사실을 말해준다.

기합 실현

비록 천합, 지합, 인합을 실현했을지라도 기합을 이루지 못하였다면 또한 성공할 수 없었을 것이다. 기합은 드넓은 가슴과 활달한 심경으로 능히 자신을 억제할 수 있음을 가리킨다. 이는 개개인이 대업에서 성공할 수 있는 기본 소질을 말한다.

만력 21년(1593) 여허 부족은 하다, 울라, 호이파 등 9개 부족 연합군 3만을 규합하여 세 갈래로 건주를 향해 진격했다. 혼하를 지나고 땅거미가 들자 이들은 솥을 걸고 밥을 지었는데 여기저기에 있는 모닥불은 마치 하늘의 별을 연상케 했다. 정찰병이 이 상황을 전하자 누르하치의 군사는 1만이 채 되지 않았기 때문에 너나없이 불안에 떨었다.

누르하치가 보고를 접했을 때는 저녁 무렵이었다. 정찰병의 보고가 끝나자 누르하치는 코를 골면서 단잠에 빠져들었다. 부인 푸차씨(富察氏)가 황급히 깨우며 "적병이 국경까지 왔는데 어찌하여 주무십니까? 당

누르하치에게 존호를 올림

황하여 대책이 없으신 겁니까? 아니면 겁을 먹은 것입니까?" 하자, 누르하치는 "놀라서 대책이 없거나 겁먹은 사람이라면 어찌 잠을 청할 수 있겠소? 나는 9개 부족의 연합군이 언제쯤 공격할 지 몰라서 처음에는 걱정했소. 그런데 이들이 왔다는 소식을 들으니 오히려 마음이 편하오" 하고는 다시 잠들었다. 다음날 새벽, 그는 군사를 이끌고 적진을 급습함으로써 고륵산대첩에서 승리했다.

기합은 개인의 건강과 장수에도 커다란 영향을 미친다. 누르하치와 적대관계에 있던 명나라의 만력황제는 화를 잘 내며 황음무도했기 때문에 58세에 죽었고, 뒤이은 태창제는 등극 1개월 만에 죽었으며 (39세) 천계제도 23세밖에 살지 못했다.

누르하치의 아들 홍타이지는 불같은 성미에 몹시 다혈질이었는데 고혈압과 심장과 뇌혈관 질환으로 52세에 돌연사하고 말았다. 홍타이지가 '기합'을 이루었더라면 적어도 10년은 더 살았을 것이고, 북경으로 천도하고 중원의 패자가 되어 금란전(자금성 옥좌)에 오른 사람도 순치제가 아닌 홍타이지였을 것이다.

청나라 초기에는 '삼조일종(三祖一宗)'이 있었다. 청태조 누르하치,

청세조 순치, 청성조 강희제 그리고 청태종 홍타이지이다. 누르하치는 청제국의 창시자였기 때문에 그 묘호가 태조이고, 순치제는 산해관을 넘어 북경에 도읍을 정하고 중원을 통일한 공로로 그 묘호가 세조이며, 강희제는 '문무를 경위하고 천하를 통일했다. 비록 선조들의 업적을 지킨 것에 지나지 않지만 개국과 결코 다르지 않다.' 따라서 강희제 또한 그 묘호가 '성조'이다. 그러나 홍타이지는 '태종'이라는 묘호에 만족할 수밖에 없었다.

누르하치는 일생 동안 '천합, 지합, 인합, 기합'을 실천함으로써 인생의 가치를 최대한 실현하였다. 그러나 누르하치도 대업의 최고봉을 향해 줄기차게 뻗어나갈 때 명나라의 원숭환을 만나면서 줄곧 희극적 인생만 구가하던 그도 비극적 운명을 맞이한다.

영원성전투 패배와 비극의 원인

누르하치는 일생 동안 수많은 전쟁을 치르면서 백전백승을 구가했다. 명나라 천계 2년(天命 7년, 1622)에 누르하치는 명나라의 요동경략 웅정필과 요동순무 왕화정을 격파하고, 요서지역의 전략요충지인 광녕(요녕 北寧市)성을 함락했다. 패전의 책임을 지고 웅정필이 참수되었고, 수급은 구변(九邊)으로 전해졌다. 왕화정도 패전하고 성곽을 버렸다는 죄명으로 관직을 삭탈당하고 하옥되어 죽기만을 기다리는 신세가 되었다.

명나라는 천계제의 스승 태학사 손승종을 요동경략에 임명했다.

명나라 금료지(金遼志)·요동총도(遼東總圖)

산해관을 지나 임지에 부임한 손승종은 변방의 군무를 순시하고 부대를 정돈하며 양곡을 비치하는 등 적극적인 방어태세에 돌입했다.

또한 원숭환을 등용하고 영원(요녕) 성곽을 보수하여 전력강화에 나섰다. 그러나 4년 동안 큰 전쟁이 없었다. 동림당 당수였던 손승종은 당시의 엄당 대표였던 대태감 위충현과 양립관계에 있었다. 황제의 스승이자 대학사였던 손승종도 당쟁에서 배척당하자 곧바로 관직을 사퇴하고 북경으로 돌아갈 수밖에 없었다.

손승종을 이어 요동경략에는 엄당의 고제가 등용되었다. 고제는 부임 즉시 소극적인 방어태세를 취하면서 산해관 외곽의 병력을 모조리 철수시켰다. 명나라의 군사들이 성곽과 무기를 버리고 산해관 안으로 몰려들면서 도로는 군사들과 피난민으로 넘쳐났다. 그러나 영전도의 원숭환은 물러나지 않고 항명을 하며 버텼다.

군사요충지
영원성은 요서에서 광녕을 제외하면 가장 중요한 군사요충지였다.

영원성 동문

후금의 군사들이 명나라를 공격하려면 반드시 이곳을 지나야만 하기 때문에 원숭환은 군사 1만으로 고립무원의 영원성을 사수했다. 원숭환은 해외에서 들여온 서양대포(紅夷大砲, 紅衣大砲)를 성곽 위에 설치하고 도성 밖의 백성들과 양곡을 도성 안으로 거둬들였으며, 외곽의 가옥을 모조리 불사르는 견벽청야(堅壁淸野)책을 실시했다.

또한, 백성들로 초병을 구성하여 화약을 운송하는 등 병민연방(兵民聯防)을 실시하고, 혈주를 마시면서 충의를 불러일으켰다. 장병들에게 무릎을 꿇음으로써 생사를 같이 하겠다는 결심을 이끌어 내기도 했다. 이렇게 준비를 마친 원숭환은 누르하치가 공격해 오기만을 기다렸다.

명나라 천계 6년(천명 11년, 1626) 정월, 68세의 누르하치는 6만 팔기군을 이끌고 20만 대군과 요하를 건너 영원성으로 진격했다. 23일 누르하치는 영원성에서 2.5km쯤 떨어진 곳에 진을 치고 영원성과 산해관의 연결을 차단했다. 누르하치는 일단 '선례후병(先禮後兵)'을 취한 후 한인 포로병을 석방하고 항복 권유 서한을 원숭환에게 보냈다. "성문을 열고 항복하면 높은 관직과 후한 상금을 내릴 것이나 거절하면 성곽을 파괴하고 목숨을 빼앗을 것이다." 그러자 원숭환은 "죽기를 각오하고 성곽을 지킴이 의로울진대 어찌 항복하겠는가"라고 화답했다.

24일 누르하치는 영원성을 총공격하였다. 화살은 성첩 위로 빗발

치듯 날아들었고, 현판에 꽂힌 화살촉은 고슴도치의 등가죽을 방불케 했다. 후금 병사들이 끝내 성곽을 함락시키지 못하자 누르하치는 장

청태조 옥새

병들에게 죽기를 각오하고 성곽에 구멍을 뚫으라고 명했다. 성벽 서너 곳에서 두길 남짓한 구멍이 뚫리려 하자 원숭환은 화구를 던져 구멍을 뚫는 팔기군을 불사르게 했다. 치열한 대결에도 끝내 성벽이 뚫리려 하자 원숭환은 군사를 거느리고 쇠고랑에 동인 솜에다 기름을 붓고 불을 지펴 성벽을 뚫는 팔기군을 향해 내리찍었다. 원숭환의 갑옷도 화살에 맞아 여러 곳이 찢기고 어깨도 부상을 입었지만 결코 물러서지 않았다.

25일 원숭환은 서양대포를 이용하여 성곽 아래쪽의 팔기군을 향해 포격을 쏟아부었다. 서양대포의 성능과 위력에 대해 무지했던 누르하치는 아무런 대비책도 마련하지 못했다. 대포소리가 들릴 때마다 후금의 군대는 한 무리씩 쓰러졌고, 용맹스럽기로 소문난 팔기군도 두려운 나머지 진격할 엄두를 내지 못했다.

팔기군은 누르하치의 지휘와 독려에 못 이겨 대도를 휘두르며 성곽 쪽으로 다가섰지만 번번이 포격으로 물러서야만 했다. 기록에 따르면 서양대포는 황룡기를 적중시켰고, 팔기군의 큰 장수에게 부상을 입혔는데 병사들은 홍포로 두목을 감싸고는 들것에 싣고 가면서 대성통곡하였다고 한다. 이 '큰 장수'가 곧 누르하치라고 보는 학자도 있다.

청태조 친필서책

복릉(福陵) 융은문(隆恩門)

누르하치는 44년을 전쟁터에서 보내면서 불패신화를 구가했던 후금의 최고통수권자였다. 그러나 광녕을 점한 뒤로는 연치가 많아지고 체력이 약화되어 두문불출했으며 정치에도 게을렀다. 따라서 원숭환을 제대로 파악하지 못했고, 서양대포와 같은 최신식무기에 대해서도 무지했다. 그저 요동경략이 교체되었다는 점만 고려했을 뿐 전반적인 분석이 미흡한 상태에서 섣불리 진격을 개시한 것이다. 하지만 영원성은 광녕성이 아니었고 원숭환도 왕화정과는 달랐다.

창으로 대포를 공격하고 단병기로 장병기를 공격하며 안일한 태도로 지친 병사들을 이끌고 준비된 상태로 기다리는 상대를 도모하는 등 병가의 금기를 모두 범했으니 고배를 마시는 것은 이미 예견된 일이었다.

후금의 학자 유학성은 영원성에서의 패전 원인을 "영원성을 과소평가했기 때문에 하늘이 대칸을 수고롭게 한 것이다"라고 분석했다. 누르하치의 교만이 패전의 원인임을 직언한 것이다.

최초의 패배이자 좌절

승전은 총기를 가리고 권력은 두뇌를 흐리게 한다. 누르하치는 만년에 승리와 권력으로 총기가 가려졌고 두뇌도 흐려졌다. 천명 11년 (1626) 정월에 있었던 영원성전투의 패배는 누르하치가 맛보았던 최초의 패배이자 좌절이었다. 누르하치는 이로 인해 우울증과 고민에 시달리다가 급기야 8월 11일에는 애계보(鷄堡, 심양에서 동쪽으로 20km 지점)에서 울분으로 죽었다.

"군자는 이것으로 흥하여 반드시 이것으로 망한다"(『좌전』)고 했던가. 누르하치는 군사로 흥하여 대칸이 되었고, 또한 영원성전투의 패배로 생을 마감했다. 역사의 우연인가, 필연인가?

만년에 과오를 범해 패전을 맛본 것은 사실이지만 누르하치가 걸출한 역사인물임에는 틀림없다. 그는 여진의 통일과 사회개혁의 필요성을 강조하고, 명나라의 전제통치에 대한 여진족의 불만을 결집시켰으며, 이러한 사회적 요구를 만족시키는 선두주자로서의 책임을 짊어졌다. 따라서 그는 사회적 요구와 집단적 소망을 가능태에서 현실태로 변화시켰고, 그 전환과정에서는 침착하고 굳건했으며 활달하고 지혜로웠다. 인재를 등용하고 상벌을 분명히 했으며, 용감하면서도 안정적인 지도자그룹을 구축했다.

남쪽으로는 명나라, 서쪽으로는 몽고, 동쪽으로는 조선, 북쪽으로는 해서여진이 버티고 있는 상황에서 누르하치는 적을 두지 않았고 사방출격은 더더욱 자제했다. 오히려 명나라에 귀순하는 척하면서 조선과 우호를 다지고 몽고에 대해 회유책을 써 가면서 해서여진을 공격했다.

누르하치의 무덤을 그린 복릉도

해서여진의 각 부족에 대해서는 원교근공(遠交近攻), 연대멸소(聯大滅小), 선약후강(先弱後强) 등의 책략을 사용했다. 세력이 점차 강대해지자 황포를 두르고 대칸으로 자칭하고는 군사를 이끌고 심양으로 입성해 그곳에 수도를 정했다.

누르하치는 팔기제도와 만문을 창제하고, 여진 사회의 조직, 협조, 결집을 통해 사회 전반에 활력을 불어넣음으로써 여진족의 통일과 사회개혁을 실현하여 청제국 건립의 기틀과 산해관을 지나 중원을 통일할 수 있는 기초를 마련하였다. 물론 청제국의 최종 완성은 아들 홍타이지의 활약에 의해 이루어졌다.

숭덕황제

홍타이지

만력 20년(1592)~숭덕 8년(1643)

Chapter 2

숭덕황제 홍타이지

홍타이지는 누르하치의 8남으로 8대 버일러 가운데 4위에 위치한다고 하여 4 버일러라 불리기도 한다. 홍타이지는 12 세에 어머니를 여의고, 20세에 군사를 이 끌고 전쟁터를 전전했으며, 35세에 등극 하여 17년 동안 재위하였다. 그는 향년 52세로 누르하치를 이은 청나라의 걸출 한 정치가이며 군사가였다.

조복을 입은 홍타이지

홍타이지의 시대에는 4개의 별이 있었다. 청나라 태종 홍타이지(1592~1643), 명나라 숭정제 주유검 (1611~1644), 농민군 수령 이자성(1606~1645), 몽고 차하르부의 링단칸 (1592~1634)이 그들이다.

이들은 각자의 민족과 집단의 이익을 대표하여 전례 없이 참혹한 정치 각축전에 참여했다. 그 결과 링단칸은 청해의 타초탄에서 참패해 43세에 죽었다. 숭정제는 황후와 공주를 먼저 죽이고 자신도 매산에 올라 목을 맸는데 당시 34세였다. 이자성은 자금성에서 1일간 황위에 머물렀고, 나중에 구궁산에서 패전하여 전사했을 때는 40세였다. 이들의 권력기반은 홍타이지와 그 자손에게로 돌아갔다.

이들 4명 중에 홍타이지만이 성공할 수 있었던 비결은 무엇일까? 문치로 보나 무공으로 보나 홍타이지는 상대에 비해 분명히 한 수 위였다.

문치(文治): 폐정을 혁파하고 신정을 도모하라

구태정치 청산과 만족과 한족 조정

요하평원으로 진출한 이후 노년의 누르하치는 일부 잘못된 시책을 펼쳤다. 만주인을 대거 이주시키고 장정의 숫자에 따라 마을을 재편했으며, 토지를 강점하고 만족과 한족을 같이 거주시켰다. 하지만 유생을 살해하는 등 잘못된 민족정책은 요동지역 한족들의 반항을 불렀다. 수원지에다 독극물을 투여하는 한족이 있는가 하면 돼지를 독살하여 그 고기를 파는 사람도 있었다. 후미진 곳에서 홀로 다니는 만주인을 살해하는 사람도 있었으며 심지어 곳곳에서 조직적인 무장봉기를 일으키는 사람들도 있었다.

그러나 누르하치는 한인에 대한 노역과 살육을 멈추지 않았고 고압정책으로 일관했다. 그러는 동안 민족모순은 점점 더 심해지고, 한

홍타이지의 녹각(鹿角)의자

족의 도주가 끊이지 않았다. 장정의 감소로 수많은 장원이 황폐화되어 백성들은 굶주리고 도적들이 도처에서 벌떼처럼 일어났다.

이런 상황에서 홍타이지는 누르하치의 실정을 적절히 조정했다. 한족에 대해서는 "치국의 요점은 백성을 안정시키는 데 있다"고 하였고, 만주와 몽고, 한족 사이의 관계는 "마치 다섯 가지 맛처럼 적절히 조절하는 것이 가장 중요하다"고 강조했다. 한족인 장정은 별개의 부락에 나누어 거주케 하고 한족 귀화인은 민호(民戶)로 편입시키되, 도주하는 한족을 징계가 아닌 너그러움으로 대하였다. 그러자 백성들이 기뻐하고 도주자도 근절되었다.

한족 출신 관리는 만주대신(滿洲大臣)에게 신분이 종속되었기 때문에 자기 소유의 말일지라도 탈 수 없고, 자기의 짐승도 마음대로 사용할 수 없었다. 또한 농지도 경작할 수 없었고, 자신이 죽으면 처자식은 버일러가의 노예로 전락했다.

홍타이지는 한족 관리를 예우하는 정책을 펴고 귀족에 대해서는 회유책을 썼다. 항복을 하는 한족 관리에게는 농지와 짐승을 나눠주는 등 각종 혜택이 주어졌다. 홍타이지의 한족 관리에 대한 중용사례로 범문정(范文程)을 꼽지 않을 수 없다. 홍타이지는 즉위하자 좌우대신을 부르고 국정에 참여하게 했다. 그리고 국정회의가 열릴 때마다 "범장경은 이를 알고 있는가"를 물었다. 장계의 내용이 시원치 않을 경우에는 "어째서 범장경과 상의하지 않았는가"라고 질책했고, 대신들이 "범장경도 같은 뜻입니다"라고 하면 홍타이지는 그제야 받아들였다.

강희 5년(1666)
범문정유제비(范文程諭祭碑) 탁본

한번은 범문정이 대궐에서 식사를 하다가 상다리가 부러지도록 차려진 산해진미를 보고는 노모 생각에 수저를 들지 못했다. 그 속마음을 알아차린 홍타이지는 즉시 대궐의 술상과 똑같은 음식을 범문정의 집으로 가져가게 했다. 나중에 범문정은 내비서원 대학사로 등용되었고, 이때부터 한족도 청나라에서 재상을 할 수 있는 길이 열렸다.

유림에 대해서는 '선비는 백성들 가운데 가장 뛰어난 자로 그의 마음을 얻으면 곧 민심을 얻음이다'라고 하면서 누구든지 우수한 인재를 확보하고 그들의 재능과 지혜를 충분히 발휘할 수 있다면 그는 곧 상대를 이길 수 있다고 보았다.

명나라는 인재가 있었음에도 불구하고 그들을 중용하지 않았고, 대순(大順, 이자성 농민군)정권에는 걸출한 인재가 없었다. 우금성도 일개 거인에 지나지 않았다. 대청제국이 용호상박에서 승기를 잡을 수 있

청태종의 성훈(聖訓)

느냐 없느냐는 유능한 인재를 얼마나 보유했는가에 달려 있었다. 누르하치는 명나라 유생들을 대거 학살하고 명나라와 내통하는 자는 모조리 처형했다. 숨었기 때문에 죽임을 면할 수 있었던 유생만도 300명이 넘었는데 모두 팔기의 노예가 되었다.

홍타이지는 노예로 전락한 이들에게 과거응시자격을 부여하고 주인에게는 응시를 막지 말라는 영까지 내렸다. 이는 청나라의 과거응시제도의 시초로, 과거에 합격한 노예 생원이 200명에 달하였다. 그들은 노예 신분에서 발탁되어 자유를 만끽할 수 있었다. 나중에는 한인의 생원시험도 치러졌는데 228명이 합격하고 그중에서 거인은 모두 등용되었다. 이러한 조치들은 커다란 반향을 불러일으켰으며, 홍타이지가 인자하다는 명성도 널리 전파되었다.

종족명 만주, 국명 대청

홍타이지는 재위기간 동안 역사에 길이 남을 두 가지 일을 했다. 하나는 종족명을 여진에서 만주로 개칭한 것이다. 천총 9년(1635) 10월 13일, 홍타이지는 종족명을 만주로 개칭하였다. 이로써 만주족(만족)의 명칭이 중국과 세계사에 공식적으로 등장하기 시작했다.

또 하나는 국호를 대금(大金)에서 대청(大淸)으로 바꾼 것이다. 천총 10년 4월 11일, 홍타이지는 심양에서 즉위식을 갖고 국호는 '대청',

연호는 '숭덕(崇德)'으로 바꾸었다. 홍타이지 재위기간에는 '천총'과 '숭덕' 두 연호를 썼기 때문에 청 왕조의 황제는 12명인데 조대는 13개(12帝13朝)라는 기현상이 나타나게 되었다.

홍타이지가 국호를 '대청'으로 바꾼 까닭은 무엇일까? 전설에 의하면 일찍이 누르하치가 피난길에 오르면서 대청마(大靑馬)를 타고 황급히 도주했던 적이 있는데 그 말이 도중에 지쳐서 죽었다. 누르하치는 괴로워하며 "대청아, 대청아! 장차 내가 천하를 얻으면 반드시 국호를 대청이라고 할 것이다"고 하였다고 한다. 하지만 홍타이지가 국호를 바꾸고 대칸으로 자칭했던 것은 자신이 만주의 대칸일 뿐만 아니라 몽고인, 한인 등 모든 사람들의 대칸이며, 대청국의 황제임을 드러내고 싶었기 때문일 것이다.

체제 완비

후금의 사회경제 발전에 따라 홍타이지는 권력기구를 개혁하고 강화했다. 첫째, 2버일러 아민과 3버일러 망굴타이를 제거하고 대버일러 다이산(代善)을 등에 짐으로써 대칸과 3대 버일러가 공히 정사를 보던 제도를 폐지하고, '남면독좌' 전제군주를 강화시켰다. 둘째, 팔기 제도를 개선하고 강화하여 팔기한군를 증설하고 한군과 그 가족을 관리했다. 또한 팔기몽고군을 확대 개편하여 몽고에 대한 지배를 꾀하였다. 셋째, 몽고아문(숭덕 3년에는 理藩院으로 개칭)을 창설하고 민족사무를 전담 처리하도록 했다. 넷째, 명나라 제도를 모방하여 내삼원, 육부, 도찰원을 설립했다. 결국 '삼원 육부 2아문'이라는 정부조직 체제와 틀을 완비한 것이다.

홍의대포와 포병부대 창설

홍타이지는 영원성전투, 영금전투, 북경전투의 패전을 거듭하면서 끝내 그 패인을 찾아냈다. 자신에게는 최신 중무기인 홍의대포가 없었던 것이다. 홍의대포는 서양인이 만들었다 하여 '홍이대포(紅夷大砲)'라고도 한다. 그런데 만주는 오랑캐 '이(夷)'자를 꺼렸기 때문에 동음인 옷 '의(衣)'자로 대체하여 홍의(紅衣)대포라고 하였다.

천총 5년(1631) 정월, 후금은 심양에서 최초로 홍의대포를 모방제조하고 '천우조위대장군(天佑助威大將軍)'이라는 이름까지 붙였다. 이때부터 만주는 자신들의 홍의대포를 갖추었는데 이는 획기적인 사건으로 팔기군제사상 하나의 이정표가 아닐 수 없다.

홍타이지는 팔기군에 새로 '중군(重軍)'을 두었는데, 홍의대포와 같은 중화기로 무장한 최신식 포병부대를 말한다. 이때부터 청군이 자랑하는 막강한 기병대를 명나라는 영위하지 못했지만, 명나라가 자랑하던 홍이대포는 청나라도 갖추게 됨으로써 전력의 균형이 깨어지기 시작했다.

청태종이 설립한 6부 문서

홍타이지는 아버지의 실책을 하나하나 바로잡음으로써 후금 군정 대업이 장족의 발전을 이루었다. 그는 죽은 뒤 '문황제'로 불렸는데 이 '문(文)'자는 문치면의 공적을 이른 말이다.

무공(武功): 주변으로 강역을 개척하라

두 차례 조선 정복

천총 원년(1627) 정월, 홍타이지는 2 버일러 아민에게 조선을 정복하라고 명했다. 아민은 군사를 이끌고 압록강 을 건너 평양성을 점령했는데 3월에 교전 양측은 강화도에서 백마와 흑우 를 잡고 '형제의 나라(兄弟之盟)'가 되기 로 맹세하였다.

홍타이지의 말안장

숭덕 원년(1636) 홍타이지가 황위에 올랐을 때, 조선의 사신에게 무 릎을 꿇고 참배할 것을 강요했지만 끝내 굴복시키지 못했다. 홍타이 지는 이 사건을 조선 국왕의 명나라에 대한 충성과 청나라에 대한 불 복종이라는 시각으로 바라보았다. 이를 빌미로 홍타이지는 그해 12 월, 제2차 조선정벌을 감행하였다. 직접 대군을 이끌고 압록강을 건 너 한성으로 진격한 홍타이지는 남한산성으로 몽진한 인조를 추격하 여 산성 아래에 군영을 설치하고 군사를 주둔시켰다.

이듬해 정월, 인조는 항복을 청하고 청나라의 정삭을 받들고 조공

을 바치기로 약속했다. 홍타이지는
한강 이남의 삼전도에 제단을 마련
하고 항복을 받아들이는 의식을 치렀
다. 인조는 삼배구고두(三拜九叩頭, 만주
의 풍습으로 3번 무릎을 꿇고 9번 머리를 조아린
다는 뜻이며 신하가 황제를 알현할 때 치르는 의
식이다)를 행하고 청나라와 조선은 '군
신의 나라(君臣之盟)'임을 확정지었다.

홍타이지는 이로써 1석 3조의 목
적을 달성했다. 하나는 조선이 청나

대청황제공덕비(삼전도비)

라와 명나라 사이에서 오락가락하는 입장을 종식시켰다. 다음은 조선
으로부터 물자공급을 약속받았다. 또한 명나라로 남진할 때 동쪽으로
부터 있을 수 있는 우환을 사전에 제거했다.

삭륜(索倫) 정복

홍타이지는 북쪽으로 군사를 보내 흑룡강 유역을 공략하고 '군사
력으로 위협하고 덕으로 회유한다'는 책략을 동원했다.

홍타이지는 종친의 딸을 찡치리(精奇里)강의 둬커(多科) 마을에 거주
하고 있는 다워얼의 빠얼다치(巴爾達齊) 추장에게 시집보내고 자신의 부
마(여기서는 조카사위)로 삼았다. 얼마 뒤 삭륜 부족의 다른 족장들도 심양
으로 찾아와 조공을 약속하고 귀순의사를 밝혔다.

숭덕 연간에는 두 차례나 군사를 보내 삭륜의 붜무붜궈얼(博穆博果爾)
을 정벌했다. 양측은 흑룡강 상류의 야커싸(雅克薩)와 후마얼(呼瑪爾) 등

지에서 결전을 벌였는데 청나
라 군사가 승전을 거두었다.
뭐무뭐궈얼은 수족들을 이끌
고 북쪽 치뤄타이(齊洛臺)까지
도주하다가 사전에 매복하고
있던 홍타이지의 몽고기병대
에 붙잡혔다. 홍타이지는 정

홍타이지의 요도(腰刀)

벌과 안무를 병행하여 바이칼호 주변지역, 외흥안령 이남지역, 우수
리강에서 오호츠크해에 이르는 광활한 지역을 청나라 땅으로 재편시
켰다.

세 차례 몽고 정벌

명말 청초에 몽고는 막남, 막북과 막서 등 3부분으로 분화되었다.
막남은 지금의 내몽고이고 막북은 현재의 몽고국이며 막서는 어루터
몽고를 말한다. 명나라와 후금 사이에 위치한 막남은 명나라와 맹약
을 맺고 후금 제어에 나섰던 동맹국이다. 막남의 차하르부 링단칸은
원나라 태조 칭기즈칸의 후예로 막강한 세력을 등에 업고 몽고대칸을
자임하였다.

명나라 조정에서도 링단칸에게 '세상(歲賞, 해마다 내리는 상여물품)'을 내
리면서 후금에 대항해 줄 것을 요구했다. 그리하여 막남의 동쪽에 위
치한 부족들이 차례로 후금에 항복한 뒤에도 링단칸은 완강하게 누르
하치 부자와 대치했다.

대칸에 즉위한 홍타이지는 세 차례에 걸쳐 링단칸 정벌에 나섰다.

천총 2년(1628), 홍타이지는 막남몽고 부족 간의 모순을 이용하여 링단칸을 반대하는 카라친(喀喇沁) 부족과 동맹을 체결하고 링단칸 정벌을 단행했다. 오무룬(敖木倫)에서 링단칸을 격파하고 1만 1,000명을 생포했으며 링단칸을 외흥안령까지 축출했다.

4년이 지나자 홍타이지는 또다시 링단칸의 원정에 나서 귀화성(지금의 후허하오터)을 습격했다. 이 습격으로 링단칸은 야반도주하고 회군하던 홍타이지는 명나라 백성 수만과 짐승 10만을 포획했다. 이때부터 차하르부는 뿔뿔이 흩어졌고 점차 와해되었다.

링단칸은 청해의 타초탄으로 도망갔지만 천연두에 걸려서 죽었다. 천총 9년(1635), 홍타이지는 도르곤(多爾袞)에게 군사를 내주고 세 번째로 차하르부를 정벌했다. 링단칸의 아들 어저(額哲)는 부족민 1천호를 이끌고 항복하며 옥새까지 헌납했다.

이 옥새는 한나라에서 원나라로 전해진 것으로 원나라 순제가 북으로 도주할 때 지녔던 것이라 한다. 순제가 죽고 옥새는 유실되었는데 200년이 지난 어느 날 양들이 3일 내내 풀도 먹지 않고 땅만을 후벼대는 것을 보고 목동이 이상하게 여겨 그곳을 팠더니 옥새가 나왔다고 전한다.

나중에 그 옥새는 링단칸의 수중에 들어갔고 결국 홍타이지는 '대일통의 상서'를 얻은 셈이 되었다. 하늘로부터 지위를 인정받았으니 홍타이지가 어찌 기쁘지 않았겠는가. 하늘에 제사를 올리고 태조 복릉에도 고제를 지냈다. 20년 동안 줄곧 적대관계에 있던 차하르부가 항복하면서 드넓은 막남지역은 청나라로 편입되었다.

다섯 차례 중원 공략

명나라를 상대로 대릉하전투와 송금전투에서 승리를 거둔 홍타이지는 다섯 차례에 걸쳐 산해관을 지나 관내로 진격했다. 천총 3년(1629), 홍타이지가 직접 군사를 이끌고 몽고를 에돌아 대안구를 함락하고 북경을 포위했다(제1차). 천총 8년(1634), 홍타이지는 또 군사를 이끌고 선부와 대동 일대를 유린했다(제2차).

숭덕 원년(1636), 홍타이지는 도라(多羅) 군왕 아치코(阿濟格)에게 군사를 내주고 산해관으로 쳐들어갈 것을 명하였다. 아치코는 연경을 함락한 후 거용관을 거쳐 창평을 취하고 북경을 위협했다. 그리고 곧이어 군사를 이끌고 방산까지 내려가 순의를 돌파하고 평곡을 함락했으며 밀운을 점령함으로써 북경을 포위했다.

이 전투에서 아치코가 이끈 청군은 56전 전승에 16개의 도성을 격파하고 백성과 가축 총 17만을 포획하는 성과를 올렸다. 그들은 '고운 옷을 입고 말을 탄 채 고악을 울리며 개선하였다.' 또한 나무를 찍어 그 위에다 '각급 관리들은 바래다주지 않아도 괜찮다'는 글귀를 새겨 명나라 황제를 조롱했다(제3차).

정면에 '천총칸 패(牌)'라고 음각되어 있는 몽골문 신패(信牌)

청태종 때 만든 황제 옥새

숭덕 3년(1638), 도르곤을 보내 산해관으로 진격하게 했는데 선두부대는 산동의 제남으로 향하였다. 반년 내에 도르곤은 2천여 리를 전진하면서 제남의 3개 주, 55개의 현성을 격파하고 인구와 가축 46만을 포획했다(제4차).

숭덕 7년(1642), 아빠타이에게 군사를 내주고 다시 산동 일대를 정벌케 하여 인구 36만과 가축 32만을 포획했다(제5차).

이처럼 홍타이지는 다섯 차례에 걸쳐 관내로 진입하여 북경을 공략했고 중주와 제남을 약탈하고 함락했으니 그 용기와 기백은 참으로 장대하다고 하겠다.

모략(謀略): 왕권도모를 위해 모략을 펼치다

그렇다면 홍타이지가 문치와 무공을 이룰 수 있었던 까닭은 무엇이었을까? 여러 가지 원인이 있겠지만 무엇보다 모략이 중요한 역할을 했다고 볼 수 있다. 모략이야말로 정치가나 군사가의 지혜를 가늠하고 대업의 성패와 민족·국가의 흥망을 좌우하는 중대 요소이다.

대칸 등극

여진족은 여타의 유목민족처럼 칸의 계승에서 적장자 계승제도(嫡長制)를 시행하지 않았다. 대칸의 계승에 대하여 그 당시는 분명하게 정해진 것이 없었던 것이다.

누르하치는 자신의 정권을 강화하기 위해서 동생 수얼하치와 장자

저영을 살해했으며 만년에 칸 계승문제로 무척 골머리를 앓았다. 그는 후계자를 지정하지 않았을 뿐만 아니라, 칸의 유지를 내려 8대 버일러의 공의제를 통해 대칸을 선출하도록 하고 대칸제도를 폐지시켰다.

성경 황궁 대정전 왕좌

그가 죽고 칸위 쟁탈전이 유난히 치열했던 것도 여기서 비롯된 것이다. 당시 여러 버일러들 가운데 4대 버일러의 권세와 지위가 가장 높았다. 그 외에 경쟁자로는 도르곤과 도도 형제가 있었다.

4대 버일러라고 불리는 대버일러 다이산과 2버일러 아민, 3버일러 망굴타이, 4버일러 홍타이지 가운데 좌차와 연치 모두 4위였던 홍타이지가 어떻게 후금의 대칸에 오를 수 있었을까?

사실 홍타이지는 대권 쟁탈전에서 장시간에 걸쳐 교묘한 모략을 펼쳐왔다. 당시 2버일러 아민은 홍타이지의 사촌 형이며 아버지 수얼하치는 누르하치에게 처형되었다. 아민도 과오를 범했던 전력이 있어 칸의 계승을 다툴만한 자격이 없었다.

3버일러 망굴타이는 홍타이지의 다섯째 형(이복형제)으로 용맹하지만 지략이 없었고 성격도 난폭했다. 생모가 과오를 범하자 제 손으로 생모를 죽였다. 그는 군사를 이끄는 장수로서는 모르겠지만 일국의 군주로는 적절하지 않았다.

대버일러 다이산은 칸위를 계승할 자격과 조건을 두루 갖춘 인물이었다. 그는 성정이 온후하고 아량도 넓었으며 또한 군공도 커서 세력이 막강했다. 누르하치는 일찍이 자신의 칸위를 이을 사람은 다이산이라 예언하면서 "내가 죽으면 어린 아들과 대비를 장남에게 맡길 것이다"라고 하였다. 여기서 장남은 다이산을 말한다.

홍타이지는 포부도 크고 제왕의 재능도 겸비했지만 다이산과 칸위를 놓고 쟁탈하기에는 역부족이었다. 따라서 그는 각종 계책을 꾸몄다. 누르하치의 차비 더인저(德因澤)는 일찍이 이렇게 폭로했다. "대비께서 대버일러에게 두 차례나 맛있는 음식을 내렸는데 그때마다 다이산은 음식을 모두 먹었다. 또한 4버일러에게도 내렸는데 그는 받기만했을 뿐 먹지 않았다."

대비가 수시로 다이산의 저택을 드나들고 심야에 둘이서 대궐을 벗어나기도 했다는 추문이 드러났다. 누르하치가 뒤를 캐보니 모두 사실이었기 때문에 조용히 대비에게 처벌을 가했다. 이 일이 만주귀족들에게 알려지면서 다이산의 위상은 곤두박질쳤다. 차비의 고발은 홍타이지가 사주한 것으로, 그는 대비와 다이산 사이의 떳떳하지 못한 '사생활'을 빌미로 1석2조의 효과를 노렸다. 다이산의 명예를 더럽히고 대비도 함께 처벌하려는 것이었으니 이 일로 대비는 큰 타격을 입게 되었다.

여기서 대비는 도르곤과 도도 형제의 생모였던 울라나라씨 아빠하이(阿巴亥)이다. 아빠하이는 12세에 누르하치에게 시집와 25년을 함께 지냈다. 당시는 37세로 한창 기력이 왕성했던 시기였다.

대비는 세 아들을 두었는데 아치코가 22세, 도르곤이 15세, 도도는 13세였다. 도르곤과 도도 형제는 홍타이지와 대칸을 다툴 자격이 있었다. 이들 세력을 약화시킬 목적으로 대비를 제거하기로 결심한 홍타이지는 누르하치가 죽은 뒤 여러 버일러와 단합해서 선대칸이 대비를 순장하라는 유언을 남겼다고 주장했다. 결국 홍타이지와 버일러들의 협박 아래 대비는 스스로 목숨을 끊었다. 대비가 활시위에 목이 졸려 죽었다는 설도 있다.

성경 황궁 숭정전 전경

대비가 죽은 뒤 도르곤과 도도 형제는 의지할 곳이 없었고, 홍타이지와 대권을 다툴 여력도 상실하였다. 『청사고(淸史稿)·소니전』에 따르면 도도는 "마땅히 나를 대칸에 세워야 한다. 태조의 유지에 내 이름이 거론되었기 때문이다"라고 했다. 누르하치가 생전에 유서를 작성했을 수도 있다. 하지만 발견되지는 않았다.

도르곤이 죽은 뒤 그의 죄상을 따지는 과정에서 제기된 죄목 가운데 그가 일찍이 "태종 문황제의 황위는 찬탈한 것이다"라고 떠벌렸던 점이 명시되어 있다. 사실 홍타이지가 칸위를 계승한 것인지 탈취한 것인지는 분명하지 않다.

다이산이 세력을 상실하고 도르곤이 생모를 여의면서 대권 쟁탈전에서 홍타이지는 유력한 위치를 점할 수 있었다. 새로운 대칸의 추대는 묘당 밖에서 진행되었다. 다이산의 아들인 웨퉈(岳託)와 싸하린(薩哈

璘)은 아버지의 거처로 달려갔다.

"4버일러는 덕망과 재질이 뛰어나고 선대칸의 마음을 잘 헤아리며 모든 사람들이 그에게 복종하기를 원하니 마땅히 그의 대칸 승계를 신속하게 확정지어야 하는 줄로 압니다." 이 말에 다이산은 "그 또한 나의 숙원이다! 너희들의 말대로 하늘이 윤허하고 만인이 협력하는데 누가 찬성하지 않겠느냐"라고 호응했다.

이들 부자는 대칸 후보자를 낙점하고, 이튿날 여러 군왕과 버일러와 버이즈들이 모인 자리에서 2버일러 아민과 3버일러 망굴타이에게 자신의 의견을 알렸다. 그러자 아무런 언쟁도 없이 공감대가 조용히 형성되었다.

15년간의 치밀한 계획을 통해 홍타이지는 마침내 대칸이 되었다. 대칸에 오른 초기에는 4대 버일러와 어깨를 나란히 하면서 국정을 운영하였지만 곧바로 2버일러와 3버일러를 제거하고 대버일러에게 위협을 가해 복종시킴으로서 '남면독좌'를 쟁취했다.

몽고 유화책

홍타이지는 심양에 5개의 궁궐을 짓고 황후 1명과 황비 4명을 두었다. 이들은 몽고 출신들로 모두 뷔얼지지터(博爾濟吉特)씨이며 각각 커얼친 부족과 차하르부에 속했다. 홍타이지가 몽고 출신의 1후 4비를 두었던 것은 몽고정권에 대한 유화책의 일환이었다.

황후는 몽고 커얼친 부족의 버일러 망구스의 여식으로 혼인할 때 홍타이지는 23세였고, 황후는 15세였다. 홍타이지가 대칸에 오른 뒤 그녀를 중궁, 즉 청녕궁의 대비로 불렀고 숭덕 원년에 황위에 오르자 중궁황후가 되었다.

홍타이지가 총애하던 황비 4명도 몽고 출신이다. 관저궁(東宮) 신비는 중궁황후의 조카이자 영복궁 장비의 언니로 천총 8년(1634)에 26세로 43세의 홍타이지와 혼인했다.

성경 황궁의 봉황루

인지궁(西宮) 귀비는 몽고 아빠까이(阿霸垓) 군왕인 어치거눠엔(額齊格諾顔)의 어식으로 원래는 몽고 링단칸의 낭낭비였지만 링단칸이 죽자 후금에 귀순했다. 그해 홍타이지는 그녀를 비첩으로 맞았다. 귀비는 아들 뭐무뭐궈얼과 딸 하나를 두었다.

연경궁 숙비는 본래 차하르부 링단칸의 떠우투먼비(竇土門妃)였다. 링단칸이 죽자 부하를 이끌고 후금에 항복했고, 얼마 뒤 홍타이지가 비첩으로 맞았다. 그녀가 몽고 여자아이를 입양했는데 홍타이지는 예친왕 도르곤에게 '아내로 맞이하라'는 영을 내렸다.

장비

장비가 거주했던 영복궁

영복궁 장비는 대장비(大庄妃)라고도 하는데 이름은 뿌무뿌타이(布木布泰)이다. 그는 커얼친 버일러 짜이상(寨桑)의 여식으로 중궁황후의 조카이며 신비의 동생이다. 13세에 34세

의 홍타이지와 혼인하였으며, 황위에 오른 뒤 홍타이지는 그녀를 영
복궁 장비로 책봉했다. 장비 일생에서 가장 뿌듯했던 것은 26세 때,
푸린(Fulin, 福臨) 즉, 훗날의 순치제를 출산한 일이다.

몽고를 회유하기 위해 홍타이지는 자신의 차녀를 링단칸의 아들
어저에게 시집을 보내고, 지루가란(濟爾哈郎)에게는 링단칸의 쑤타이(蘇
泰) 태후를 비로 맞게 했으며, 또한 장남 호거와 둘째 형 다이산 그리
고 일곱째 형 아빠타이는 차하르부 출신의 여성과 혼인케 하여 아주
복잡한 혼인관계를 형성했다.

탁월한 용병술을 보인 송금전투

숭덕 4년(1639), 홍타이지는 요서에서 명나라 군대와 일전을 치렀
다. 청나라 군대가 금주를 포위하자 명나라의 수장 조대수는 조정에
급보를 띄웠다. 숭정제는 홍승주를 총독으로 임명하고 8명의 총병과
13만의 보병, 4만 기병을 인솔하여 금주성 구원에 나섰다.

홍승주는 '진영을 치면서 공격하여 단숨에 포위망을 뚫어라'는 전
략전술 아래 숭덕 6년(1641) 7월에 드디어 송산에 이르렀다. 첫 번째
교전에서 청나라 군대는 거의 괴멸에 가까울 정도로 엄청난 사상자를
내고 말았다.

패전 소식이 심양으로 전해지자 홍타이지는 아픈 몸을 이끌고 황
급히 지원에 나섰다. 기록에 따르면 "황제께서는 다급히 채비를 하고 행
군에 나섰는데 코피가 멈추지 않자 그릇으로 받아냈다"고 한다.

철야로 250km를 달려 송산에 이른 그는 복병을 매복시키고 명군
의 곡창을 급습하여 군수품의 수송로를 차단함과 동시에 적군의 퇴로

를 가로막았다. 대로에서는 방진을 치고
적군의 지원병을 격퇴시켰다.

『청태종실록』에 따르면 "이번 전투
에서 5만 3,783명의 명군이 참수되었
고, 군마 7,440필 낙타 66마리와 갑옷
9,346벌을 포획하였다. 명군은 행산(杏
山)에서 남쪽으로 탑산에 이르는 지역에
서 다급한 나머지 바다로 뛰어들다가 목
숨을 잃은 자가 헤아릴 수도 없었다. 그들
이 팽개친 갑옷과 군마는 수없이 많았고,
바다에 떠 있는 시신은 기러기나 집오리
떼처럼 보였다"고 한다.

홍승주

홍승주는 송산성 안으로 퇴각했으나
끝까지 추격한 청나라 군사들에 의해 생포되었다. 명나라는 홍승주의
순국 소식에 위령제를 지내고 포상까지 했지만, 사실은 청나라에 투
항한 상태였다.

만력 46년인 천명 3년(1618) 무순에서의 첫교전이 있은 뒤로부터
숭정 17년, 즉 순치 원년(1644) 청군이 산해관으로 진입하기까지 약
30년 동안 명·청 양국의 흥망에 엄청난 영향을 끼친 전투를 꼽는다면
사르후전투, 심료전투, 송금전투가 될 것이다.

사르후전투는 명나라와 청나라의 공식적인 군사충돌의 시발점이
며, 양측 군사력의 추세를 보여준 전투이다. 이 전투를 기점으로 명나
라 요동군은 공격에서 방어태세로 바뀌었고, 후금군은 방어에서 공격

태세로 전환되었다. 심료전투는 양국 사이에서 치열하게 벌어졌던 군사충돌로 양측의 정치형세 변화, 즉 명나라의 요동지배 종식과 후금의 요동지배 확립을 상징하는 전투이다. 그리고 송금전투는 양국 사이에 있었던 요동에서의 대치국면을 타파하고 군사충돌을 종식시킨 전투이다. 이 전투로 명나라는 산해관 외곽의 군사거점을 상실했고, 청나라는 새로운 전략적 공격으로 전환함으로써 북경에 도읍을 정하고 중원의 패자가 될 수 있는 기초를 마련하였다.

반간계로 제거한 원숭환

원숭환

청나라의 국가발전과정을 논할 때, 홍타이지가 반간계를 이용하여 명나라 장수 원숭환을 제거한 사건을 거론하지 않을 수 없다.

천명 11년(1626) 정월, 영원성전투에서 패전한 누르하치는 결국 세상을 떠났다. 그 전투에서 홍타이지는 팔기군사상 가장 참혹한 실패를 두 눈으로 직접 보았다. 아버지를 위한 복수전으로 천총 원년(1627) 5월에 영금전투를 일으켰지만 또다시 고배를 들어야만 했다.

영원성전투와 영금전투의 패배를 통해 홍타이지는 원숭환이야말로 청나라가 산해관을 지나 중원으로 진입하는 길목을 가로막는 호랑이임을 확인할 수 있었다. 고심 끝에 홍타이지는 계략을 꾸몄다. 산해관을 돌아서 북경을 공략하여 원숭환으로 하여금 명나라 황제의 안위를 걱정하게 함과 동시에 반간계를 이용해 원숭환을 제거하였다.

천총 3년(1629) 10월, 홍타이지는 대군을 이끌고 산해관을 에돌아 내몽고를 거쳐 북경공략에 나섰다. 이미 병부상서겸 북경, 요동군총지휘관으로 임명되었던 원숭환은 요동의 방어망은 견고하니 방어망이 허술한 북경의 경계강화를 주청했다. 그러나 충정어린 그의 의견은 철저히 묵살당하고 말았다. 산해관을 순시하던 중, 홍타이지가 북경공략에 나섰다는 정보를 입수한 원숭환는 즉각 9천 기병을 이끌고 북경으로 달려가 방어망 구축에 총력을 기울였다.

북경의 광거문 외곽에 주둔한 원숭환의 부대는 군량미가 바닥나고 건초도 동난 상태였다. 낮에는 작전을 펴고 밤에는 풍찬노숙을 하는 등 고통이 잇따랐지만 고비 때마다 원숭환은 솔선수범하고 나섰다. 원숭환은 광거문과 좌안문전투를 승리로 이끌면서 북경이 잠시나마 위험에서 벗어나는 듯하였으나 홍타이지는 주유가 장간을 이용해서 조조에게 사용했던 반간계를 활용해 원숭환을 모함하고 나섰다.

다음날 폐하(홍타이지)께선 군사들의 공격을 경계하고 승선과 부장 고홍중을 불러 이러이러한 계책을 일러주고는 전투에서 생포한 명나라 태감이 수감된 곳과 가까운 곳에서 둘이 귓속말로 속삭이게 하였다. "오늘의 병력 철수는 폐하의 계책입니다. 조금 전에 폐하께서는 군마를 타고 혈혈단신으로 적진을 향해 나갔는데 적진으로부터 두 사람이 걸어 나와 폐하를 알현하면서 뭐라 한참 이야기하고는 돌아갔습니다. 그 내용은 대체로 요동경략 원숭환과 밀약을 즉시 체결하자는 것이었습니다." 양모모 태감은 자는 척하면서 이를 훔쳐 들었다. 다음날 그 태감을 풀어주었더니 명나라 황제에게 자신이 들은 사실을 고발했고, 결국 원숭환은 참수되었다.(『清史稿·鮑承先傳』)

12월 초하루, 홍타이지의 '반간계'에 놀아난 숭정제는 군량미 관련 사항을 논의하자는 명분으로 원숭환을 자금성으로 불러들였다. 당시 계엄상태였던 북경성은 성문을 굳게 닫고 있었기 때문에 원숭환은 광주리에 앉아서 입성했다.

자금성의 평대에 원숭환이 도착하자 숭정제는 군량미는 고사하고 되레 호통을 치면서 금의위의 옥사에 가두어 버렸다. 그리고 이듬해 8월 16일에 북경의 서시에서 원숭환을 처형했다.

『명계북략(明季北略)』에 따르면 원숭환을 처형할 때, 사람들은 이를 갈았고 도려낸 살점을 안주 삼아 먹으면서 욕설을 퍼부었다고 한다. 기록의 진위가 의심되기는 하지만 당시의 명나라 수도 북경에서는 상하고하를 막론하고 모두 홍타이지의 '반간계'에 넘어가 원숭환을 '적과 내통'한 장본인으로 잘못 알고 있었던 것만큼은 사실이다.

청나라가 『명사(明史)』를 편찬하면서 그 당시의 상황을 적은 만문 기록을 본 후에야 비로소 진상이 밝혀졌다. 원숭환에게 씌워졌던 억울한 누명이 100년 뒤인 건륭제에 의해서 비로소 벗겨진 것이다.

홍타이지는 반간계를 이용하여 명나라의 숭정제로 하여금 제 손으로 만리장성을 허물게 하였다. "원숭환이 죽은 후로는 변방을 지킬만한 사람이 없었고, 명나라는 멸망의 징후를 드러내었다."(『명사·원숭환전』)

모두가 탄복할 정도로 심지가 깊었던 홍타이지는 모략에도 뛰어났으며 수단 또한 매섭고 독했다. 이는 천부적인 것도 있겠지만 그가 처했던 환경과 결코 무관하지 않았다. 그가 태어날 때, 누르하치는 34세였고 생모는 18세였다. 생모는 여허 부족의 버일러인 양통누(揚努)의 여식으로 멍구(孟古)이며 멍구공주라고도 한다. 14세에 누르하치와 혼인해서 29세에 죽었기 때문에 홍타이지는 12세 때 어머니를 여의었다.

생모의 죽음은 우울증에서 비롯되었는데, 혼인에서부터 지병으로 죽을 때까지 건주와 여허는 줄곧 적대관계에 놓여 있었다. 멍구의 사촌오빠는 고륵산전투에서 군마가 쓰러지는 바람에 비명횡사했고, 누르하치는 시신을 두 동강내서 반만 돌려보냈다. 이때부터 건주와 여허는 불공대천이 되었다. 살날이 얼마 남지 않았음을 직감한 멍구는 어머니를 한 번만 뵙게 해달라고 요청했다. 그러자 누르하치가 여허로 사람을 보내 데려오려고 했지만 여허 부족은 허락지 않았고, 멍구는 끝내 생모를 만나지 못하고 죽었다.

홍타이지는 일찍 어머니를 여의고 친형제도 없었지만 대가족 속에서 성장했다. 그에게는 4명의 숙부가 있었다. 둘째 숙부 무얼하치의 문하에만 11명의 사촌이 있었고, 셋째 숙부 수얼하치의 문하에는 9명의 사촌이 있었다. 더구나 사촌들 중에도 아민 버일러의 문하에만 6명의 조카가 있었고, 지루가란 버일러의 문하에는 11명의 조카가 더 있었다.

홍타이지는 15명의 이복형제와 140~150명의 조카들과 함께 생활

소릉의 정홍문(正紅門)

했다. 7명의 이복형은 비첩 5명의 소생으로 모두 건주 사람이고, 유독 홍타이지의 생모만 여허 사람이었는데 건주와는 불공대천이었다. 이러한 가정환경은 홍타이지의 성장에 엄청난 영향을 미쳤다.

첫째, 홍타이지의 외조부는 여진의 저명한 영수였고, 생모도 총기가 넘치는 공주였다. 유전적 요소인지는 알 수 없으나 홍타이지 또한 총기가 넘쳤다. 그러나 이복형제들의 외조부(도르곤의 외조부 제외)는 모두 별 볼일 없는 인물들이었다. 이러한 외가의 배경은 홍타이지에게 자긍심을 심어주었다.

둘째, 어릴 때부터 생모를 여의고 수많은 생활고를 겪었기 때문에 일찍부터 독립적 성격과 완강한 의지를 기를 수 있었다.

셋째, 어머니와 형제가 없었기 때문에 세력이 매우 취약했다. 이는 말수 적은 성격, 교류와 협조능력을 기르게 하였다.

넷째, 외숙과 건주 사이의 원한관계로 인해 항상 불리한 위치에 있어야만 했던 홍타이지는 유난히 속셈이 깊었다.

태(泰)에서 비(否)가 생기고 비에서 태가 생겨나듯 어머니를 일찍 여읜다는 것은 분명히 인생에서 불행한 일이다. 좌절은 나약한 자에게는 의지를 더 약하게 하겠지만 강인한 자에게는 기폭제가 되는 법이다. 청나라 초기의 4명의 군주를 살펴보면 태조 누르하치는 11세에 어머니를 여의었고, 태종 홍타이지는 12세에 어머

홍타이지의 무덤인 소릉도

니를 여의었으며, 세조 푸린은 6세에 아버지를 여의었고, 성조 현엽은 8세에 아버지를, 10세에는 어머니를 여의었다.

누르하치는 소년시절 어머니를 여의면서 독립적인 성품을 길렀다. 홍타이지도 생모의 사랑은 받지 못했지만 아버지를 따르며 독자적이고 완강한 성품을 길렀다. 홍타이지가 안팎의 수많은 적과 위기를 극복할 수 있었던 것은 좌절 속에서 지혜를 기르고 고난 속에서 의지를 키우게 했던 불우한 가정환경과 무관하지 않다.

한 시대를 호령했던 영웅호걸로서 좀 더 커다란 공적을 기대할 수 있었지만 홍타이지는 인생을 한창 즐길 나이인 52세(1643)에 돌연 세상을 떠났다. 세상을 떠나는 날까지도 홍타이지는 정무에 전념했다.

하늘이 그에게 더 이상의 시간을 허락하지 않았으니 자금성에서 황위에 오르지 못했고, 그토록 오매불망하던 북경 천도의 꿈도 이루지 못하였다. 소릉의 능묘 앞에 늘어선 석상들 가운데 석마 한 쌍이 눈에 띄는데 바로 그 유명한 '소릉2준마'이다. 전설에 따르면 홍타이지가 생전에 가장 아꼈던 보마 대백과 소백을 모방해서 조각하였다고

한다.

　홍타이지의 죽음은 청나라에서 또 하나의 왕조의 종식을 의미하지만 동시에 대청제국의 정초대업이 완결되었음을 의미한다. 청태조와 청태종 양대 60년을 통해 청나라가 북경에 도읍을 정하고 중원을 통일할 수 있는 기틀을 마련했다.

　『청사고·태종본기』에서는 홍타이지를 "문무에 능했으며 안으로는 정사를 닦고 밖으로는 정벌을 게을리하지 않았다. 용병술은 신기에 가까워 가는 곳마다 승전보를 울렸다"고 평가하고 있다. 이는 대체로 사실에 부합되는 공정한 평가이다. 그러나 이처럼 걸출한 영웅호걸도 유감은 있었다. 『청사고』에서는 그가 '후계자를 정하지 않은 것'과 '커다란 훈공을 이루지 못한 것'을 양대 유감으로 지적하였다.

순치황제

푸린

숭덕 3년(1638)~순치 18년(1661)

Chapter 3

순치황제 푸린

푸린은 6세에 황위에 올랐다. 청나라 역사상 아주 유명한 소년천자로 연호는 순치(順治)이다. 순(順)은 순리·순조롭다는 뜻이고 치(治)는 다스린다는 뜻으로 순조롭게 나라를 다스려 대통일을 이룩한다는 의미이다. 푸린(福臨)이라는 이름처럼 그에게는 '만복'이 하늘에서 '강림'하였다. 그렇게 말하는 이유는 무엇일까?

하늘이 내린 대청제국의 황위

앞서 언급했듯이 숭덕 8년(1643) 8월 9일 홍타이지는 '후계자도 정하지 않은 채' 홀연히 세상을 떠났다. 오후까지도 정무를 처리했는데 밤중에 갑자기 사망한 것이다. 유언도 남기지 않았고 후계자에 대한 어떤 언급도 없었다. 워낙 갑작스레 일어난 일이라 여러 군왕들과 버일러들은 아무런 준비도 하지 못하였다. 혼란과 애도가 대궐을 휩쓸고 지나가자 이번에는 치열한 왕권 쟁탈전이 홍타이지가 죽은 지 6일째 되던 8월 14일에 벌어졌다.

순치황제

만주귀족회의

누르하치는 대칸의 계승만큼은 반드시 만주귀족회의를 거쳐 추대해야 한다고 유지에 명시했다. 당시로는 4명의 친왕(禮親王 다이산, 鄭親王 지루가란, 睿親王 도르곤, 숙친왕 호거)과 3명의 군왕(英郡王 아치코, 豫郡王 도도, 穎郡王 阿達禮) 등 7인의 입김이 가장 컸다. 이들 중 대권탈취에 가장 열중했던 인물이 호거와 도르곤이다.

호거(1609~1648)에게는 네 가지 유리한 요소가 있었다. 첫째, 홍타이지의 장남으로 한창의 나이인 35세였다. 둘째, 인물과 재질이 출중하였다. 기록에 따르면 그는 '용모가 범상치 않았고 궁술과 마술도 뛰어났다.' 또한 '영명하고 강인하며 지혜로웠다.' 셋째, 수없이 많은 대전을 경험했고 군공도 뛰어났다. 넷째, 홍타이지 생전에 장악했던 정황기, 양황기, 정람기 대신들의 지지를 받았다. 특히 정황기와 양황기의 버일러들은 그에게 충성을 맹세했다.

도르곤

도르곤(1612~1650)에게도 유리한 요소가 있었다. 첫째, 누르하치의

팔기갑주(옷)

열네 번째 아들로 홍타이지의 이복동생이며 당시 32세였다. 둘째, 그가 누르하치로부터 유달리 총애를 받았다는 점이다. 전설에는 누르하치가 일찍이 "9황자(도르곤)가 황위를 계승해야 될 텐데 나이가 어리니 다이산이 섭정하고 보좌하라"는 유언을 남겼다고 전한다. 그런데 다이산이 이를 어기고 홍타이지를 옹립했다고 한다. 셋째, 도르곤 형제는 정백기와 양백기 버일러 그리고 영군왕(아치코)과 예군왕(도도)의 강력한 지지를 얻어 7인 가운데 3명을 차지할 정도였다. 넷째, 도르곤은 수차례 군사를 이끌고 출정했는데 '모략과 계책이 뛰어나 이르는 곳마다 성곽을 무너뜨리고 야전에서도 번번이 승리를 거두는' 등 군공이 탁월했다.

이처럼 호거는 정황기, 양황기, 정남기의 지지를 얻었고 도르곤은 정백기, 양백기의 지지를 얻었기 때문에 나머지 3기, 즉 다이산 부자가 이끄는 정홍기, 양홍기와 지루가란이 이끄는 양남기의 의견이 특히 중요했다.

14일 새벽, 정황기와 양황기의 버일러들은 대청문에서 호거에게 충성을 맹세하고 황위 계승을 옹호하면서 두 황기의 파야라(巴牙喇, 황제 호위대)를 숭정전 주변에 배치시켰다. 투얼거(圖爾格)와 어빌룬(必隆)도 자신들의 니루 호위대에게 갑옷과 활을 갖추고 대청문을 사수하라는 영을 내렸다.

황위 계승자 추대 귀족회의는 가장 연장자이며 최고 지위를 누리던 예친왕 다이산의 주재로 진행되었다. 정황기의 소니와 오배가 먼저 나서서 '황자를 세워야 한다'고 주장했지만, 도르곤은 '제안할 자격이 없다'면서 호통을 쳤다. 이에 두 사람이 물러났지만 파야라가 여전히 숭정전을 포위하고 있었기 때문에 잠시나마 우위를 점하였다. 그러나 두 백기도 순순히 물러나지 않았다.

도르곤

예군왕과 영군왕은 다이산 앞으로 다가가 도르곤의 황위 계승을 강력히 주장했다. 형세가 긴박하게 돌아가자 도르곤은 되레 주저했다. 그러자 도도는 "만약에 형님이 저희들의 요구에 응하지 않는다면 차라리 나를 밀어줘야 할 것이오. 내 이름도 태조의 유지에서 거론되었소"라고 요청했다. 도르곤은 동의하지 않았다. "숙친왕도 유지에서 거론되었다. 너 혼자만이 아니다!" 도도가 다시 목소리를 높였다. "나를 세우지 않겠다면 연배에 따라 예친왕을 세워야 할 것이오!"

곁에서 잠자코 있던 예친왕은 자신은 이미 연로하다면서 "호거가 태종의 장남이니 대통을 이어 마땅합니다"라고 말했다. 호거는 두 황기와 정남기에 이어 두 홍기의 지지까지 얻어내자 대세는 이미 자신에게 기울었다고 판단하고는 황위 계승을 극구 사양했다.

"부덕한 제가 어찌 이를 감당할 수 있겠습니까?" 본래는 대신들이 끝까지 자신에게 황위 계승을 요청하면 못 이기는 척하면서 권좌에 올라 겸손함과 공손함을 한껏 드러내려는 속셈이었다. 하지만 두 백기는 추호도 양보할 마음이 없었다.

호거는 불편한 심기를 가까스로 억누르며 잠시 물러났다. 험악한 분위기 속에서 두 황기의 대신은 검을 차고 앞으로 나서며 말했다. "우리가 먹고 입는 것은 모두 선제께서 베푸신 것이니 선제의 은혜는 바다와 같습니다. 그대들이 선제의 장남을 세우지 않겠다고 고집한다면 우리는 선제를 따라가는 수밖에 없습니다!"

귀족회의를 주재하던 예친왕은 사태의 심각성을 눈치채고는 병약한 몸을 핑계로 더 이상 정사에 간여치 않겠다며 황급히 자리를 떴다. 영군왕도 도르곤을 세우지 않는다는 이유로 자리를 박차고 떠났다. 예군왕은 말이 없었다. 결국 귀족회의에서는 아무런 결과를 얻어내지 못하였다.

절충안

칼집에서 칼이 뽑히고 활시위가 당겨지는 등 일촉즉발의 시각에 겉으로는 어눌해 보이지만 속셈이 아주 빨랐던 정친왕은 절충안을 내놓았다. 황자를 추대하되 호거가 아닌 푸린을 세우자는 것이었다.

도르곤은 재빨리 이해타산을 가늠해 보았다. 만약에 자신이 황위 계승을 강행한다면 두 백기와 두 황기 사이

순치제의 등극 조서

에 싸움이 일어날 게 분명하며, 그렇게 되면 양측 모두 큰 타격을 입을 것이다. 그렇다고 호거에게 양보하자니 내키지 않았고 보복도 두려웠다. 그러나 푸린이 즉위하면 호거에게 타격을 가할 수 있고, 자신이 섭정할 수 있는 명분이 생기며, 내부의 모순도 미봉할 수 있는 1석 3조의 효과를 얻을 수 있다.

생각이 여기까지 미치자 도르곤은 두 손을 들어 찬성하였다. "나 또한 황자의 황위 계승을 찬성한다. 그러나 호거가 황위 계승을 마다한 이상 푸린의 황위 계승을 찬성한다. 푸린은 아직 어리므로 정치왕과 내가 보필할 것이다."

일이 이렇게 되니 호거도 반대하기 어려웠다. 이렇게 6세의 푸린은 어부지리로 대청제국의 황제가 되었다.

하늘이 내린 북경 천도

순치 원년(1644년, 명나라 숭정 17년), 이자성은 농민군을 이끌고 태원으로 내려가 대동을 공략하고 선부를 함락하였다. 이어 거용관을 지나 창평을 공격했고 왕릉에 불을 질렀다. 3월 19일 새벽에는 자금성을 함락했다.

숭정제는 황후를 핍박해 자살케 하고 공주를 칼로 찌른 후 매산에 올라 목을 맸다. 276년간 명맥을 이어오던 명나라는 이렇게 허망하게 무너지고 말았다.

농민군의 북경 함락

농민군의 북경 함락 소식이 성경(심양)으로 전해지자 도르곤은 황급히 범문정을 불러들여 대응책을 논의하였다. 범문정은 명나라 멸망 이후의 정세를 분석하면서 명 왕조에 충성하는 관리와 향신, 유생과 백성들의 농민군에 대한 불만을 최대한 이용하여 군사를 일으켜 관내(산해관 이남)로 진출하여 중원의 맹주가 되어야 한다고 건의했다. 또한 포고문을 작성해 백성들에게 배포키로 하였다.

> 우리는 여러분의 폐하를 위해 복수하려는 것일 뿐, 여러분과 백성을 해치는 일은 결코 하지 않을 것이다. 우리가 죽이려는 것은 틈적(闖賊, 이자성은 일찍이 闖王이라는 칭호를 사용하였다)뿐이다. 귀순하는 관리는 본래의 관직을 그대로 유지할 것이고 귀순하는 백성은 종전에 종사하던 일을 계속할 수 있을 것이다. 군율이 엄격한 우리 군은 절대로 여러분을 해치지 않을 것이다!

대장군에 임명된 섭정왕 도르곤은 4월 9일 만주팔기, 몽고팔기, 한군팔기 등 총 14만 팔기군을 이끌고 산해관으로 진격했다. 당시 산해관에는 각기 다른 정치세력을 대변하는 세 갈래의 군사세력이 집결되어 있었다. 하나는 산해관 총병 오삼계가 이끄는 명군이고, 또 하나는 오삼계 군의 토벌에 동원된 이자성의 20만 농민군이며, 마지막으로 도르곤이 이끄는 14만 청나라 팔기군이다. 이들은 당시 중국에서 가장 강대한 군사세력이었다.

21일부터 23일까지 산해관대전투가 전개되었다. 그 결과 오삼계

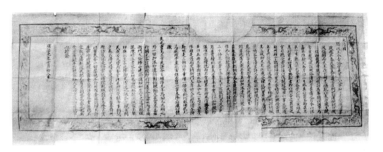
섭정왕이 명나라 관리와 백성들에게 알리는 지령

는 청나라에 항복하고 팔기군과 연합하여 이자성의 농민군을 공격하고, 결선 끝에 농민군이 대패했다. 산해관의 승전보를 접한 도르곤은 즉각 오삼계를 북경공략 선봉장으로 임명한 뒤 팔기군을 이끌고 북경으로 출격하도록 했다. 연도의 명나라 성주들은 차례로 성문을 열어 항복하고, 4월 26일 전투에서 또다시 패한 이자성은 북경으로 회군하였다.

4월 30일 이자성은 황급히 황위 즉위식을 했으며, 하루가 지나자 궁궐 일부를 불사르고 서쪽으로 도주하였다.

5월 2일 도르곤은 청군을 이끌고 조양문을 거쳐 북경으로 입성한 뒤, 자금성의 무영전에서 섭정업무를 개시하였다. 곧 북경 천도문제가 거론되었지만 도르곤의 건의는 영군왕의 반대에 부딪혔다.

"요동으로 진출했을 때, 살육을 금지했던 탓에 우리 만주족은 요동인들에게 적잖이 살해되었소. 지금 여세를 몰아쳐 북경성을 도륙하고 제왕들을 유치시켜 북경을 제압해야만 하오. 그런 뒤에 대군을 철수시켜 성경을 지키거나 산해관을 지키게 해야만 후환이 없을 것이오."

도르곤은 태종의 유언을 들먹이며 아치코를 설득했다. "선제께서는 일찍이 '북경을 얻는다면 즉시 그곳으로 천도해야 할 것이다'라고 하셨소. 더욱이 이곳 인심이 아직도 흉흉하니 결코 이곳을 버리고 동으로 회군할 수는 없소."

겨우 7세밖에 되지 않은 순치제는 섭정왕의 의견을 당연히 수렴했을 것이다. 그해 10월 초하루, 순치제는 황극문(皇極殿은 이자성에 의해 소실되었다)에서 '연경으로 천도한다'는 조서를 만천하에 공포했다.

북경 천도를 실현한 7세의 푸린

태조와 태종 2대에 걸쳐서 하지 못한 북경 천도를 7세의 푸린이 실현했다. 도르곤의 보필을 받아 '관내로 진입하여 새 도읍지를 정한' 푸린은 '세조'라는 묘호를 얻을 수 있었고, 그의 아버지 태종도 누리지 못했던 '조'의 반열에 들게 된 것이다. 이 모든 것들이 급작스레 이루어졌기 때문에 생각할 겨를조차 없었고, 더욱이 쉽게 이루어졌기 때문에 사람들은 '하늘에서 복을 내린 게 아닌가'라고 의심할 정도였다.

북경성궁궐도

이처럼 극적으로 정치무대에 데뷔한 푸린은 향후 18년간 집정했다. 8년은 섭정왕에 의해 조종되기도 했지만 10년은 주인공이 되어 독자적인 정치를 행하였다. 순치제의 집정 18년 동안 체발(剃髮), 이복(易服), 권지(圈地), 점방(占房), 투충(投充), 포도(逋

逃) 등 6대 폐정도 있었지만 ① 북경 천도와 황궁문화의 보존, ② 남경 점령과 중원통일, ③ 삼향(三餉) 폐지와 경제부흥, ④ 몽고화친과 서장 (티베트)지배, ⑤ 탐관오리 처벌과 이치정돈, ⑥ 숭문흥교(崇文興敎)와 동화정책시행 등 6대 공적도 있다.

24세에 운명한 푸린은 인생의 무대에서 운신의 폭이 아주 좁았지만 결코 범상한 인생은 아니었다. 친정(親政)과 사랑, 죽음에 대한 평가가 상이할 정도로 파란만장한 삶을 살았다.

원만하지 못한 모자(母子) 사이

순치제의 생모는 훗날 효장태후로 불렸던 장비이다. 장비는 13세에 홍타이지와 혼인하여 영복궁에 머물렀기 때문에 영복궁장비라고 불렸다. 홍타이지가 천총칸에 등극했을 때 장비는 14세였고 홍타이지가 돌연사하자 30세에 과부가 되었다. 그나마 위안거리는 아들이 황위에 올랐고 자신 또한 황태후가 되었다는 점이다.

30세의 홀어미
30세의 홀어미가 6세의 왕자를 양육한다는 것은 결코 쉬운 일이 아니다. 이는 명나라 만력제와 생모 관련 이야기를 연상케 한다. 만력제는 10세에 즉위한 뒤, 선황제의 황후를 '인성황태후'로 높였고 자신의 생모는 '자성황태후'로 높였다. 생모는 궁녀 출신이었기 때문에 대궐에서 아무런 지위도, 영향력도 없었다. 식사 때면 항상 인성황태후

효장문황후

와 만력제 곁에 서 있어야 했다. 황실에는 인성황태후가, 조정에는 태학사 장거정이 버티고 있었다.

이런 상황에서 자성황태후는 어떻게 자신의 지위를 공고히 했을까? 그는 심지가 아주 깊은 사람이었다. 어느 날, "간밤에 꿈을 꾸었는데 신선께서 나타나 '그대는 구련보살로 환생할 것이다'라고 말씀해 주었다"며 사재를 털어 자수사라는 절을 세우고는 구련보살을 모셨다. 또한 '영안만수탑(永安萬壽塔)'을 세웠다. 그 뒤로 이 현세의 '구련보살'에 대해 아무도 업신여기지 못하였다고 한다.

효장태후는 그런 계책을 꾸미지는 않았다. 오히려 섭정왕과의 관계강화야말로 자신과 어린 황제의 든든한 버팀목이 될 수 있다는 사실을 누구보다 잘 알고 있었다. 따라서 도르곤과의 관계는 각종 스캔들로 얼룩져 있는데 대표적 사례가 바로 '태후하가(太后下嫁)'사건이다.

『청조야사대관(淸朝野史大觀)』(卷1)에는 '태후하가'를 전문으로 다룬 3대목이 있다. '고희노인'이라는 필명으로 발간된 『도르곤일사』에서는 집필자의 목격담을 진술하는 듯한 느낌마저 들 정도이다.

"당시 정세는 마치 계란을 쌓아올린 것처럼 위태로웠다. 태후는 아직 젊은데다가 미모도 출중했으며 성격도 아주 좋았다. …… 이 한 몸 희생시켜서라도 대업을 성사시키겠다고 다짐하였다."

도르곤은 여자를 무척 밝히는 사람이었기 때문에 기밀문서를 올린다는 명분으로 자주 후궁을 들락거렸다고 한다. 아직도 '태후하가'를 철석같이 믿는 사람이 있고, 종종 증거가 제시되지만 확실하지는 않다.

거론된 증거로는 7가지가 있다.

① '태후하가'는 자식의 황위를 보존하기 위한 수단이었다. 그러나 앞서 언급했듯이 순치제의 즉위는 각종 정치세력의 투쟁과 타협의 결과물이다.

② 형이 죽으면 동생이 형수를 취하는 것은 만주풍습이다. 지금도 만주족에게는 이런 풍습이 잔존한다. 하지만 이는 단지 추측일 뿐 도르곤이 형수를 취하였다는 증거가 될 수는 없다.

③ 순치제는 도르곤을 '황부섭정왕'이라 칭하였다. 그러나 이것도 존칭에 불과한 것으로 광서제가 자희태후를 '황아마(皇阿瑪)'라 부른 것과 다르지 않다. 도르곤을 '황부'라 불렀다고 '태후하가' 사실이 인정된다면 '황아마'로 불린 자희태후의 성전환 수술이 인정되어야 할 것이다.

④ 장량기의 『동화록(東華錄)』에 도르곤이 '몸소 대궐의 후원으로 향했다'고 하였다. 고양은 이 대목을 효장태후와 도르곤의 연애 사실을 암시한 것이라는 가능성을 제기했다. 사실 여부를 떠나 연애관계가 반드시 하가를 의미하는 것은 아니다.

⑤ 효장태후가 죽은 뒤 소서릉(홍타이지의 昭陵 서쪽)에 안장되었다. 사실 이에 대해 효장태후와 강희제는 동일한 해석을 했다. 즉, 태종의 혼령이 놀라는 것을 원치 않았기 때문에 자손들과 묻히기를 원하였다는 것이다.

⑥ '태후하가조'를 목격한 사람이 있다. 하지만 그 말을 뒷받침할 근거가 없다. 역사는 어느 한 사람의 말을 근거로 쓰이는 것이 아니다.

⑦ 직접적인 증거로 활용할 만한 가치를 지닌 유일한 자료로 명말 장황언의 '건이궁사(建夷宮詞)'라는 7언시가 있다. "상수상위합근존(上壽觴爲合尊), 자녕궁리난영문(慈寧宮里爛盈門). 춘관작진신의주(春官昨進新儀注), 대례공봉태후혼(大禮恭逢太后婚)."

이 시를 분석해 보면, 우선 시제부터 '건이궁사'라고 했는데 '건(建)'은 건주이고 '이(夷)'는 오랑캐를 뜻한다. 따라서 민족적 편견이 다분히 배어 있다. 장창수가 강남에 머물렀던 이 시기는 남명세력과 청나라가 적대관계였다. 그야말로 적진에서 내뱉은 말이며 더욱이 타국의 글에 실렸던 만큼 역사적 증거로는 공정성이 결여된다. 게다가 시구란 본래 과장이 심한 것이 특징이다. 따라서 역사적 증거로 채택하는 것은 적절치 않다.

"오래 전에 전해온 소문인 데다 적의 입에서 비롯된 구어체이기 때문에 이를 근거로 논증할 수는 없다"라고 맹삼(孟森)이 말한 것처럼 적어도 현재까지는 '태후하가'를 증명할 만한 결정적 단서는 없다. 특히 『이조실록』과 같은 주변국 기록에서도 '태후하가'와 관련된 기록은 전무하다. 이런 중대 사안을 '속국'에 알리지 않았음은 상식적으로 납득이 되지 않는다.

다분히 개인적인 생각이지만 둘 사이에 사랑이 싹텄을 소지가 없지는 않다. 그러나 '태후하가'만큼은 사실이 아닌 듯하다. 사실 여부를 떠나 효장태후가 모자의 운명과 청나라의 강산을 위해 도르곤을 유화했음에는 의문의 여지가 없다. 이처럼 서로 의지하며 지냈던 모자였다면 어머니는 자애롭고 아들은 효성스러웠으리라는 것이 일반적인 견해이다. 그러나 사실은 그렇지 않다.

『청사고·후비전』에는 이들의 관계에 대해 네 마디로 개괄했다. ① 세조가 즉위하자 황태후로 추존하였다. ② 태후의 아버지를 충친왕으로, 어머니를 현비로 추존하였다. ③ 태후의 생일에 폐하께서는 30수의 축시를 지었다. ④ 폐하께서는 태후의 가르침을 받들어 『내칙연의(內則衍義)』를 찬술하고 서문을 지어 진상하였다.

통틀어 60자에 지나지 않았고 그것도 관례에 따른 것이다. 그러나 동면에 기술된 강희제와 조모(효장)의 관계서술은 무려 715자나 된다. 여기서도 효장과 순치제의 관계가 그리 원활하지 못했음을 엿볼 수 있다.

모자간 충돌

모자간에 발생했을 수도 있는 충돌을 굳이 거론한다면 다음의 몇 가지가 되지 않을까 한다.

첫째, 어릴 때부터 개구쟁이였던 순치를 효장이 엄격히 다스렸을 개연성. 하지만 그것은 모든 가정에서 보편적으로 일어날 수 있다. 둘째, 순치제의 황후는 어머니와 숙부(도르곤)가 지정해 주었다. 꼬마황후는 몽고귀족 출신으로 어려서부터 응석받이로 자랐기 때문에 순치는 이런 황후를 사랑하지 않았다. 둘은 마지못해 맺어졌지만 항상 다투며 지냈고, 효장과 대신들의 반대에도 불구하고 순치제는 황후를 폐위시켰다. 황후는 순치제가 위독했을 때 얼굴을 보겠다는 요청마저도 거절당했다. 나중에 황후로 회복되었지만 여전히 사랑을 받지 못했다. 황후 문제에서 모자간에 생겼을 갈등도 배제할 수는 없다. 셋째, 순치제는 유난히 동악비를 사랑했지만 태후의 간섭으로 모자간의 골만 깊어갔다. 넷째, 대궐을 떠나 스님이 되겠다는 순치제의 행각은 효장의 결사반대로 무산되었다. 마지막으로 생모와 숙부의 애매한 관계에 대해 순치제가 불쾌감을 느꼈을 수도 있다. 아무튼 모자관계가 원만하지 못한 것만은 사실이다.

섭정왕의 꼭두각시로 전락한 황제

푸린의 황위 등극은 행운과 함께 불행의 시작이었다. 하늘이 어린 그에게 황위에 오르는 행운을 내렸다면, 황제의 권한은 결여된 채 숙부의 전권에 놀아났음은 분명 불행이었다.

숙부와의 관계도 다분히 이중적이었다. 숙부의 지지가 없었다면 그는 결코 황위에 오를 수 없었다. 그러나 숙부의 존재로 인해 섭정당하는 운명을 면할 길이 없었고, 황제로서도 유명무실하였다.

이중 보호막

처음에 순치제에게는 이중 보호막이 있었다. 하나는 정황기와 양황기 대신들의 충성이었고, 다른 하나는 호거의 든든한 후원이었다. 하지만 도르곤은 수단과 방법을 가리지 않고 이 보호막과 자신의 대권행보에 걸림돌이 되는 정치세력을 제거해 나갔다.

도르곤은 일찍이 왕정보좌체제만 형성되면 반드시 대권을 손아귀에 넣겠노라 맹세하였다. 그는 제일 먼저 팔기버일러들이 모여 국정을 논의하던 종전의 제도를 폐지하고 두 섭정이 결정하는 체제를 출범시켰다. 그럼으로써 두 섭정의 권한은 여러 친왕과 군왕 가운데서 가장 막강했다.

대권 독식

이어서 대권을 독식했다. 각급 관아에서 사무를 처리할 때는 반드시 두 섭정에게 그 내용을 보고하도록 정해져 있었지만 실은 자신이 먼저 보고를 받고 있어서 명실공히 '수석섭정왕'이 되었다.

그리고 난 다음, 정황기와 양황기의 분화에 나섰다. 순치 원년(1644) 4월 초하루, 도르곤은 도통 허뤄훼이(何洛會)가 호거를 모함한 사건을 이용해서 호거를 체포했다. 그런 뒤 호거를 지지하던 소니 등 두 황기의 대신을 처형하고 가산을 압류하는 동시에 밀고자를 승진시켰다. 이 사건으로 두 황기는 완전 분화되었다.

호거 처형

마지막으로 호거를 처형했다. 호거는 정치적으로 도르곤에게 가장 위협적인 존재였다. 호거의 관직을 삭탈하고 처벌을 내렸지만, 청군이 관내로 진입하던 시기에 인재가 절실히 필요했던 도르곤은 호거에게 군사를 내줄 수밖에 없었다. 호거는 전쟁에서 혁혁한 군공을 세웠기 때문에 북경으로 천도한 순치제는 여러 군왕과 대신들에게 상을 내리면서 호거를 다시 숙친왕으로 책봉했다. 얼마 뒤에는 호거를 서정부대의 선봉장으로 위임하였는데 호거는 서안을 함락하고 섬서 전지역을 평정했으며 대서군을 격파하고 장헌충[2]을 사살했다. 하지만 호거는 순치 5년(1648) 2월 대승을 거두고 귀경한 뒤 밀고를 당했다. 도르곤이 이를 빌미로 호거를 하옥시켰고 3월에 옥중에서 돌연사했는데 당시 호거의 나이 39세였다.

호거가 개선하고 귀환할 때 노구교에서 펼친 연회에서 활시위에 목 졸려 죽었다는 설도 있고 귀환 중에 도르곤의 복병에 의해 사살되었다는 설도 있다. 호거가 죽자 도르곤은 호거의 비첩들을 자신의 비첩으로 삼았다.

결국 도르곤은 대권을 독식했고 어린 순치제는 고립무원의 경지에 빠졌다. 도르곤의 호칭도 어느새 '숙부섭정왕'에서 '황숙섭정왕'으로, 순치 5년에는 다시 '황부섭정왕'으로 바뀌었다. 무늬만 '태상황제'이지 실은 황제나 다름없었다. 불행하게도 순치제는 도르곤의 꼭두각시 노릇을 할 수밖에 없었다.

순치 7년(1650) 12월, 7년간의 섭정왕에 머물던 도르곤은 카라(喀喇)성에서 운명했고, 이듬해 정월에는 순치제의 친정체제로 들어갔다. 2월에는 도르곤의 10대 죄상을 공포하고 가업을 차압했으며 작위도 삭탈하고 수족들을 완전히 제거해 버렸다. 선교사 위광국의 『다다전기』에 "전설에 의하면 도르곤의 분묘는 완전 파괴되었고 시체는 허허

---

2 장헌충(1606~1646). 숭정 3년(1630) 미지(米脂)에서 봉기를 일으켰다. 1635년에 이자성 농민군에 가세했지만 곧바로 각자의 길을 걸었다. 장헌충은 장강 유역, 이자성은 황하 유역을 공략했다. 1637년 명나라 좌량옥의 공격으로 큰 타격을 입었고 이듬해에 명군에 항복했다. 1639년에는 반명봉기를 일으켰고 1643년에는 무창을 점거하고 스스로 대서왕(大西王)이라 불렸다. 1644년 8월 9일 성도를 공략하고 스스로 진왕이라 부르고 대서국을 세웠는데, 원년을 대순(大順)으로 정했다. 8월 16일, 성도를 서경으로 삼고 황제에 등극했다. 순치 3년(1646) 봉황산에서 화살을 맞고 사망했다.

도르곤의 어머니와 처의 묘향을 철폐하는 조서

벌판에 팽개친 채, 몽둥이로 내리치고 채찍으로 후려갈겼으며 심지어
는 수급首級까지 베게 하였다"고 기록되어 있다.

　행위의 옳고 그름을 떠나 여기에서 분명한 점은 도르곤에 대해 순
치제가 사무치는 원한을 품었음을 시사한다.

동악비를 따라 세상을 떠나다

　『청사고·후비전』에 따르면 순치제는 2명의 황후와 15명의 비첩을
두었지만 결혼생활은 결코 행복하지 않았다. 첫 번째 황후는 효장황
태후의 조카였는데 도르곤의 주혼하에 혼사를 치렀다. 순치제가 친정
하자 그녀는 곧바로 황후에 책봉되었다. 하지만 둘의 성격 차이는 극
복되지 못하고, 결국 황후는 측비로 강등되었다. 두 번째 황후는 효혜
(孝惠. 章皇后)황후이다. 순치 11년(1645) 5월, 14세로 황비가 되어 6월에
황후로 책봉되었다. 장황후 또한 순치제의 질책을 받기 일쑤였지만
다행히 인내심이 뛰어났고 효장태후의 보호를 받았기 때문에 폐위되

뷔얼지지터씨를 황후에 세운다는 순치제의 조서

효혜장황후

효강장황후(강희의 생모)

는 최악의 상황은 면할 수 있었다.

총애를 한 몸에 받았던 동악비

순치제의 총애를 한 몸에 받았던 사람은 동악비이다. 둘의 사랑
은 죽을 때까지도 변함이 없었다. 동악비에 대한 순치제의 애틋한 사
랑은 그녀의 신분상승에도 그대로 반영되었다. 동악씨는 순치 13년
(1656) 8월 25일, '현비'에 책봉되고 9월 28일에는 '황귀비'로 승격되

었다. 역사상 전례가 없는 고공행진이었다. 12월 6일에는 그녀를 위해 성대한 책봉의식을 치렀고, 특사령까지 내렸다. 황귀비 책봉에 천하를 대사면하는 것은 청나라 유사 이래 처음이며 마지막이었다. 이처럼 순치제는 열정적으로 오직 동악비만 사랑했다.

아담 샬(Johann Adam Schall von Bell)은 순치제가 "만주인 특유의 육감과 육욕이 발달했다"고 하였다. 혼인식을 올린 뒤에도 사람들은 '도덕적 측면에서 그의 과실을 심심찮게 접할 수 있었다'고 한다.

만주귀족 자제들처럼 순치제 또한 호색과 방종에 젖어 있음을 말해준다. 그러나 동귀비를 만난 뒤로는 그녀에게만 몰입했다. 둘은 서로 뜻이 맞았고 마음도 통하였다. 결국 그녀는 '장신궁의 3천 궁녀 가운데 일인자'가 되었는데, '소양전의 800 궁녀도 그를 따를 자가 없었다'라고 말할 정도로 주상의 총애를 독점했다.

동악비의 죽음

그러나 달콤한 생활도 잠시뿐이었다. 3년 뒤, 동귀비는 세상과의 끈을 놓았다. 원래 허약하고 병약했던 데다가 출생한 지 백일도 채 안 된 아이마저 요절하자 큰 충격을 입었다. 결국 22세의 꽃다운 나이에 사랑하는 지아비를 뒤로한 채 세상을 떠나고 말았다.

부고를 접한 순치제는 크게 상심했다. '무작정 죽겠다고 해서 밤낮으로 지키며 황제의 자살기도를 막아야만 했다.' 순치제는 아침조회에 5일 연속 빠졌고 나중에는 동귀비를 효헌황후에 추존하였다. 또한 호부의 자금 사정이 여의치 않았음에도 경산에 수륙도량을 만들어 성대한 상례를 거행했다. 내관과 궁녀 30명에게 사사하여 저승에서도

동악비를 추도한 순치제의 『어제애책(御製哀冊)』과 『어제행장』

자신이 사랑하는 여인을 섬기게 하고 온 나라에 상복을 갖춰 입으라는 어명을 내렸는데 관리는 30일, 백성은 3일이었다.

또한 학사가 올린 제문의 초안은 번번이 퇴짜를 맞았다. 나중에 장신이 완벽한 글을 써 올리자, 순치제가 이 글을 읽고 눈물을 흘렸다고 전한다. 순치제의 명의로 만든 동악비의 '행장'만도 수천 자에 달한다. 거기서도 동악씨의 가행과 순결한 성품을 거론하여 애틋한 사랑과 애도의 뜻을 전했다. 동귀비의 죽음으로 커다란 슬픔에 빠졌던 순치제는 4개월 후 사랑하는 동악비를 따라 세상을 떠났다.

동악비(董鄂妃)는 동악비(棟鄂妃)라고도 한다. 그 내력에 대한 전설로는 다음 3가지가 있다. 첫째, 『청사고·후비전』에서는 "효헌황후 동악씨는 내대신 어쒬의 여식으로, 18세에 폐하의 시중을 들었다. 폐하께서 유난히 총애하여 나중에는 후궁의 일인자가 되었다"고 하였다.

둘째, 동악비는 진회하의 명기(名妓) 동소완(董小宛)이라는 설이다. 동소완은 강남의 명사 모벽강의 첩실이다. 강남의 명기 가운데는 동림당 인사와 짝을 이룬 경우가 종종 있다. 이들 주장에 따르면 청군이

남하했을 때, 동소완을 북경으로 납치해 갔는데 처음에는 어떤 군왕의 저택에 머물렀으나 나중에는 효장태후가 데려갔다고 한다. 그녀에게 첫눈에 반했던 순치제는 시녀로 삼았고 만주성씨 동악씨를 내렸다는 것이다. 그러나 사료적 지식이 조금만 있는 사람이라면 이 주장이 얼마나 황당한지 알 수 있다.

『영매암억어(影梅庵憶語)』에서 모벽강은 숭덕 4년(1639)에 처음 동소완을 접하였다고 털어놓았다. 그해 동소완은 16세였고 순치제는 2세였다. 그러나 동악비를 맞이할 때 순치제는 19세였고 동악비는 18세였다. 동소완이 곧 동악비라면 혼인할 때 나이는 33세가 된다. 모벽강은 이밖에도 동소완을 알게 된 과정과 결혼 과정, 그리고 병들어 죽는 과정까지도 소상히 밝히고 있다.

숭덕 4년(1639), 16세 때 동소완은 모벽강과 처음 만났다. 숭덕 6년(1641), 기생 진원원을 만났던 모벽강은 '자신에게 죽고 싶을 정도의 충동을 주는 여자'라고 극찬하면서 동소완과는 점차 소원해졌다. 숭덕 7년(1642), 진원원이 북경의 주규에게 팔려가자 모벽강은 다시 동소완과 가까워진다. 숭덕 8년(1643), 모벽강은 20세의 동소완을 첩실로 들이게 되고 그녀는 전형적인 현모양처가 되기를 꿈꾸었다.

순치 2년(1645), 예친왕 도도는 군사를 이끌고 장강을 건너 남경을 함락시켰다. 22세의 동소완은 피난길에서 병에 걸린 모벽강을 지극정성으로 보살폈다. 순치 4년(1647)에 모벽강은 또다시 병에 걸렸는데 20일 동안 물 한 모금 마시지 못했다. 동소완은 밤낮으로 탕약을 끓이면서 두 달 남짓 병수발을 하였다. 순치 6년(1649), 모벽강의 병이 재발하자 26세의 동소완은 또다시 수발했다. 순치 8년(1651), 정작 동소완

순치제의 묵필산수   순치제가 그린 종규(鐘像)

자신이 28세의 꽃다운 나이에 병으로 죽었다. 모벽강뿐만 아니라 당시의 적잖은 문인들의 추도문을 통해서도 동소완이 모씨의 가택에서 사망했음이 입증된다.

동소완은 순치제보다 14살이나 연상이다. 모벽강과 혼인하고 9년이 지났지만 자녀를 낳지 못하고 순치 8년에 지병으로 사망했다. 따라서 동소완은 동악비가 될 수 없다.

셋째, 동악비가 순치제의 동생인 양친왕의 첩실이라는 설이다. 이는 『아담 샬전』에 근거한 내용이다. "순치제는 만주 장군의 부인을 미친 듯이 사랑했다. 그 장군은 이 일로 자신의 부인을 크게 책망했다. 그러나 그 사실을 알게 된 천자로부터 영문도 모를 따귀를 얻어맞았고 결국 울분에 빠져 죽고 말았다. 아마 자살했을 것이다. 황제는 곧바로 죽은 장군의 미망인을 대궐로 데려다 귀비로 삼았다."

진원은 그녀가 곧 순치제가 강탈한 양친왕의 첩실이라 고증하였다. 하지만 이에 대한 반론도 만만치 않다. 한마디로 동악비에 대해서는 아직까지도 풀리지 않은 수수께끼로 남아 있다.

군신관계를 초월한 선교사와 황제

순치제는 명·청 양대 28명의 황제 가운데 예수회 선교사를 가장 우대하고 불교를 독실하게 믿었던 황제이다. 친정부터 7년 동안은 예수회 선교사 아담 샬의 영향이 컸고, 그 후 4년은 불교의 영향이 컸다. 순치제가 예수회 선교사를 우대하게 된 데는 무엇보다 아담 샬의 영향이 컸다. 아담 샬은 독일계 예수회 선교사로, 명나라 숭정 연간에 천문대업의 일환으로 북경의 선무문내 남당에 관사를 두었다.

명나라가 망하고 청나라가 흥기하자 북경 내성의 원주민을 대거 외성으로 이주시켰다. 아담 샬은 관사 안에 성경과 성모상이 있다는 이유로 외성으로의 이주를 늦춰 줄 것을 청나라에 요청하였는데 의외로 그 요청이 받아들여져 외성으로 이주하지 않을 수 있었다.

순치 원년(1644), 아담 샬은 역법을 재고하라는 어명을 받고 새 역법인 '시헌력(時憲曆)'을 반포했다. 그는 태상사 소경이라는 직함을 얻어 청나라 관리로 임명되었으며 서양인으로는 최초로 흠천감(欽天監) 감정(監正)이 되었다.

아담 샬과 효장황태후

순치제가 친정한 뒤 아담 샬은 효장황태후의 병을 고쳐주었다. 이를 고맙게 여겼던 효장태후는 순치제의 대혼식에 아담 샬을 초대하였다. 효장은 아담 샬을 의부(義父)라 높였고 순치제도 그를 '마파'(만주어로 '할아버지')라고 불렀다.

효장이 아담 샬로부터 받은 십자가를 항상 목에 걸고 다니는가 하면, 순치제는 아담 샬로부터 천문, 역법, 종교 그리고 치국의 방도까지 전수받았다. 순치 13년부터 14년에는 24번이나 아담 샬의 관사를 방문하고 그때마다 장시간 담소를 나누었다.

아담 샬도 황태후와 황제의 신임을 저버리지 않았다. 당시의 정치를 분석하고 친필로 작성해서 비밀리에 자신의 견해를 피력하곤 하였다. 그가 순치제에게 올린 장계만도 300건이 넘었고, 간언에 해당되는 내용은 대체로 수용되었다.

순치제는 사교성이 좋은 아담 샬의 성격과 자상한 언어로 쓰인 상소문을 좋아했다. 그는 조정대신들에게 "국가와 임금에 대한 아담 샬의 진심은 임금에 아부해 공명을 목적으로 하는 일부 대신과는 차원이 다르다"고 자주 말했다. 순치제와 아담 샬의 관계는 군신관계를 초

선교사가 그린 아담 샬과 순치제

월할 정도로 밀접했다. 순치제는 아담 샬이 수시로 대궐을 출입하도록 허용하고 자신도 아담 샬의 처소를 수시로 방문해 학문을 논하며 나란히 화원을 거니는 등 스스럼이 없었다. 심지어 순치제의

19세 생일을 아담 샬의 저택에서 지냈을 정도였다.

정1품 광록대부(光祿大夫)

아담 샬을 총애했던 순치제는 수많은 직함을 부여했는데 처음에
는 태복사경(太僕寺卿)에 봉하였다가 이어 태상사경(太常寺卿)으로 고쳤
다. 순치 11년(1654)에는 '통현교사(通玄教師)'라는 호를 내렸다. 나중에
는 통정사(通政使)에 책봉하고 정1품 광록대부(光祿大夫)라는 작위를 내
렸다.

아담 샬은 순치제가 천주교에 귀의하기를 바랐지만 순치제는 독실
한 불교신봉자였다. 순치제가 위독해지면서 후계자 논의가 있었는데,
순치제는 황자들이 어리다(장남 牛는 요절했고 차남 福全은 9세, 삼남 玄燁은 8세)
는 이유로 아우를 세우려 했고, 효장황태후는 현엽을 세우려고 했다.
이렇게 의견이 엇갈리자 순치제는 아담 샬의 의견을 듣기로 하였다.

아담 샬은 현엽이 이미 천연두를 앓았기 때문에 면역이 생겼다는
이유로 황태후의 의견을 지지했다. 그러자 순치제는 즉시 현엽을 황
위 계승자로 정하였다. 기록에는 아담 샬이 '직언으로 만세의 대계를
진술하였다'고 한다. 진원의 평가대로 "청세조에게 아담 샬의 존재는
당태종에게 위정의 존재와도 같았다."

그러나 순치제가 죽자 아담 샬은 양광선의 무고로 하옥되었다가 강
희제가 친정한 뒤에야 복권되었다. '통현교사'의 '현(玄)'자는 강희제의
이름과 같기 때문에 피휘하여 '통미교사(通微教師)'로 개칭했다. 아담 샬
의 묘지는 북경시 거공장대가(車公庄大街) 6호 뜰 안에 있다.

불심천자로 거듭난 황제

순치제가 독실한 불교신자가 된 데는 환경의 영향이 크게 작용하였다고 할 수 있다. 불교는 누르하치 때 티베트를 통해 허투알라로 전해졌다. 누르하치는 항상 염주를 소지하고 허투알라에 불교사찰까지 세웠다. 홍타이지 때는 성경에다 실승사를 세웠을 만큼 불교는 후금 사회에 엄청난 영향을 미쳤다.

몽고 출신의 효장 또한 어릴 때부터 불교 영향을 받았고 젊어서 수절하게 되자 불교를 통해 마음속의 고뇌와 번민을 씻어냈다. 더욱이 내관들의 종용은 순치제로 하여금 점차 불교 신봉자로 거듭나게 하였다.

순치 14년(1657), 내관의 주선하에 20세의 순치제는 북경의 해회사에서 감박총 화상을 만났다. 순치제는 불법에 관한 감박총의 지혜와 언행을 높이 사 대궐로 불러들였다. 10월 순치제는 서원의 만선전에서 또다시 감박총을 만나 가르침을 받고 그에게 '명각선사(明覺禪師)'라는 봉호를 내렸다.

불교를 향한 그의 마음은 점점 독실해졌다. 이밖에도 옥림수, 목진민, 앙계삼 등 고승을 만나 이들에게 대궐에서 불경을 논하며 불법을 전수할 것을 요청했다. 또한 옥림수에게 자신의 법명을 내릴 것을 요청하면서 "되도록 추한 글자로 사용해 줄 것"을 주문하기도 했다. 이에 어리석을 '치(痴)'자를 써서 법명을 행치(行痴), 법호를 치도인(痴道人)으로 정하였다. 옥림수는 순치제를 '불심천자'라 불렀고 순치제는 제자라 자칭했다.

순치제는 목진민에게 "짐은 전생에 스님이었음이 분명합니다. 사찰에 도착하여 불가의 맑고 깨끗한 창문만 바라봐도 대궐로 돌아가고 싶지 않습니다. 황태후께서 마음에 걸려하실 것을 개의치 않았다면 벌써 출가했을 것입니다"라고 하였다.

청세조 장황제의 옥새

청세조 장황제의 옥새 전문

순치제의 삭발식

총애하던 동악비가 죽자 만사가 귀찮았던 그는 공문(空門, 불교를 달리 이르는 말)으로 들어가기로 작심했다. 통계에 따르면 2개월 사이에 순치제는 38번이나 고승을 방문하고 선도에 대해 논의했는데, 밤새도록 담소를 나눌 정도로 불교에 심취했다. 순치제는 삭발식 주재를 앙계삼에게 요구하자 이를 만류했지만 결국 삭발식을 치렀다. 다급해진 효장 황태후는 앙계삼의 스승 옥림수를 대궐로 불렀다.

북경에 도착한 옥림수는 곧바로 장작더미를 쌓고 제자의 화형식을 준비하자 순치제는 어쩔 수 없이 양보하고 앙계삼도 죽임을 면할 수 있었다. 훗날 앙계삼은 임종에 앞서 "대청제국에서 천자를 제도했고 금란전에서 선도를 강론했네"라는 게송(偈頌)을 만들어 자신과 순치제의 특수 관계를 천명하였다. 그 후 순치제는 옥림수의 건의를 받아들여 스님 1,500명을 선발한 뒤, 자수사에서 옥림수에게 보살계를 입었다. 옥림수는 '대각보제능인국사(大覺普濟能仁國師)'에 봉해졌다.

청효릉

애수가 많은 사람

순치제를 방자한 사람으로 볼 수도 있지만 실제로는 나약하고 애수가 많은 사람이었다. 그는 잇달아 사랑하는 아들과 총애하던 동악비를 잃고 그토록 열망했던 출가도 하지 못했다. 극도의 애통 속에서 정신 상태는 완전히 붕괴되었다. 동악비가 죽은 뒤 백일이 지나 순치제는 천연두를 앓다가 세상을 떠났다. 하지만 죽은 게 아니라 출가하였다는 주장도 제기되지만 역사적 사실에 맞지 않다. 현존하는 사료로 볼 때, 순치제는 죽은 게 분명하다. 그가 천연두를 앓았다는 기록이 있고, 민가에서 콩을 볶는 행위를 조정에서 금지하였다는 기록도 있다.

좀 더 직접적인 증거도 있다. 순치제가 위독할 때 '유조'를 작성하였다는 한림원의 장원학사 왕희의 『왕희자정연보(王熙自定年譜)』에는 이렇게 적고 있다. 1월 2일 순치제가 갑자기 쓰러졌다. 이튿날 왕희를 양심전으로 불렀다. 6일 밤 다시 왕희를 불러들이고는 "짐이 지금 천연두를 앓고 있는데 일어날 것 같지 않다. 그대는 짐의 말을 귀담아듣고 속히 조서를 작성하라"고 하였다는 것이다.

왕희는 건청문으로 물러나 어의에 따라 '유조'를 작성했는데 한 조목 작성하고는 즉시 상주하곤 하였다. 1박 2일 동안 작성한 유조를 세 차례나 올렸는데 모두 승인되었다. 유조는 7일 저녁에 완성되었다.

이날 밤, 순치제는 임종에 앞서 "조상의 법도에 화욕(火浴)이 있다.

짐은 지금 선도에 마음을 빼앗겼으니 필히 횃불을 들고 그 법도를 따라야 한다"고 하였다. 4월 17일 경산의 수왕전에서 앙계삼의 주재하에 순치제의 시신에 불을 붙였다. 앙계삼이 죽은 뒤, 그의 문인들은 『칙사원조앙계삼선사어록(勅賜圓照仰溪森禪師語錄)』을 편집하고 이 사건을 기재하였다.

순치제가 세상을 떠나자 황태후의 교지와 순치제의 '유조'에 따라 8세의 현엽이 황위를 물려받았다.

강희황제

현엽

순치 11년(1654)~강희 61년(1722)

Chapter 4

강희황제 현엽

현엽(玄燁)은 순치 11년(1654) 3월 18일에 태어났다. 8세에 등극하여 61년 동안 황위에 머물다 69세에 운명한, 중국 역사상 가장 오랜 재위기간을 자랑하는 황제이다. 연호는 강희(康熙)인데 강(康)은 안녕, 희(熙)는 흥성을 뜻하니 만민이 안녕하고 천하가 흥성한다는 뜻이다. 강희제로도 불리는 현엽의 아버지는 순치제이고 조모는 효장태후이며 조부는 홍타이지, 증조부는 누르하치이다. 그리고 옹정제가 그의 아들이고 건륭제는 손자가 된다.

강희제는 청나라의 제4대 황제로 북경 천도 이후 세워진 두 번째 황제이자, 청나라 전기의 6명 황제 가운데 위를 잇고 아래를 열었던 황제이다. 청나라가 건국되었지만 순치제까지도 부국강병을 이루지 못하였다. 따라서 선조가 이룩한 위업을 지키는 것도 창업 못지않게 여전히 중요했다. 위로 선조의 위업을 잇고 아래로 부국강병과 태평성대를 여는 것이 시대가 강희제에게 부여한 사명이었다.

강희제는 시대가 부여한 사명을 충실히 이행해 나갔다. 소년천자 때부터 이미 탁월한 지략과 결단력을 선보였다. 이는 권신 오배(鰲拜)를 처단한 사실에서 여실히 드러난다. 강희제가 8세에 황위에 올랐기 때문에 태황태후가 국정을 보필해 줄 대신을 지정해 주었다. 태후는 섭정 명분으로 도르곤이 전권을 휘둘렀던 순치 초기의 상황을 막기 위해 황족이 아닌 공신 가운데서 인선을 했다.

조복을 입은 강희제

여기서 4명의 보정대신을 지명했던 것은 서로를 견제하기 위함이었다. 종친귀족들이 보정대신을 감독하고 국정에 대해서는 태황태후가 최종 결단을 내리는 체제였다. 안으로는 태황태후의 의지(懿旨)가 있었고 밖으로는 정황기의 소니, 정백기의 숙사하, 양황기의 어빌룬, 양황기의 오배 등 4대신의 보필이 있었다.

이 가운데 소니는 누르하치 때부터 1등 시위에 임명되었던 4조 원로로 그 공적이 인정되어 수석보정대신에 지명되었지만 노쇠한 상태였다. 숙사하의 작위는 어빌룬과 오배 아래 있었다. 초기에 도당을 결성하지 못했던 4대신은 순치제의 영전에서 자신들이 다짐했던 충성 맹세를 충실히 이행했다. 그러나 곧바로 오배를 중심으로 도당이 결성되었고 이들은 사리사욕을 챙기면서 꼬마황제를 기만하고 우롱하였다.

오배는 먼저 숙사하 제거에 나섰다. 사건의 발단은 토지문제였다. 권지(圈地, 공신들이 하사받은 토지)를 실시했던 순치제 초기, 도르곤은 권세를 이용해서 본래 양황기에 주기로 했던 영평부 일대의 옥답을 정백기에 넘기고 하간부 일대의 척지를 양황기에게 넘기면서 풍파가 생겼다. 그러나 20년이 지나면서 서로에 대한 원한관계도 차츰 잊히는 듯하였으나 오배가 과거사를 들먹이며 정백기와 양황기의 환지를 요구하고 나섰다. 그의 목적은 자신과 어빌룬이 소속된 양황기에 잘 보이고 숙사하가 소속된 정백기에 타격을 가하기 위한 것이다.

오배의 발호는 조야의 보편적인 반대를 불렀고 정백기는 호부에 소송까지 제기했다. 심지어 대학사 겸 호부상서 소납해(蘇納海)도 공공연히 반대했고 직예총독 주창조도 수십만의 실업자를 양산한다는 이유로 우려를 표명했다. 보정순무 왕등련은 환지가 팔기의 안정된 삶을 뒤흔들 것이라며 실행중지를 요청했다.

그럼에도 오배는 조서를 고치는 수법으로 반대자를 살해하는 동시에 7일 연속 장계를 올렸다가 또다시 조서를 고쳐 숙사하와 그 일족을 몰살하고 가산을 차압했다. 이로써 오배는 무소불위의 권력을 행사할 수 있었고 국정 관련 대소사까지도 저택에서 사전 의결한 뒤 시행하는 등 소년천자를 안중에도 두지 않았다. 이런 오배의 횡포에 조야는 온통 뒤숭숭한 분위기였다. 강희제는 오배의 횡포에 불만이 없었던 것은 아니지만 전혀 내색하지 않았다.

강희 6년(1667), 수석보정대신 소니는 순치제가 14세에 친정한 사실을 거론하면서 14세의 강희제가 친정에 나설 것을 요청했다. 강희제는 효장황태후에게 양해를 구한 뒤 소니의 요청을 받아들여 친정체제로 들어갔다. 하지만 소니의 뒤를 이어 수석보정대신에 오른 오배는 어빌룬과 도당을 결성하면서 또다시 조정을 장악했다.

강희제와 효장황태후가 비밀리에 오배를 제거하기로 결정했지만, 오배가 군사권을 계속 행사하고 그의 도당도 도처에서 활보했기 때문에 섣불리 운신할 수가 없었다. 강희제는 시위대를 맡았던 소어투(素額圖. 소니의 3남)와 함께 만주소년을 모집하여 왕실수비대를 결성하고는 대궐에서 매일 '뿌쿠'(씨름)에 열중했다. 오배는 아이들의 장난으로만 치부하고 개의치 않았다. 그러던 어느 날 오배에게 입궐하여 '뿌쿠'를 관람하라는 어명이 떨어졌다.

아무런 내색도 않은 채 관전에 전념하던 강희제는 갑자기 소년들에게 오배를 체포하라는 어명을 내렸고 이어서 그의 30대 죄상을 공포하였다. 그런 뒤 아량을 베풀면서 오배를 참수형이 아닌 종신형에 처하는 여유까지 보였다. 또한 어빌룬의 태사직위도 박탈했다. 오배와 그 도당을 일거에 제거하는 동시에 은혜를 베풂으로써 양황기의 민심을 안정시켰다.

이처럼 강희제는 나이에 맞지 않게 주도면밀성과 침착성을 보이며 지혜롭고 적절하게 사태를 수습했다. 기회가 왔을 때 가슴속에 품었던 지략을 펼치고 주저함 없이 결단성을 보이는 등 정치가로서의 풍모도 여지없이 드러냈다. 그 뒤로 강희제는 폐단을 혁파하고 신정을 펼치는 등 국정운영에 혼신을 다하며 식지 않는 호학열정을 보였다. 외세의 침입에도 정면으로 맞서 국토수호에 나섰으며, 농경에 힘쓰고 문화교육을 창도함으로써 '강희·건륭성세'의 기틀을 마련하였다.

강희제의 8대 역사공적

삼번 평정

삼번은 청나라에 귀순한 명나라의 세 장수를 가리킨다. 평서왕 오삼계(吳三桂)는 운남, 평남왕 상가희(尙可喜, 아들 尙之信)는 광동, 정남왕 경계무(耿繼茂)는 복건에 웅거하고 있었다. 이들은 전략요충지를 점거하고 막강한 군사력을 바탕으로 청나라 초기 지방의 3대 할거세력으로 등장했다. 이중에서 오삼계의 세력이 막강했다. 그런데 순치제 때부터 이들에게 지급할 군자금이 부족하였다. 순치 17년(1660), 국고의 세수는 겨우 은자 875만 냥이었지만 평서왕에게 지급할 군비만 900만 냥이 넘었다. 국고를 다 털어도 번진 1명의 군비를 충족시키지 못하는 상황이었다.

오삼계투순도(吳三桂鬪鶉圖)

재정이 어렵기는 강희제 초기도 마찬가지였다. 재정수입은 삼번이 모두 소진할 정도였지만 성에 안찼던 이들은 제멋대로 세금을 징수하고 화폐도 주조했으며, 토지겸병과 인신매매도 서슴지 않았다. 심지어 평서왕은 스스로 선발한 관리를 '서선(西選)'이라 불렀다.

오배를 제거한 강희제에게 삼번은 가장 큰 우환거리였는데 왕권 강화를 위해서라도 평정이 시급했다. 조정대신 대다수가 번진의 철폐를 극구 반대하였지만 병부상서 명주(明珠)와 호부상서 미사한(米思翰) 등 일부만이 철폐에 찬성했다. 20세의 강희제는 "오삼계를 비롯한 삼번은 이미 오래 전부터 반란을 도모해 왔다. 하루속히 이들을 제거하지 않으면 이미 생긴 종기를 방치하는 꼴이 될 것이다. 번진 철폐를 당장 시행해도 저들은 반란을 일으킬 것이고 그렇지 않아도 조만간 반란을 일으킬 것이니 차라리 선제공격하는 게 나을 것이다"라고 판단했다. 그리고 대신들의 거센 반대도 무릅쓰고 번진철폐령을 내렸다.

상가희

철폐령이 내려지자 동서남북 도처에서 들끓기 시작했다. 북경에는 양기륭(楊起隆), 차하르에서는 아얼니(阿爾尼)의 반란이 일어났다. 또한 북경대지진과 태화전 화재가 연달아 일어났고, 그토록 총애하던 허서리황후도 사망했다. 대궐 안팎에서 반란과 변고가 발생하는 등 소년천자의 어깨를 무겁게 짓눌렀다. 도처에 민심이 흉흉해지면서 가족을 이끌고 강남으로 떠나는 관리들도 속출했다.

위기상황에서도 강희제는 평정심을 잃지 않았다. 번진철폐를 반대하던 대학사 소어투와 호부시랑 위상추는 번진의 철폐를 주장했던 대신을 참수할 것을 요구했다. 강희제는 엄숙하고 진지하게 말했다. "번진철폐는 짐의 뜻이니 그들에게는 죄가 없다." 이는 번진철폐와 반란 평정을 주장하던 대신들의 결심을 굳히게 하였다. 강희제는 평서왕의 관직을 즉각 삭탈한다는 조서를 내리고 그의 죄상을 낱낱이 밝혔다.

북경에 남아 있던 오삼계의 아들과 손자는 처형됐다. 이 소식이 평

강희제가 열병할 때 입었던 갑옷　　　요도를 찬 강희제　　　시랑상

서왕의 진영으로 전해지자 식사를 하던 오삼계는 깜짝 놀랐다. 그 후, 티베트의 달라이라마 5세는 강희제와 평서왕간의 조정자로 나서 평서왕에게 '영토를 할양하고 정토군을 철수시킬 것'을 요청했으나 강희제는 단호히 거절했다.

　한편 강희제는 공황에 빠진 군사들의 사기를 진작시키고 흉흉한 민심을 수습하기 위해 매일 경산을 거닐면서 시종일관 자신만만한 기백을 드러냈다. 이를 풍자하는 사람도 있었지만 전혀 개의치 않았다. 훗날 강희제는 "그때 짐이 조금이라도 당황하는 모습을 보였더라면 민심은 분명히 동요했을 것이다. 그랬다면 어떤 의외의 변수가 생겨났을지도 모른다"고 고백했다. 강희제의 단호한 의지와 평정심은 민심을 안정시켰다.

8년에 걸친 번진철폐는 최종 승리를 거뒀다. 대신들이 강희제에게 존호를 올릴 것을 제안하자 엄정하게 거절하였다. 그는 8년간의 전쟁으로 피폐해진 민생경제를 추스르는 등 허명보다는 무실(務實)에 치중해야 한다고 보았다. 이어 강희제는 대만의 통일대업에 착수했다.

대만 정벌

명나라 천계 4년(1624), 대만은 네덜란드에 점거되었으나 1661년 명나라의 정성공이 대만 수복에 성공했다. 그 뒤를 이어 아들 정경이 대만을 지배하고 남명의 정삭을 받들었다. 정경이 죽자 기득권을 둘러싸고 내분이 일어났다.

강희 22년(1683)에 시랑을 복건수사제독으로 임명한 후 수군을 이끌고 대만 정벌에 나섰다. 결국 대만에 대만부를 설치하고 복건에 예속시켰다. 또한 대만현, 봉산현, 제라현을 두고 총병 1명과 군사 8천을 주둔시켰다. 이로써 대만에 대한 청나라의 통제가 강화되었다.

평화조약 조인

이미 청태종 시기에 흑룡강 유역은 청나라에 귀속되었다. 청나라가 관내로 진입하면서 이곳에 대한 관리와 감독이 소홀해지자 러시아는 이를 틈타 야크싸(雅克薩), 네르친스크(尼布楚), 후마얼(呼瑪爾) 등지를 차례로 점령했다.

대만을 정벌한 강희제는 즉시 회군하여 2회에 걸쳐 야크싸반격전을 개시했다. 강희 28년(1689) 청나라는 러시아와 '네르친스크조약'을 체결하고 청·러의 동부경계를 확정지었다. 이로써 아르곤강, 거얼삐

치강, 외흥안령을 경계로 외흥안령 이남과 흑룡강, 우수리강 유역(쿠릴열도 포함)이 청나라 영토임을 확인하였다. 이는 중국 역사상 외세와 체결한 최초의 평등조약이다.

광여승람도(廣輿勝覽圖) 속의 러시아인

삭막(朔漠) 정벌

누르하치와 홍타이지는 막남몽고 문제를 해결하고, 강희제는 막서와 막북몽고 문제를 해결했다. 이로써 진한시대 이래 줄곧 이어졌던 북방민족의 고질적인 문제는 비로소 최종적으로 해결되었다.

강희제는 이렇게 강조하였다. "그 옛날 진나라는 대대적인 토목공사를 통해 만리장성을 축조했다. 우리나라는 커얼커에게 은혜를 베풀고 북방 방어를 일임시켰다. 이는 만리장성보다 훨씬 견고하다." 강희제의 말대로 몽고는 청나라 북부에 위치한 또 다른 견고한 장성이 되었다.

농경 중시, 치수강화, 수리시설 정비

관내로 진입한 이후, 청나라의 최대 폐정은 토지에 대한 권점과 겸병이었다. 순치제 때 토지권점을 금한다는 영이 내려졌지만 효력이 없었다. 강희제는 다시 금지령을 내리는 동시에 불법행위를 삼가고 황무지를 개간하여 농업생산 촉진을 독려했다. 농업생산을 독려하기

위해 선후 여섯 차례나 강남을 순행하는
한편, 황하, 회하, 대운하, 영정하를 다스
리고 수리시설을 정비함으로써 소기의
성과를 거두었다.

강희순수도

대규모 원림 조성

강희제는 치세하는 동안 창춘원, 피서
산장, 목란수렵장을 조성하는 등 '3산 5
원'을 만들었다. 향산의 정의원, 옥천산의 정명원, 만수산 청의원(和園
전신), 원명원은 중국의 고대 원림 예술의 절정이라 할 수 있다.

문화교육과 사전편찬

문화교육을 흥기시키고 『강희자전』, 『고금도서집성』, 『율력연원』,
『전당시(全唐詩)』, 『청문감(清文鑒)』, 『황여전람도(皇輿全覽圖)』 등 60여종 2
만권에 달하는 고전의 편찬대업을 주재하였다.

서학 수용 과학기술 장려

이에 대해서는 차후에 상론하겠다.

각고의 노력을 통해 강희제 시기의 청나라는 세계에서 가장 넓은
영역과 가장 많은 인구, 그리고 발달된 경제와 문화를 자랑하는 강대
국으로 성장하였다. 동쪽 바다에서부터 서쪽 총령까지, 남쪽 증모암
사에서부터 북쪽 외흥안령까지, 서북쪽 발하슈호와 동북쪽 쿠릴열도

에 이르는 약 1,300만㎢의 광활한 지역을 영유하였으니, '강희성세'를 열었던 강희제는 중국 역사상 진시황 이래 보기 드문 명군이었다.

강희제는 어떻게 이러한 성공을 이룩할 수 있었을까? 그의 위군지도(爲君之道)는 무엇인가?

자신에게 엄격하되 학문을 사랑하라

강희제의 뛰어난 공적은 남다른 호학정신과 정비례한다. '학습' 두 글자야말로 강희제의 대업성취 비밀을 밝히는 키워드이다. 강희제는 8세에 아버지, 10세에 어머니를 여의었다. 어머니가 위독해지자 꼬마황제는 "아침저녁으로 시중을 들었는데, 탕약을 몸소 맛보았고 심야에는 옷을 입은 채로 곁에서 수발하는 등 지극정성을 다하였다." 어머니가 돌아가시자 밤낮으로 곁에서 지켰고 식음을 전폐하며 슬퍼하였다.

2년 사이에 양친을 여의는 시련을 겪은 강희제는 훗날 자신의 유년기를 떠올리면서 "양친의 슬하에서 단 하루라도 즐겁게 보내지 못했다"고 털어놓았다. 시련은 고통을 부르기도 하지만 진취성을 자극하기도 한다. 유년기의 시련은 강희제의 분발과 자립정신을 자극하였다.

강희제의 몸에는 세 종족의 피가 흘렀다. 아버지는 만주족이고 조모는 몽고족이며 어머니는 한족이다. 조모(효장태후)로부터 가르침을 받았고 조모의 시녀에게 몽고어를 배웠다. 만주족 사부로부터 승마술

118

과 궁술을 배웠고 한족 사부로부터 유가경전을 익혔다.

강희제의 용맹성과 분발정신은 만족문화에서 비롯되었고, 원대한 포부와 드넓은 도량은 몽고문화에서 비롯되었으며, 인애정신과 모략은 한족유가문화에서 비롯되었다. 또한 훗날의 개혁정신은 서학의 수용에서 비롯되었다. 강희제는 다민족문화와 서학의 양분을 골고루 섭취하였다. 이는 그가 제왕의 기개를 펼치고 위업을 이룰 수 있는 기틀을 마련할 수 있도록 했다.

청황궁의 남쪽 서재

강희제가 수학을 배울 때 사용했던 탁자

중국 역사상 강희제만큼 학문을 좋아했던 제왕은 없다. 강희제는 5세 때부터 독서를 하며 불철주야로 공부에 매달렸다. 서예를 유난히 즐겼는데 매일 1천자씩 쓰는 연습을 중단한 적이 없었고, 사서를 읽을 때면 한 자 한 자 또박또박 외우며 스스로 속인 적이 없다고 고백할 정도였다. 강희제가 자손들에게 100번을 읽고 암기하는 방법을 종용했던 것도 자신의 독서경험에서 비롯되었다.

강희제는 황위에 오른 뒤로 더욱 공부에 몰입했는데 때로는 피를 토하기도 했다고 전한다. 그는 독서를 취미로 하지 않았고 고대 제왕의 치국방도를 익혀 평천하를 실현하기 위해서 하였다. 지방순회 중일지라도 밤이 깊어 용주나 행궁에 머물 때면 『주역』을 논하고 『상서』, 『좌전』, 『시경』을 외웠으며 서예연습도 거르지 않았다. 회갑을 넘긴 나이에도 책에서 손을 뗄 줄 몰랐다.

또한 강희제는 역사서적의 편찬을 중시하여 『청문감』, 『강희자전』, 『고금도서집성』, 『전당시』, 『황여전람도』 등 문화전적의 편찬을 주재했다. 그밖에도 『어제시집』, 『어제문집』, 『기하격물편』 등이 전해지는데 무려 1,147수의 어제시구가 수록되어 있다.

의술

건장한 체구의 강희제는 말과 활도 잘 다루었다. '기력이 한창 왕성했을 때는 무려 15개의 활시위를 한 번에 당길 수 있었고 13줌의 화살을 일거에 발사할 수 있었다'고 스스로 자랑할 정도였다. 강희제는 의술에 대해서도 남다른 관심을 보였다. 병을 앓게 되면서 일찍부터 의학에 눈을 뜬 그는 40세에 학질에 걸린 적이 있었다. 그런데 한약으로는 도무지 치유가 되지 않았다. 예수회 선교사 퐁타네(Jean Fontaney)와 비스델루(Claude de Visdelou)가 진상한 양약을 복용하고 겨우 호전되었다. 그러자 강희제가 두 선교사를 대궐로 불러들이고 서안문 내에 저택을 하사했는데 나중에 이곳이 천주교 북당이 되었다.

강희제는 학질에 걸린 대신에게 양약을 내리기도 했는데 대궐 내에 약품실험실을 두고 시제품을 만들게 했으며 제조과정에도 참관했다. 또한 유목민족은 천연두에 유난히 취약했기 때문에 우두접종을 통한 천연두예방에 나섰다. 순치제가 천연두로 사망했고 강희제도 일찍이 천연두를 앓은 적이 있다. 청나라가 변방에 피서산장과 목란수렵장을 조성한 데에는 그럴 만한 이유가 있었다. 몽고귀족들이 북경에 들어오지 않고도 황제를 알현할 수 있을 뿐만 아니라, 그들이 천연두에 걸릴 확률을 그만큼 줄일 수 있었기 때문이다.

우두접종과 과학기술

또한 강희제는 우두접종과 보급에 앞장섰는데 자손들과 궁녀들부터 먼저 실시하고 몽고의 49기와 커얼커몽고에 차례로 실시했다. 이로써 천연두로 인한 치사율을 대폭 줄일 수 있었다.

예수회 선교사 파레닝(Le P. Parennin)에게 『인체해부학』을 만주어와 한문으로 완역하게 하였으며, 동면하던 불곰을 해부하는 작업에 직접 관여하기도 했다.

강희제는 자연과학 연구와 습득에도 심혈을 기울였다. 국정처리 과정에서 자연과학을 알지 못해 겪었던 고초가 한두 번이 아니었기 때문이다. 흠천감 양광선이 아담 샬을 고소하면서 조정에서는 천문과 역법에 관한 일대 격론이 벌어졌다. 강희제가 대신들에게 오문에서 일영(日影, 햇빛이 비쳐서 생기는 그림자)을 관측하라 지시했지만 자신을 포함해 아무도 측정방법을 몰랐다. 자신이 모르고서 어떻게 시비를 가릴 수 있겠는가? 강희제는 더더욱 분발할 수밖에 없었다.

강희 27년(1688) 11월 28일, 강희제는 부베(Joachim Bouvet, 1656~1730), 제르비용(J. F. Gerbillon) 등 6명의 프랑스 과학자를 건청궁으로 불러 접견하였다. 이들은 프랑스에서 가져온 30여 개의 과학기술의기와 서적을 진상했다. 강희제는 크게 기뻐하면서 이들에게 입궐하여 과학기술고문을 맡아달라고 요청했다. 청나라 대궐에서 서양인의 과학활동은 이때부터 시작되었는데 향후 수십 년 동안 지속되었다.

부베 등은 강희제와의 돈독한 관계 속에서 순조롭게 업무를 진행해 나갔다. 이들은 과학을 열망하는 강희제의 열정에 감동했고 자신들이 보고들은 것을 루이 14세(1643~1715)에게 보고하였다. 1698년 파리에서 출간된 부베의 『중국황제전』(Histoire de l'Empereur de la Chine, A la Haye, 1699, in-12.)에는 이렇게 적고 있다.

> 강희제는 서양과학에 남다른 관심을 보이면서 하루에도 몇 시간씩 우리와 함께 하였다. 한낮이나 밤에는 더 많은 시간을 할애해 책을 읽었다. 그는 할 일없이 빈둥대는 사람을 책망하고 싫어했으며, 항상 일찍 일어나 밤늦게까지 정무를 돌보았다. 우리가 일찌감치 입궐했지만 그는 준비를 마치고 기다리고 있었다. 그리고 우리에게 자신이 예습한 문제에 대해 가르침을 요청하거나 새로운 질문을 던지기도 하였다. ……
> 때로는 몸소 기하수식을 동원해 거리를 측정하거나 야산의 해발과 연못의 넓이를 측정하기도 했다. 또한 스스로 위치를 지정하고 각종 기기를 동원해 정밀히 계산해 냈다. 그러고는 사람들에게 다시 한번 측정할 것을 요구하고 자신이 측정한 결과와 수치가 맞을 때면 한없이 기뻐하였다.

부베에 따르면 프랑스에서 가져간 기자재들 중에서 강희제가 "가장 애용했던 물품에는 천체운행 관측에 필요한 망원경과 2개의 탁상시계 그리고 수평의가 있었다. 모두 고도의 정밀성을 요구했기 때문에 항상 자신의 침실에 두게 하였다. …… 직자와 컴퍼스도 애지중지하였다"고 전한다.

2003년 프랑스 베르사이유 궁전에서는 '2003강희대제전'을 열었다. 중국고궁박물관에 소장된 강희제 연간에 사용했던 과학기기들은 지금

베르비스트가 강희제에게 바친 천문망원경

도 자유자재로 사용할 수 있어 관람객의 시선을 끌었다.

과학기기

다음은 전시품으로 일반에 공개된 물품들이다.

① **기계식 수동계산기**. 세계 최초의 기계식 수동계산기는 1642년에 프랑스 수학자 파스칼이 제작했는데 톱니바퀴를 이용해 계산을 했다. 고궁박물관에는 10대의 기계식 수동계산기가 소장되어 있다. 모두 강희제 때 제작된 것으로 가(+) 감(-) 승(×) 제(÷)를 할 수 있다.

② **도금된 동제(銅製) 비례규(比例規)**. 갈릴레이가 발명한 계산도구로 승(×) 제(÷) 루트(√) 등의 계산을 할 수 있다. 강희제의 비례규는 평분(平分)과 사인(正弦) 등의 계산이 추가되었다.

③ **강희각자**. 각자에는 '강희어제'라는 4글자가 새겨져 있다.

④ **기하모형**. 평면과 입체의 기하모형들은 모두 녹나무로 정교하게 제작된 것으로, 강희제가 기하학을 배우는데 필요한 교구로 쓰기 위해 청나라 내무부에서 제작한 것이다.

⑤ **회도의**(繪圖儀). 은·목·칠·상어가죽 등 다양한 재질로 제작되었다. 세트마다 내용물이 6가지에서 20가지로 상이했다. 상자 속에는 비례규, 반원의(半圓儀), 분리척(分厘尺), 가수척(假數尺), 컴퍼스, 오리주둥이 모양의 볼펜 등이 들어 있다. 야외작업의 편리성을 감안해 나이프, 가위, 연필, 부시(화도), 확대경, 흑판(소형칠판), 화필 등을 두루 갖춘 것도 눈에 띈다. 모두가 강희제 때 서양의 회도의를 모방·제작한 것으로 주로 야외에서 그림을 그릴 때 이용되었다.

⑥ **어제간평지평합벽의**(御製簡平地平合璧儀). 이는 간평의(簡平儀), 지평의(地平儀), 나침반, 상한의(上限儀), 구도위일의(矩度爲一儀) 등 기능을 복합적으로 갖춘 기능성측량기기로 휴대하기 편리하고 야외작업에 아주 적합했다.

부베와 제르비용 이후에도 적잖은 서양과학자들이 대궐로 들어갔다. 하지만 별다른 성과를 거두지 못했다. 그들이 내놓을 만한 성과를 꼽는다면 강희제로 하여금 '중국과학원'이라 불릴 수 있는 몽양재산학관(蒙養齋算學館)의 설립을 재촉하였다는 점과 중국의 지적(地蹟)에 대한 본격적인 측량과 도회를 실시하도록 했다는 점이다.

세계지리학 기여

강희제의 대대적인 지적측량과 도회대업은 세계지리학에 크게 기여했다. 프랑스 과학자들은 중국 각지에 대해 실측하고 시찰할 수 있는 기회를 얻었다. 강희 48년(1709) 페트루스(Petrus Jartroud)는 감측대의 일원으로 동북지역에 대한 실측 작업에 참여하였다.

그는 백두산에서 인삼을 캐는 광경을 목격한 뒤, 인삼의 효능과 산지, 채집 및 보존 등을 문자로 기록하고 도록까지 곁들여 프랑스로 보내 발표하도록 했다. 이로부터 4년 뒤, 프랑스의 또 다른 과학자가 페트루스의 논문을 참조하여 백두산과 비슷한 위도의 캐나다 퀘벡에서 인삼을 발견했는데 서양에서 발견하였다고 '서양삼'이라 불렀다.

이처럼 이미 300년 전에 서양과학기술이 중국으로 줄기차게 전파되었는데도 18세기 이후의 중국과학이 서양에 크게 뒤지게 된 이유는 무엇 때문일까? 페트루스가 남긴 서신을 살펴보며 쉽게 이해할 수 있다.

페트루스는 강희제 37년(1698)에 청나라 궁궐로 들어갔다. 그는 지리측량과 도회제작에 참여하면서 관가에 대해 관찰한 것들을 자세히 적어서 프랑스로 보냈다. 그 내용은 『예수회 선교사 서간집』에 수록되어 있다. 청나라 천문기구인 흠천감에 대한 그의 서술을 살펴보자.

> 그들이 천문을 관찰하는 조건은 소략하다 못해 열악할 정도이다. 흠천감에서 평생 근무하는 사람들의 유일한 희망은 거기서 고위직에 오르는 것이다. …… 만약 흠천감 감정이 집안이 부유하고 또한 과학연구를 즐기는 사람이라면 스스로 시간을 내어 연구에 전념하면 그만이지만, 자신의 전임 감정이 수행했던 업무에 대해 좀 더 정밀성을 요구한다거나 관찰업무를 가중시킨다거나 업무와 관련된 개혁을 단행하려 하면 흠천감 동료에게 비난을 받는다. 사람들은 완고하다고 느껴질 정도로 고집스레 현상유지만을 추구했다. 그들은 이렇게 말한다. "고생을 사서할 게 뭐람? 남을 귀찮게 해서 좋을

게 있겠어? 잘못하면 1~2년의 녹봉이 삭감될 수도 있어. 그야말로 열심히 했는데 공은커녕 오히려 굶주리게 되는 일이 아닌가?" 의문의 여지가 없다. 이런 생각들이 북경천문대 사람들이 시선이 미치지 못하는 곳의 물체를 망원경으로 관찰하지 못하고 탁상시계로 시간을 정확히 가늠하지 못했던 주요 원인이다.

강희제와 소수만이 과학에 흥미를 가졌던 상황에서 과학기술 연구제도를 개선하는 사회적 여건은 전혀 갖춰지지 않았다. 황제라는 가장 큰 요소마저도 점차 약화되었다. 강희제 이후의 황제들은 과학에 더 이상 흥미를 느끼지 않았다. 건륭제 때도 베누아(Michel Benoit)와 같은 쟁쟁한 프랑스 과학자가 있었지만, 자연과학에 한해서만큼 건륭제는 일자무식이었다. 서양과학자가 청나라 황제를 위해 할 수 있는 것은 기계시계나 서구식 건물, 대수법(大水法)을 건조하는 게 전부였다.

강희제는 중국 역사상 유일하게 서구문명에 눈을 뜨고 과학정신을 존중했던 황제이다.

근정(勤政)으로 국정을 수행하라

강희제의 국정수행은 한 마디로 '부지런하다'와 '신중하다'로 개괄할 수 있다. 강희제는 평생토록 부지런히 국정을 수행했다. '근정(勤政)은 임금의 근본이며 태황(怠荒)은 망국의 근원이다.' 명나라 멸망의 근본원인은 황제의 방만한 국정운영에 있었다. 명의 만력제와 천계제는

126

한마디로 국정을 게을리하였다.

만력제는 "정사에는 게으르면서도 재물수탈에는 누구보다 적극적이었다. 교제(郊祭)를 지내지 않았고 사당을 참배하지 않았으며 아침 조회를 방기한 지도 30년이 넘었을 정도로 외부와 격리되어 있었다."

얼마나 국정을 방치했으면 황도에는 상서와 시랑과 같은 고위관료 14명이 공석 상태였고, 태학사는 병을 핑계로 장기휴가 중이며 내각의 대문이 벌건 대낮에도 굳게 잠겨 있었다. 상서라는 중책은 허울에 불과했고 국정을 수행할 요원이 없어 중추기구의 기능마저 마비된 지 오래였다.

방이철(方以哲)은 재상이 되고 8년이 지나서야 만력제와 한 차례 대면할 수 있었는데, 그 만남에서도 국정관련 논의는 없었다. 국정이 제 아무리 시급해도 만력제는 대신들과 대면하여 논의하지 않으니 황제의 의결은 기대하기조차 어려웠다.

대궐 밖에서 10시간 동안 무릎을 꿇으면서 만력제의 국정재개를 간청하는 대신이 간혹 있었지만 그 마음을 돌릴 수는 없었다. 만력제가 20년 동안 조정에 참석하지 않은 것을 두고 주색에 빠졌다고 보는 견해도 있고 수석보좌진의 종용 때문이라는 견해도 있으며 질병 때문이라는 견해도 있다. 이유야 어쨌든 이쯤이면 황제이기를 포기한 것이나 다름없다.

천계제도 매일 목수 일에만 골몰하면서 칼, 끌, 톱, 도끼 등을 갖고 노는 데 정신이 없었다. 대태감 위충현은 항상 천계제가 놀이에 빠져 있을 때만 찾아가 국정관련 장계를 올렸기 때문에 위충현이 알아서 처리하도록 하였다. 이를 악용해 위충현은 황제의 조서까지 위조하는

피서산장도

담대함도 서슴지 않았다.

하지만 청나라 황제들은 달랐다. 누르하치부터 광서제에 이르기까지 12명의 황제 모두 국정에 전념하는 모습을 보였다. 강희제는 건청문 앞에서 매일같이 어전회의를 몸소 주재하였다. 건청문에서 국정을 청취했다고 하여 어문청정(御門聽政)이라고 한다. 나중에는 자주 회의장소가 바뀌었는데 때로는 영태의 근정전에서, 때로는 창춘원의 담녕거에서, 때로는 피서산장에서 거행했다.

어전회의에는 6부 9경(吏, 戶, 禮, 兵, 刑, 工 6部의 상서와 左都御史, 通政使, 大理寺卿)이 참석했다. 어전회의 비망록인 기거주(起居注)에 따르면 14세에 친정에 나선 이래 강희제는 줄곧 어전회의를 주재해 왔으며, 1년 동안 단 한 차례도 빠진 적이 없었다. 회의시간은 대체로 아침 8시부터 시작되었기 때문에 '조조(早朝)'라고 한다.

강희제는 "1년 동안 어문청정을 단 한 차례도 빠진 적이 없다. 수백 가지 사안에 대해 몸소 결단하고 장계도 읽으면서 하나씩 주비를 달았다." 강희 18년, 북경대지진이 발생했을 때도 강희제는 예외 없이 어문청정을 하였다. 친정에 나선 이후부터 죽을 때까지 몸이 아주 아프거나 3대 명절 혹은 중대변고를 제외하면 하루도 빠지지 않았다.

이와 같이 강희제는 근면했을 뿐만 아니라 또한 신중했다. 평생토록 신중에 신중을 기하였다. 특히 국가대계나 민생관련 사안은 반복해서 조사하고 신중하게 결단을 내렸다. 다음은 치수와 몽고회유책에 관한 2가지 사례이다.

치수

강희 45년(1706), 황하의 치수와 관련한 어전회의가 열렸을 때, 대신들 사이에 견해차가 있었다. 조사·면주·변론·검증 등의 절차를 거쳐 1월 10일부터 12월 27일까지 무려 1년이란 시간이 걸려서야 최종 결단이 내려졌을 정도로 신중을 기하였다. 결단이 내려지기까지의 전체 과정을 살펴보자.

① **치수를 중시하다.** 강희제는 친정에 나서고 삼번 문제, 황하 문제, 조운(漕運) 문제를 시급히 다룰 3대 과제로 지정한 뒤 대궐기둥에 적어두었다.

② **수원지를 찾아내다.** 강희제는 친위대를 보내 황하의 발원지를 찾고 왕복 1만 리의 노정을 지도로 그리게 하였다. 이는 실제답사를 통해 그려진 최초의 황하지도이다. 또한 영정하 통주 부근의 제방에 대해 순시할 때는 황태자, 4황자, 5황자, 8황자, 14황자, 15황자, 17황자를 대동했다. 황자들에게는 측량기기의 사용법을 익히고 스스로 기기를 통해 측량하고 수치를 기록케 하였다.

③ **유능한 신하를 중용하다.** 근보와 진황과 같은 치수 명수를 등용하였다. 근보는 한군팔기 양황기 출신으로 안휘순무에서 하도총독에 임명되었다. 그는 하루에 8번이나 상소문을 올려서 치수방책을 제시했는데, 총체적인 형국을 총괄한 뒤 황하와 대운하를 동시에 다스리되 물길이 깊은 곳에는 제방을 축조하고, 물길의 흐름을 막는 곳은 침

강희제남순도 - 하천을 다스리는 광경 　　　　　강희제남순도의 어주(御舟)

전된 모래흙을 파내자고 했다. 특히 황하와 회하, 대운하가 교차되는 청구지역에 역점을 두었다.

진황은 항주 사람으로 치수의 명수였으나 능력을 발휘할 기회를 얻지 못한 채 사당의 벽면에 시구를 남기면서 지냈다. 근보는 그것을 기이하게 여겨서 백방으로 수소문을 했고 둘은 친구가 되었다. 진황은 강희제에게 올리는 치수 관련 방책 기안과 구체적 시공과 관리감독을 맡았다. 이들은 민공들을 독려하며 밤낮 없이 치수에 매달렸다.

④ **어전변론을 하다.** 하도총독 근보와 직예순무 우성룡은 치수방책에서 큰 견해차를 보였다. 쟁점은 대체로 두 가지로 하나는 치수과정에서 생긴 논밭에 대해 둔전을 실시할 것인가, 아니면 지방유지들이 개간하고 점령하도록 방치할 것인가이며, 다른 하나는 하천이 원활하게 바다로 흘러들도록 하기 위해 해구 쪽을 넓혀야 하는가, 아니면 제방을 높이 축조해야 하는가였다.

강희제는 쉽사리 결론을 짓지 않았다. 오히려 어전회의에서 변론을 통해 쌍방이 각자의 의견을 진술하게 했다. 우성룡은 "둔전의 실시는 백성들의 가업을 침탈하는 행위이기 때문에 절대로 실시해서는 안 된다"고 했다. 그러자 근보가 말했다. "새로 생겨난 공지를 측량하고 이를 둔전으로 삼아 치수에 필요한 재원으로 충당해야 합니다. 토지를 소지했던 관료들이 제대로 받들어 실행하지 않아서 생겼던 민원인 만큼 변론하지는 않겠습니다. 다만 황제의 영명한 판단을 기다릴 뿐입니다."

해구를 확충하자는 우성룡의 주장에 대해서 근보는 해구를 넓히면 홍수가 쉽게 빠져나갈 수 있을지는 몰라도 역으로 해수의 유입을 막기 어렵다고 맞섰다. 우성룡은 제방을 높이고 백성들을 그 아래에 거주시키면 둑이 터질 경우 수많은 백성들이 고기밥이 된다고 거듭 주장했다. 논쟁이 지속되자 강희제는 좀 더 의견을 수렴하는 쪽으로 잠정 결론지었다.

⑤ **유익한 의견을 널리 수렴하다.** 쌍방의 견해가 타당하였기 때문에 강희제는 속단할 수 없었다. 따라서 향촌지역이나 하천 인근지역 출신의 관리들에게도 견해를 상주하라는 어명을 내렸다.

⑥ **어전회의를 소집하고 재결하다.** 강희제는 양측의 진술과 대신들이 올린 보고를 종합하여 어전회의에서 재결하였다. 결국 우성룡의 방안이 채택되고 근보는 파직되었다. 진황도 관직이 삭탈되어 북경으로 끌려온 뒤 지병으로 사망했다.

⑦ **실천을 통해 검증하다.** 강희제는 대신을 여러 차례 파견하여 치수상황을 파악한 뒤, 변론 중인 의제에 대한 시비를 검증하였다. 강희제가 하천순시 목적으로 남방순시에 나서면서 근보를 수행원으로 대

동시켰다. 귀경한 뒤 강희제는 근보의 치수공적을 치하하고 본래의
품계와 직위를 회복시켰다.

⑧ **잘못을 수정하다.** 강희제는 근보를 파직하고 우성룡을 하도총독
으로 임명한 뒤, 그를 불러서 물었다. "과거에 그대는 근보의 잘못을
지적했는데 지금은 어떤가?" 그러자 우성룡이 이렇게 대답했다. "그
때는 신이 잘못 판단했습니다. 지금은 근보의 방책대로 치수하고 있
습니다." 이는 근보의 치수방법에 대한 가장 좋은 평가라 하겠다.

⑨ **자신의 공적을 서책으로 남기지 않았다.** 수십 년간의 치수과정
에서 강희제는 적잖은 치수관련 논술을 하였다. 하도총독 장붕핵은
치수관련 교지를 서책으로 편찬하여 길이 보존케 하자는 소청을 올렸
다. 그러자 강희제는 이렇게 말했다. "선대의 치수관련 서책을 모두
읽어보았는데, 기록된 치수이론은 아주 쉬웠지만 실행으로 옮기기는
무척 어려웠다. 강물은 일정한 속성이 있는 게 아니다. 따라서 치수법
또한 그대로 본받을 수 없다. 오늘날의 치수법을 운운하면서 후손들
에게 그것을 본받으라고 강요해서는 안 된다." 강희제의 겸손함과 과
학적인 태도를 드러낸 대목이다.

위의 9가지 가운데 어느 한 가지라도 제대로 시행할 수 있는 군주
라면 가히 명군이라 할 수 있겠다.

몽고 유화정책

강희제는 몽고에 대해 인도와 유화정책을 펼쳤다. 커얼커몽고(외몽
고)는 투쎄투칸(圖謝圖汗), 짜싸커투칸(薩克圖汗), 처천칸(車臣汗) 등 세 갈래

로 분화되었다. 투쎄투칸이 짜싸커투칸의 사라를 살해하면서 커얼커몽고는 일대 분쟁에 휘말렸다. 갈단은 이 기회를 틈타 동쪽으로 세력을 확장하면서 커얼커의 남진을 압박했다.

어루터몽고도

강희 30년(1691) 5월, 강희제는 커얼커에 대한 갈단의 침략을 교묘하게 이용하여 몸소 변방으로 나아가 둬룬눠얼(多倫諾爾)회맹을 주재했다. 회맹이 시작되자 투쎄투칸과 짜싸커투칸 사라의 동생, 처천칸은 맨 앞줄

강희어제 위원장군 대포

에 앉았고 나머지 부족은 서열에 따라 차례로 앉았다. 왕공귀족들은 이번원 관리의 인솔하에 강희제를 알현했다.

강희제는 투쎄투칸이 짜싸커투칸 사라를 잔인하게 살해함으로써 커얼커몽고의 내분이 생기게 되었고, 그것이 갈단에게 침략의 빌미를 제공하였다고 호되게 질책하면서 투쎄투칸에게 잘못을 인정하라고 종용했다. 그런 뒤, 강희제는 이처럼 성대한 회맹에서 투쎄투칸을 단죄하는 것이야말로 잔인한 행위라면서 즉석에서 죄를 사면하였다.

커얼커몽고의 700여 명 귀족과 투쎄투칸 휘하의 라마 600명은 일제히 강희제에게 무릎을 꿇었다. 강희제는 게르 안에서 커얼커몽고의 신복을 공식으로 받아들여 49기에 편입시켰다. 귀족들에게는 친왕, 군왕, 버일러, 왕공과 같은 작위를 내리고, 성대한 열병식을 치렀는데, 그 방진의 길이는 10리나 되었고 호각소리와 축포소리는 초원에 메아리쳤다. 또한 달리는 말 위에서 화살을 날리는 강희제의 묘기에 몽고귀족은 탄성을 금치 못했다.

강희제는 훈유·사면·봉작·검열·회맹 등의 조치를 통해 분열된 커얼커몽고를 화해시킴으로써 이 지역의 통일을 실현하는 계기를 마련했다. 7일간의 회맹을 통해 청나라는 커얼커몽고를 완전히 신복시켰고 이들에 대한 통치를 강화할 수 있었다.

인애사상을 추구하다

강희제는 신하와 백성에 대해 '인애(仁愛)'사상을 구현할 것을 강조했다. '인(仁)'에 대해 『맹자·진심』에서는 '인(仁)은 인(人)이다'라고 했고, 유가에서는 '인자애인(仁者愛人)'의 이념을 중시했다.

'애(愛)'를 근대 단어로 간주하는 사람이 있는가 하면 서구에서 유래된 단어로 보는 사람도 있다. 사실 『논어·안연』에는 "번지가 인에 대해 물었다. 공자는 '애인(愛人)이니라'라고 대답하였다"는 구절이 있다. 『예기·애공문』에도 "정치를 행할 때는 애인을 최고의 덕목으로 여겼다"는 공자의 말을 인용하였다. 따라서 '인애'는 유가의 가장 근본적인 정치이념으로 강희제는 유가의 '인애'사상을 계승하여 국정운영에 실천해 나갔다.

강희제는 토지의 권점을 금지한다는 교지를 여러 차례 내렸다. 감

세정책도 545번이나 실시했는데 이를 은
전으로 환산하면 1.5억 냥이 넘는다. 또
한 이재민을 구휼하기 위해서 곡창을 푸
는 등 민생에 관심을 기울였다.

노년의 강희제

강희 51년(1712)부터는 "성세에 태어
난 장정에게는 영원히 조세를 인상하지
않는다"고 선포하였다. 옹정제 때부터는
"인두에 부가되던 세액을 토지에 할당시
켜 부가하는" 정책이 실시되었다. 이로써
중국에서 장기간 실시되어 왔던 인두세는 결국 종말을 고한다. 토지
에 대한 예속관계가 느슨해지면서 인구수가 대폭 증가했다. 그 결과
건륭제 때는 3억, 도광제 때는 4억 명을 돌파했다.

강희제의 인애에 대해 간략하게 살펴보자. 강희 16년(1677), 변방
시찰에 나섰던 강희제는 길가에 사람이 쓰러져 있는 것을 발견했다.
왕사해가 품팔이를 하고 귀가하던 중 배가 고파서 졸도하였다는 이야
기를 전해들은 강희제는 따끈한 죽을 먹이게 하여 정신을 차리게 한
후 행궁으로 데려가 노자를 내려고 귀가시켰다. 강희 18년(1679)에 북
경대지진이 발생했다. 강희제는 즉시 죽을 쑤는 대규모 공장을 가동
시켰고, 어의에게는 부상자를 치유하라는 어명을 내리기도 했다. 또
한 형벌을 줄이는 정책을 실시하였다. 강희 12년(1683)에는 전국적으
로 추결(사형)이 집행된 사례가 '40명이 채 안 되었다.'

강희제는 시호가 '인황제(仁皇帝)'이다. 여기서 '인'은 그의 위인(爲人)
과 위정(爲政)에서 드러낸 특징으로, 청나라의 다른 11명의 황제와는

구별되는 특징이기도 하다. 강희제의 인정 가운데 반드시 언급해야 할 점은 탐관오리에 대한 처벌과 청렴한 관리에 대한 표창이다. 청백리를 표창한 것은 강희제가 내세운 일면의 기치였다. 강희제 때 청렴하기로 명성이 자자했던 우성룡은 '우청채(于青菜)'라는 별명까지 얻었다. 고위직에 머물면서도 고기는커녕 1년 내내 풀만 먹었다 하여 붙여진 것이다.

우성룡

우성룡은 산서 영녕 사람이다(강희제 때 또 다른 우성룡이 있었는데 한군팔기 양황기 출신이다). 처음에는 광서 나성의 현령으로 있었다. 오랜 전란으로 나성에는 변변한 성곽조차 없었고 관아도 고작 초가삼간이었으며 백성도 6가구가 전부였다. 그러나 우성룡은 부임한 뒤 유민을 모집하고 경작을 격려하며 부역과 세금을 면제하고 학교를 설립하는 등 조치를 취하였다.

그러자 나성이 크게 번성했는데 기록에는 그가 '나성에 머무는 7년간 백성들을 친부모와 처자식처럼 사랑하였다'고 한다. 합주의 주지사가 되어 나성을 떠나게 되자 사람들은 맨발로 뛰쳐나와 눈물을 흘리면서 그를 배웅했다. 이때 봉사가 끝까지 자리를 뜨지 않았다. 그 이유를 물으니 "대인께서는 분명 노자가 모자라게 될 것입니다. 내가 점을 볼 줄 아니, 도중에 돈을 벌어서 만일에 대처할 수 있을 것입니다"라고 하였다. 크게 감동을 받은 우성룡은 그를 데리고 길을 떠났는데 도중에 노자가 떨어지자 봉사가 노자를 마련하여 부임지까지 무사히 도착할 수 있었다.

합주에서도 치적이 뛰어나 황강(黃岡)으로 옮기게 되었는데, 그곳은 치안이 어지럽기 그지없었다. 우성룡은 거지로 변장하고 성 안으로 들어가서는 실정을 자세히 조사한 뒤 탐관오리를 처단하였다. 다시 황주의 주지사가 되었다가 복건포정사로 승진했다. 당시는 삼번을 평정하던 때라 양민의 자녀가 노역으로 끌려가 노예로 전락하는 경우가 많았다. 우성룡이 돈을 마련해 이들을 구출해 주기도 했다. 강희 19년 (1680), 직예순무에 취임한 뒤로는 뇌물을 건네는 관리를 엄정하게 다스렸다.

우성룡은 양강총독에 오른 뒤에도 여전히 검소했는데, 매일 거친 음식과 풀로 끼니를 때웠다. 사람들은 그를 '우청채'라고 부르며 존경했다. 강남의 부호들까지도 덩달아 비단옷 대신 포의를 입었고, 고관들은 최대한 행장을 간소화하는 등 수개월 사이에 검소한 기풍이 크게 성행하였다. 또한 관직에 머물 때는 절대로 가족들을 임지에 대동하지 않았다. 그가 죽은 뒤 장군, 도통, 관리와 친구들이 빈소로 찾아와 조문했을 때도 집에는 거친 직물로 만든 두루마기 한 벌과 침대머리에 놓여 있는 소금단지 몇 개와 메주 몇 덩어리가 전부였다.

그를 추모하기 위해 백성들은 시장을 폐한 채, 한 곳에 모여 대성통곡하고, 그의 화상을 내걸고 제사를 지내기도 했다. 강희제는 "짐이 세간의 평가를 널리 취조해 보았더니 우성룡이야말로 진정 청렴한 관리였다"라고 하였다.

거얼구더

거얼구더는 만주팔기 양남기 사람이다. 필첩식(문서, 통역) 출신으로 나중에는 한림원 시독학사가 되었고 일강기거주관(어전회의의 내용을 기록하는 관리)을 지냈다. 강희 21년(1682)에는 직예순무가 되었는데 부임에 앞서 강희제는 스스로 조신하고 삼가라고 충고했다. "그대는 부임한 뒤에 공명 이루기에 급급해 말고 만사에 차분히 임해야 할 것이다. 혹여 분노와 보복을 살 수 있으니 필히 조심하라."

당시 북경에는 기인(旗人)과 한인이 뒤섞여 살았다. 기(旗) 산하에는 왕공대신과 귀족의 장원이 있었고 장두가 장원을 관리했는데, 이들은 멋대로 세금을 거두는 등 해악을 서슴지 않았다. 이외에도 기에 투신한 일부 한인들도 이들 장두를 등에 지고 양민을 괴롭혔다.

오배가 전권을 휘두르던 강희제 초기에 대학사 겸 호부상서 소납해, 직예총독 주창조, 직예순무 왕등련 등이 만주귀족의 이익에 저촉되는 언행을 하다가 주살된 이래, 누구도 이처럼 민감한 사안에 대해서는 상소하거나 진술하려 하지 않았다. 거얼구더는 부임한 뒤 곧바로 탐색작업에 나섰고 뒤이어 상소문도 올렸다.

"죄짓고 법망을 피해 기(만주족)에 투신한 자가 있는가 하면, 일하기 싫어 빈둥대면서 부역기피를 목적으로 기로 흘러든 자도 있습니다. 이들은 고리대업에 종사하면서 이익을 취할 때는 만주인(旗人)이 아닌 한인(民人)을 자처했고, 소송 따위를 만나게 되면 한인이 아닌 기인으로 사칭합니다. 또한 양민을 상대로 사기와 공갈을 일삼아도 관아에서는 이들의 죄를 감히 묻지 못합니다. 마땅히 엄히 다스려야 할 줄 압니다."

거얼구더는 강희제의 강력한 지지를 받았다. 그러나 사건해결이 좀처럼 용이하지만은 않았다. 당시 대학사 명주의 권세가 하늘을 찔

렀는데 그 부하가 백성들의 묘지를 권점하려 들자 한인들은 호부에
그 부당함을 호소하고 나섰다. 호부에서는 소장을 직예순무에게로 넘
겼고 거얼구더는 소속현의 현령에게 조사를 지시했다. 현령은 명주의
보복이 두려워 '민묘와는 관련이 없다'는 허위보고를 올렸다. 그러자
거얼구더는 명주의 부하가 '민묘를 권점한 것은 모두 사실이다'는 상
소문을 올리는 동시에 허위보고를 올린 현령의 죄를 추궁할 것을 이
부에 요청했다.

그는 권세에 맞섰고 법의 집행에서도 권세가에게 한 치의 양보도
없었기 때문에 '철면순무(鐵面巡撫)'라는 별명까지 얻었다. 또한 고위직
에 머물면서도 포의를 입고 소식했을 정도로 청렴했으며 권세에 아부
하지 않고 뇌물수수 행위도 없었다. 청렴한 관리를 천거하라는 강
희제의 교지에 대신들은 일제히 거얼구더를 꼽았다.

팽붕(彭鵬)

팽붕은 복건 보전 사람으로 어릴 때부터 총기가 넘쳤고 향시에도
합격했다. 삼번이 난을 일으킬 때 팽붕은 미친 척하면서 따르지 않았
다. 난이 평정되자 그는 삼하현의 현령이 되었다.

북경 동쪽에 위치한 삼하현은 만주족과 한족이 동거하던 곳으로
다스리기 어렵기로 소문난 곳이다. 자신을 황제의 매를 기르는 사람
으로 사칭하면서 관아에 가서 사기와 공갈을 일삼는 사람까지 나타났
다. 몰래 이들 신분을 조사했던 팽붕은 악인을 체포하여 편형에 처하
기도 하고, 도둑을 맞았다는 신고를 접하고는 즉시 말을 타고 쏜살같
이 달려가 도둑을 체포하기도 했다.

이 일대의 순시에 나섰던 강희제는 팽붕이 청렴하다는 사실을 접하고 그를 만난 자리에서 내고탕금 300냥을 하사하면서 "그대가 청렴하여 백성들로부터 돈을 갈취하지 않음을 알고 있다. 이를 받고 계속 청렴하길 바란다"고 하였다.

나중에 강희제는 팽붕을 과도로 승진시켰다. 팽붕은 어명을 받들어 섬서, 산서, 하남 일대의 민정을 살피고 이재민에 대한 구휼정책을 펼쳤다. 이밖에도 경양현의 현령 류계가 종자씨앗을 떼먹은 사실, 의씨현의 현령 이주가 이재민을 곤장으로 치사시킨 사실, 자주의 주지사가 멋대로 운임을 부가한 것 등 사실관계를 소상히 밝힌 보고서를 올렸다. 이들 주현이 소속된 성의 순무를 불러들여 사실여부를 조사하라는 지시를 내렸지만 '그런 사실이 없다'는 보고만 올라왔다. 당사자가 관계망의 보호를 받았기 때문에 탐관오리에 대한 조사 자체가 쉽지 않았던 것이다.

강희제는 팽붕을 순천부 부윤으로 임명했다. 팽붕은 순천부의 향시에 합격된 거인 이선미의 답안지 필적이 여러 곳이나 고쳐진 사실을 발견하고 조사한 결과 고시관 서탁과 팽전원이 사사로운 정으로 편법을 쓴 사실을 밝혀냈다. 그는 상소문에서 "신이 만약 망언을 하였다면 신의 머리를 반으로 쪼개서 반쪽은 국문에다 걸고 다른 반쪽은 순천부학에다 걸어 두소서"라고 썼다. 조정대신들은 그의 언행이 불경스럽다며 관직파면을 요청했다. 강희제는 서탁과 팽전원은 파직했지만 팽붕의 불경죄는 묻지 않았다. 관직에 머무는 동안 팽붕은 줄곧 청백리로 명성을 떨쳤다.

장백행(張伯行)

장백행은 하남 의봉 사람으로 진사이다. 진사가 되고 나서 각지 대유학자들의 저서를 구입해 일독하고 필사하기를 7년간 지속했던 그는 '군자는 의리에 밝고 소인은 이익에 밝다'고 주장했다. 출사하고 고향의 하천이 범람하자 사재를 털어 터진 제방을 보수하였다. 산동성 제녕도의 도태로 부임한 뒤에도 기근이 들 때마다 하남의 집에서 재원을 마련해 솜옷을 만들어서 이재민에게 나누어 주었다.

강소순무로 부임한 장백행은 상관인 총독 가리가 탐관이라는 사실을 알게 되었다. 강남의 향시에서 부정행위가 적발되고 생원들이 난동을 피우면서 재신상을 들고 학관으로 찾아가는 등 일대 혼란을 빚었다. 그러자 장백행은 이번 부정이 가리총독과 관련 있다는 내용의 상소문을 조정으로 올렸다. 강희제는 상서 장붕핵에게 가리의 부정행위를 조사하라는 어명을 내렸다. 가리는 도리어 장백행을 탄핵하고 나섰다. 강희는 재조사를 명하였다. 그러나 장붕핵은 여전히 가리는 억울하고 장백행은 파직되어야 한다는 주장만 되풀이했다. 강희제가 세 번째로 재조사를 명했지만 결과는 마찬가지였다. 그러자 강희제는 앞선 세 차례의 조사는 시비가 전도된 것으로 재논의가 필요하다고 했다. 사실 강희제는 이미 가리와 장백행에 대해 조사를 마친 상태였다. 장백행과 같은 청렴한 관리의 보호가 필요하다는 사실을 인지했던 강희제는 결국 가리의 관직을 파면하고 장백행으로 대체하였다.

강희제가 그처럼 청백리를 표창했던 데는 여러 원인이 있었을 것이다. 첫째, 대소 관리에 모범을 보여 그들로 하여금 청렴한 기풍을 조성하기 위함이다. 둘째, 청백리를 통해 탐관오리를 적발·감독하여 그들에 타격을 가하기 위함이다. 셋째, 청백리를 통해 백성들에게 이로운 일을 할 수 있는 조건을 마련키 위함이다. 넷째, '인애'이념을 실천하여 인정을 베푼다는 명성을 얻기 위함이다. 하지만 청백리는 상사로부터 미움을 받고 동료로부터 질투를 받기 마련이다. 특히 탐관의 시기와 원한을 사서 보복당하기 십상이다. 우성룡, 거얼구더, 팽붕, 장백행과 같은 청백리들도 예외는 아니다.

강희제를 명군이라고 칭하는 것은 시비를 분명히 하고 청백리로 하여금 낙담하지 않도록 배려했던 점과 그들을 믿고 보호하여 탐관들의 창궐을 저지하였다는 데 있을 것이다. 왕조시대 관리들의 탐욕은 보편적인 현상이다. 비록 강희제가 청백리를 표창하고 탐관을 엄벌했지만 그렇다고 탐관의 출현을 원천봉쇄할 수는 없었다. 이치(吏治)에 대한 체계적인 제도가 없었기 때문이다.

서학을 수용하다

명나라 후기부터 예수회 선교사들이 잇따라 청나라를 찾았다. 그들은 선교활동을 벌이는 한편 서구의 문명과 과학기술을 전수했다. 명말의 대학사 서광계는 선교사들로부터 과학기술과 지식을 접하고 과학저술을 번역하였다.

강희제 때는 적잖은 외국 선교사들이 활약했는데 벨기에의 베르비스트(Ferdinandus Verbiest), 포르투갈의 페레이라(Thomas Pereira), 프랑스의 제르비용(J. F. Gerbillon)과 부베(Joachim Bouvet) 등이 있다. 그 가운데 아담 샬과 베르비스트가 가장 유명하다.

아담 샬

아담 샬은 예수회 선교사이며 독일인으로 만력 47년(1619)에 청나라에 왔다. 먼저 마카오에 도착해 광주를 거쳐 북경으로 갔다. 숭정제 때는 역국(曆局)을 창설하고 역법개정에 나섰으며, 청나라 관리들과 함께 『숭정역서』를 편찬했다. 북경 선내의 남당에 관사를 두어 흠천감을 맡기고 역법수정에 동참해줄 것을 요청하여 결국 '시헌력(時憲曆)'이라는 새 역법이 반포되었다.

아담 샬과 순치제와의 관계는 앞서 이미 언급하였다. 순치제가 위독해지면서 후사를 세우는 일을 논의했는데 순치제는 황자들이 너무 어리다는 이유로 자신의 아우가 황위에 올랐으면 하는 마음이었다. 그러나 효장황태후는 8세의 3황자 현엽을 세우고 싶었다. 순치제는 아담 샬의 의견을 듣기로 했다. 아담 샬은 현엽이 이미 천연두를 앓았기 때문에 평생 면역력이 생겼다는 이유를 들며 효장태후의 의견을 지지했다. 결국 순치제가 현엽을 후계자로 정하였다. 하지만 아담 샬은 강희제 즉위 초에 양광선의 무고로 옥고를 치렀다.

양광선은 안휘 사람으로 성격이 사납고 다투기를 좋아했다. 숭정제 때는 관복을 들고 대궐 앞까지 가서 대학사 온체인을 탄핵하였다 하여 기인으로 알려졌으나 나중에 곤장을 맞고 요서로 유배되었다. 그는 명나라가 망하자 강남으로 귀환했으나 다시 북경으로 왔고, 천문역법에 대한 지식이 전무하면서도 스스로를 천산학(天算學)의 대가로 여겼다.

순치제 때는 '서양의 새로운 역법에 준거하다(依西洋新法)'라는 시헌력 표지문구의 부당성을 지적하면서 아담 샬을 무고하였다. 순치제가 아담 샬을 존중하고 신임했기 때문에 예부는 양광선의 상소를 수리하지 않았다. 강희 3년(1664), 양광선은 또다시 아담 샬을 무고하는 한편 전단지를 대거 돌리면서 아담 샬을 공격했다.

"아담 샬의 '시헌력'은 200년밖에 안 된다. 대청제국은 만만년을 지속할 것이다. 그러니 이것은 대청제국의 단명을 촉구함이 아니던가!"

그야말로 보수파와 개화파, 우매함과 과학의 불꽃 튀는 대접전이었다. 병환 중으로 거동마저 불편하던 아담 샬은 이들과 논쟁하고 변론할 여력도 없었다. 정신이 혼미한 상태에서 아담 샬은 9개나 되는 쇠고랑을 차야 했지만, 여전히 침대에 누워 망원경으로 일식을 관찰했다.

강희 4년(1665) 3월, 보정대신 오배는 양광선을 지지하면서 아담 샬을 사형에 처하고 흠천감 내의 5개 부서 책임자도 모두 처단한 뒤, '시헌력'을 폐지하기로 하였다. 그러자 효장황태후가 아담 샬에 대한 처벌이 너무 가혹하다고 주장하여 논의 끝에 사형은 면했다. 하지만 '시헌력'은 결국 폐지되었다. 양광선은 흠천감 감부에서 감정이 되었다. 아담 샬은 그 이듬해 7월에 자신의 거처에서 세상을 떠났다.

베르비스트

친정에 나선 강희제는 이 사건에 대해 진지하고 신중한 태도를 취

하였다. 폭로정치를 통해 흠천감의 감
정에 올랐던 양광선은 천문과 수학뿐 아
니라 실측까지도 도무지 감당할 수 없었
다. 결국 벨기에 사람 베르비스트에게
역법을 담당하게 했다.

베르비스트

강희제는 일찍이 양광선과 베르비스
트를 대궐로 불러 대신들 앞에서 실험케
했는데, 베르비스트는 번번이 정확하게
측정했지만 양광선은 계산법조차도 몰
랐다. 강희 8년(1669), 16세의 강희제는 "역법은 정밀함을 요하는 것이
어서 속단할 수 없다"면서 대학사를 비롯해 20명의 대신들과 흠천감
관리들이 함께 관상대를 측정할 것을 명하였다. 대소 관리들이 한자
리에 모여서 측정을 시작한 결과 베르비스트의 측정이 모두 맞은 반
면 양광선은 죄다 틀렸다. 다른 실험에서도 마찬가지였다. 의정왕을
비롯한 대신들은 논의를 거쳐 아담 샬에 대한 양광선의 모함을 뒤엎
고, 아담 샬과 함께 억울하게 죽어간 사람들을 복권시키며 양광선을
참수하자는 결론을 내렸다. 그러나 강희제는 인을 베풀어 양광선의
관직을 박탈하고 본관으로 돌려보냈다. 귀향 길에서 양광선은 우울증
으로 병사하고 말았다.

강희제는 전통문화와 서학, 중국인과 외국 선교사를 차별없이 대
하며 편견을 버렸다. 여러 문화와 종족을 평등하게 대하는 강희제의
심리는 바다처럼 넓은 가슴과 진리를 추구하는 과학적 태도에서 비롯
되었다.

엄격한 교육제도를 자손에게 실시하라

청나라의 황제 중에서 강희제의 자녀가 가장 많다. 도합 35남과 20녀를 두었고 황손만도 97명이나 된다. 강희제는 자손 교육에 철저했고 유난히 엄격했는데 자손들이 용으로 거듭나기를 희망했기 때문이다. 백성들의 자손은 교육을 통해 인재로 거듭날 수 있지만 용이 될 수는 없다. '주정뱅이' 한고조(劉邦)와 '거지승려' 명태조(朱元璋)가 황위에 오른 것은 부모의 가르침에서 비롯된 것은 아니다.

고대 중국에서는 오직 황제만이 교육을 통해 자손을 황제로 배양할 수 있었다. 강희제는 청나라의 사직이 영원하기를 바라는 마음에서 자손들을 엄격히 가르쳤다. 명나라는 번왕들에게 분봉을 실시했지만 실제로 토지를 내리지는 않았고, 작위는 내렸지만 실제로 백성을 다스릴 수는 없었으며, 녹봉은 먹었지만 실제로 정사를 다스릴 수는 없었다. 청나라는 명나라 제도를 본받았지만 적절한 가감도 있었다.

황자교육의 중요한 덕목

강희제는 황자교육의 가장 중요한 덕목으로 황룡이 되는 것을 꼽았다. 다음으로 정사를 보필하는 일을 꼽았으며, 다음으로 군사통솔을, 다음으로 배움에 힘쓰는 일을 꼽았고, 마지막으로 서예와 회화를 꼽았다. 그는 엄격한 제도를 세우고 자손에 대한 교육을 실시했다.

자손에 대한 교육과정에서 강희제는 여러 방식을 동원했다. 말로 전수하고 몸으로 가르쳤으며 자손들을 제사, 수렵, 순행, 출정 등에 참여시켰다. 강희제는 위로부터의 교육을 택했던 것이다.

『양길재총록』에 청나라의 황자교육에 대해 이렇게 기술하였다.

"우리 왕조의 가법에 황자황손은 6세가 되면 스승을 따라 독서해야 한다. …… 수학시간은 인시(3~5시)에 상서방에 이르러 만주어와 몽고어를 배우고 나서 한문을 배운다. 스승이 서재에 들어서는 시각은 묘시(5~7시)이다. 어린 황자를 위한 교습내용이라 쉬워서 오전 중으로 수업은 끝난다. 늦을 때면 미시(13~15시)나 신시(15~17시)에 끝날 때도 있다. …… 원단은 수업을 하지 않고 섣달 그믐날과 그 전날은 사시(9~11시)까지 수업을 끝낸다."

일년내내 휴일이란 고작 1월 1일과 그 전 2일의 반나절뿐이다.

자손들의 교육제도 확립

강희제는 자손들의 교육제도를 확립시켰다. 규정에 따라 황자와 황손들은 6세부터 서재로 나가 독서를 했는데 강희제는 몸소 황자들에게 스승을 지정해 주었다. 처음에는 장영, 웅사리, 이광지, 서원몽, 탕빈 등 당대 최고의 유학자들이었다. 이들 가운데 한인 스승은 유가 경전을 가르치고 만인 스승은 안다라 불렀는데 내안다는 만주어와 몽고어를, 외안다는 궁술과 기마술 등 무예를 가르쳤다.

『강희기거주책(康熙起居注冊)』에는 강희 26년(1687) 6월 10일, 황자들의 하루 독서상황이 자세하게 기재되어 있다.

인시(3~5시)에 황자는 서재에서 독서하는 데 주로 전날 배운 것을 복습하고 스승이 수업을 시작하기를 기다린다. 묘시(5~7시)에 만주어 스승 다하타와 한인 스승 탕빈 그리고 소첨사 경개가 무일재로 들어

선다.

황태자에게 공손히 군신의 예를 갖추고는 동쪽에 선다. 황태자 언행을 기록할 기거주관인 더거러와 팽손휼은 서쪽에 선다. 황태자 윤잉은 책상 앞에 앉아 『예기』를 줄줄 읽고 있다. '책은 반드시 120번을 읽어야 한다'는 강희제의 규정에 따라 120번을 낭독한 윤잉은 탕빈에게 "책상 앞으로 다가와 내가 외우는 것을 들으라"고 하였다.

60이 가까운 탕빈은 무릎을 꿇고 황태자로부터 책을 건네받았다. 윤잉이 한 자도 틀리지 않고 외우는 것을 보고 탕빈은 주필로 기호를 표기한 후 다시 한 단락을 그어주고는 다른 책을 읽게 했다. 황태자는 책을 읽은 후 해서체로 수백 자나 되는 글을 종이에 빼곡히 썼다.

진시(7~9시)에 강희제는 아침조회를 마치고 태황태후에게 안부를 묻고는 황태자가 독서하는 창춘원 무일재로 향했다. 황태자는 신하들과 함께 서재의 바깥쪽 계단까지 달려 나와 공손히 마중하였다. 강희제는 무일재로 들어가 정좌하고는 탕빈에게 물었다. "황태자가 책을 제대로 외었소?" 탕빈이 대답했다. "아주 능숙하게 외웠습니다." 강희제는 책을 건네받고는 임의로 한 단락을 가리키며 황태자더러 외우게 했는데 과연 한 자도 틀리지 않았다.

강희제는 또다시 "그대들이 보기에 황태자의 독서는 어떠하오?"라고 기거주관에게 물었다. "황태자의 자질은 깊고 밝으며 학문 또한 깊으십니다. 진실로 종묘사직이 무강할 기쁜 일입니다"라고 대답했다. 강희

황태자 인장

제는 황태자를 과찬하지 말고 엄격히 요구할 것을 이들에게 당부하고는 후궁으로 돌아갔다.

사시(9~11시), 때는 초복이라 정오가 되자 태양은 불덩이 같았다. 그러나 황태자는 부채질도 하지 않고 의관을 정제한 채, 정신을 가다듬고 글자를 썼다. 다하타와 탕빈, 경개는 고령에다 날씨까지 무더웠고 게다가 아침부터 서 있었던지라 체력이 바닥나 비스듬히 서서 졸고 있었다. 황태자는 만주어를 쓰고는 다하타에게 교열하라고 하였다. 탕빈은 "필봉이 날카롭고 단정하며 강력하여 그야말로 훌륭한 서체입니다"라 했고, 다하타도 "필법이 정묘하고 결구도 능숙합니다"라고 했다. 황태자는 『예기』의 줄친 구절을 또다시 120번 낭송했다.

오시(11~13시)에 시녀들은 황태자의 점심 시중을 들었다. 황태자는 여러 스승들에게 식사를 권유했다. 스승들은 머리를 조아리며 감사를 표하고는 앉아서 식사를 했다. 식사가 끝나자 황태자는 쉬지도 않고 옷깃을 정돈하고는 다시 『예기』를 읽었다. 120번을 낭독하자 탕빈 등이 무릎을 꿇고 앉아 황태자가 외우는 것을 들었다.

미시(13~15시)에 황태자는 떡을 먹은 후 뜰 안에 과녁을 세우라 하고는 문밖으로 걸어 나와 계단 아래서 활시위를 당겼다. 이는 체육시간이지만 군사시간이기도 하다. 황자들에게 무예를 익혀 국가를 잘 다스리도록 교육시키기 위한 것이다. 활쏘기가 끝나면 다시 서재로 들어가 소강(疏講, 풀이와 해석)을 시작한다. 탕빈과 경개는 책상 앞에 무릎을 꿇고 앉았다. 스승은 문제를 제시하고 황태자는 소강을 시작하였다.

신시(15~17시)에 강희제는 또다시 무일재로 향했다. 황장자 윤제, 3

강희제의 첫 번째 황후—효성인황후   강희제의 두 번째 황후—효소인황후

황자 윤지, 4황자 윤진, 5황자 윤기, 7황자 윤우 등을 이끌고 황태자 윤잉과 함께 독서케 하였다.

강희제는 "짐은 독서하지 않는 황자를 용납하지 않는다. 황자들이 독서하는 모습을 외부인들은 모른다. 오늘은 특별히 여러 황자들을 불러 이곳에 와서 강의를 듣게 한 것이다"고 말했다.

탕빈은 강희제의 교지에 따라 책상 위에서 임의로 경서를 취하고는 책장을 넘기며 명제를 제시했다. 여러 황자들은 차례로 불쑥불쑥 나와서 그 구절을 외우고 소강을 하였다. 5황자는 만주어를 배우기에 만주어 한 편만 썼는데 권점이 정확했다.

강희제는 친히 정이의 7언 율시 한 수를 쓰고는 다시 '존성(存誠)'이라는 두 자를 커다랗게 쓰면서 황자들에게 시범을 보였다. 신하들은 작은 글씨는 수려하고 큰 글자는 힘이 서려 있다고 일제히 칭송했다.

유시(17~19시)에 시위는 뜰 안에 다시 과녁을 설치했다. 강희제는 황

자들에게 차례로 활을 당겨 과녁에 명중하라고 했는데 성적은 들쭉날
쭉했다. 또한 여러 스승들에게 활을 쏘라고 했다. 이어서 몸소 활을 당
겨 화살을 날렸는데 백발백중이었다. 해가 저물자 신하들은 물러났다.
창춘원 무일재에서 황태자는 하루의 공부를 마쳤다.

교육은 한 사람의 일생을 좌우하고 심지어 일생을 결정짓기도 한
다. 강희제의 황자 35명 가운데 연치를 계속 이어간 사람은 24명이며
실제로 성인(16세 이상)이 된 황자는 20명뿐이다. 이들은 17명의 첩실
소생으로 성정과 취미가 서로 달랐다.

후계자 양성

강희제가 황자들의 교육에 그토록 열정을 쏟았던 까닭은 자신을
이어 제국의 사직을 영원토록 보존해낼 수 있는 후계자를 양성하기
위해서였다. 따라서 유가경전에 대한 교육을 최우선으로 했고, 다음
으로 '만주어와 마술, 궁술'을 가르쳤으며, 마지막으로 개개인의 실력
향상에 주력하였다. 또한 치국의 방도도 전수했다. 교육은 주로 황태
자를 중심으로 이루어졌다.

강희 14년(1675), 2살배기 윤잉을 황태자에 세운 강희제는 온갖 방
법을 동원해 교육시켰다. 처음에는 독서와 습자를 몸소 가르치다가
황태자가 6세 되던 해에 대학사 장영과 이광지를 태자의 스승으로 지
정했다.

강희제는 세 차례에 걸쳐 갈단정벌에 나섰는데 그때마다 황태자에
게 북경에 남아서 정무를 처리하게 했다. 강희제가 강남을 순시할 때

에도 역시 마찬가지였다. 강희 32년(1693), 자신이 병에 걸리자 태자에게 정사를 대신 보도록 했다. "짐이 병환으로 국정을 당분간 처리하기 어려울 듯하니 장계 등은 관례대로 황태자에게 올려 처리토록 하라." 하지만 병세가 호전된 뒤에도 일상적 정무와 기무를 처리해 나가도록 했다. 이밖에도 4황자, 8황자, 14황자에게 군정대임을 맡기는 등 훈련강화를 통해 이들을 고찰하였다.

강희제는 황자들에게 수학, 천문학, 지리학, 의학, 측량학, 농학 등을 가르쳤다. 먼저 일식관측을 사례로 들어보자. 강희 36년(1697) 윤3월 초하루에 일식이 있었다. 강희제는 갈단정벌을 위해 외지에 있었는데 태자는 북경에서 일식을 관측할 수 있었다. 그는 강희제가 하사한 작은 거울을 자명종 위에 설치하고 해를 관측하는 천리경으로 하늘을 바라보았다. 일식은 10분도 채 안 되었다. 햇빛, 가옥, 성벽과 사람들의 그림자가 보일 정도로 아주 밝았다. 일식 관측 사실을 외지에 있는 강희제에게 알렸다. 상주문을 살펴본 강희제는 "네가 올린 장계를 보았는데 과연 그렇더냐?"라는 주비를 남겼다.

4황자 윤진은 후에 당시의 사실을 상기하며 이렇게 말했다. "예전에 4~5분간 지속되는 일식을 만났을 때는 햇볕이 너무 강렬해 우러러 볼 수 없었다. 선제께서는 친히 짐과 여러 형제들을 이끌고 건청궁에서 천리경을 이용해 일식의 지속시간을 측정했는데 종이로 사방의 햇볕을 가리고서야 비로소 가능했다. 이는 짐이 몸소 경험한 것이다."

다음은 기하학을 사례로 들어보자. 프랑스인 선교사 부베는 루이 14세에게 보내는 편지에서 강희제는 3황자에게 몸소 기하학을 강의

하여 그의 과학적 재능을 배양시켰다고 썼다. 나중에는 이탈리아 선교사 더리거로부터 율려(律呂)를 배우도록 했다. 또한 더리거에게 3황자와 15황자, 16황자에게 미적분을 가르치고 책을 펴내라고 당부하였다.

강희제는 창춘원 몽양재에 관사를 두고 윤지에게 『율력연원(律曆淵源)』을 편찬하도록 했다. 『고금도서집성』 등의 편찬에 공헌했던 윤지는 강희제 때 걸출한 학자가 되었지만 옹정제가 즉위하자 관직을 박탈당하고 경산의 영안정에 감금되었다 생을 마감했다.

강희제는 서예에 대해서도 엄청난 공력을 들였다. 그는 황자들에게 "짐은 어릴 때부터 연못가에서 매일 1천여 자를 썼는데 단 한 번도 그것을 중단한 적 없었다. 무릇 고대 명사들의 필적과 석각을 세심히 모방하지 않은 적이 없다. 지금까지 30여 년이 흘렀지만 사실은 내가 본성적으로 좋아했던 것 같다"고 하였다.

일부 황자에게는 서예연습에 관한 구체적인 규정까지 만들었다. 매일 10폭을 써 올리라는 것이었다. 강희제의 엄격한 요구에 황태자, 3황자, 4황자, 7황자, 13황자, 14황자 모두가 멋진 글을 써낼 수 있었다. 특히 3황자와 7황자가 서예에 일가견이 있었는데 강희제의 명을 받들어 경릉(강희제의 능침)의 신공성덕비문(神功聖德碑文)을 쓰기도 하였다.

생모의 출신이 미천하거나 나이가 어려 형님들과 황위를 다툴 능력과 자격이 없었던 황자들도 있다. 12황자, 15황자, 17황자의 생모는 빈으로 책봉되었다. 황태자가 폐위된 뒤에 출생한 황자 가운데 강희제가 죽을 때 22황자는 11세, 23황자는 9세, 24황자는 6세였다.

따라서 이들은 명철보신하면서 평안하고 영화를 누릴 수 있다면 더 이상 바랄 게 없는 사람들이었다. 따라서 이들을 생활형으로 편입시켰다.

자손에 대한 교육은 군주로서의 강희제를 고찰하는 중요한 잣대가 될 수 있다. 청나라 황제들 중에는 폭군이 없고 게으른 임금도 없었던 것은 이러한 교육과 무관하지 않을 것이다. 강희제의 뒤를 이은 옹정제, 건륭제 모두 성군이다.

강희제의 자손들 가운데는 용인이 없었고 악행을 일삼는 자는 더더욱 없었다. 모두가 어느 정도 소양을 갖췄다. 이 모두가 황자들에 대한 강희제의 피나는 노력의 결실이다. 하지만 강희제에게는 황자가 너무 많았고 그의 재위기간도 너무 길었다. '밤이 길면 꿈도 많은 법'이듯 결국 황자들은 붕당을 결성하기 시작했고 황위 쟁탈까지 이른다.

옹정황제

윤진

강희 17년(1678)~옹정 13년(1735)

Chapter 5

옹정황제 윤진

강희제가 세상을 떠나자 45세의 옹친왕 윤진이 즉위하고 연호를 옹정(雍正)으로 정하였다. '옹정'은 옹친왕의 즉위가 정정당당하며 그 또한 올바른 군주라는 뜻을 내포하고 있다.

독서하는 옹정제

옹정제의 등극으로부터 지금까지 282년 동안 역사학계와 민간에서는 즉위의 정당성 여부와 그가 과연 올바른 군주였는가를 놓고 끊임없는 논쟁을 벌였다. 야사와 창작의 경우가 특히 논쟁이 심했는데 주로 옹정제의 즉위과정에 대해서만 각별한 관심을 보였다. 44부작으로 제작된 TV드라마 '옹정 왕조'는 즉위과정에서 드러난 의문점들을 부각시켜서 흥미를 이끌어 내기도 했다.

옹정제 즉위의 전주곡과 즉위과정의 의문점을 포함한 즉위여파를 재현해 보자.

지위 쟁탈전과 즉위 전주곡

청나라의 황위 승계는 한족의 적장자 제도인 정실소생의 장자가 황위를 잇는 제도를 취하지 않았다. 일찍이 누르하치는 장자를 후계자로 세우려다 실패했고, 그 뒤로 만주귀족회의를 통해 대칸을 추대하도록 규정을 만들었다.

서양옷을 입은 옹정제

홍타이지가 돌연사하자 만주귀족회의를 거쳐 6세의 푸린이 황위 계승자로 정해졌다. 순치제는 사망 직전에 후계자를 정했지만 귀족회의가 아닌 효장황태후와 자신 그리고 서양선교사 아담 샬이 합의하여 8세의 현엽을 후계자로 정한다는 조서를 남겼다. 이러한 '유조제(遺詔制)'는 청태조와 청태종이 규정한 '대칸의 승계는 만주귀족회의를 통해 정한다'는 전통을 타파하였을 뿐만 아니라 황제가 생전에 조서를 남겨 후계자를 결정하는 선례가 되었다.

강희제는 생전에 자신을 후계자로 지정했던 순치제의 방법을 따랐다. 미리 황태자를 지정하는 제도는 황제 사후에 대권쟁탈로 이어지는 혈투를 막을 수 있어 나름의 장점이 있지만, 동시에 황태자와 황자들 간에 잔혹한 사투를 벌인다는 단점도 안고 있다. 하지만 강희제는 황태자제도의 장점만 보았을 뿐 단점은 보지 못했다.

강희제의 35명 황자 가운데 연치를 이어간 황자는 24명이고 실제로 성인이 되어 책봉을 받은 황자는 20명이다. 그나마 철이 든 황자는 고작 12명이었다. 황장자 윤제, 2황자 윤잉, 3황자 윤지, 4황자 윤진, 5황자 윤기, 7황자 윤우, 8황자 윤이, 9황자 윤당, 10황자 윤아, 12황자 윤도, 13황자 윤상, 14황자 윤제 등이 그들이다.

강희 13년(1674)에 2황자(실은 6남) 윤잉이 태어났다. 황후는 22세의 나이에 윤잉을 출산하는 도중 사망했다. 그런 까닭에 윤잉에 대한 사랑이 남달랐던 강희제는 이듬해 윤잉을 황태자로 세웠다. 이때가 강희제는 22세였고 황태자는 2세였다. 그러나 이는 2살배기 황태자가 나중에 어떨지 아무도 예측할 수 없기 때문에 타당성이 결여된 결정이라 할 수 있다. 강희제는 황태자 교육에 온 힘을 쏟고 생활에서도 각별한 관심을 보였다. 강희 17년(1678), 황태자가 천연두를 앓자 강희제가 몸소 간호에 나섰는데 삼번을 평정하는 중대한 시기임에도 불구하고 연이어 12일 동안 장계를 읽지 않을 정도였다.

또한 갈단정벌에 나섰을 때도 황태자를 북경에 남겨두어 정무를 처리하게 했다. 평소에도 황태자는 강희제를 도와 정무와 군무를 처리하였다. 이처럼 윤잉이 황태자 신분으로 33년간 조정에 머무는 동안 자연스레 태자당이 형성되는 계기가 되었다.

황태자그룹

사망한 황후의 조부는 소니였고, 아버지는 시위대를 총괄하는 내

대신 가쁘라(布喇)였으며 숙부는 대학사
겸 시위총괄 내대신 소어투였다. 소어
투가 도당을 결성하고 황태자를 받들
면서 대권 도전에 앞장섰기 때문에 강
희제는 소어투에게 이런 상황에 대해
경고했다.

도포를 입은 옹정제

"그대들이 배후에서 획책하는 일이
나 상호 결탁해서 꾸며대는 일들 그리
고 타인을 보함하는 언행들이 공개할
수 없는 것들임은 스스로도 잘 알고 있을 테지!"

황제인 강희제도 도당의 힘에 생명의 위협을 느꼈는지 "언제 독살
되고 암살될지 몰라서 날마다 경계를 늦출 수 없을 정도로 심신이 편
안할 때가 없다"고 토로했을 정도였다. 결국 소어투를 처결하라는 어
명을 내림과 동시에 황태자에게도 경고를 했다. "소어투가 너를 도와
꾸몄던 모든 수작들을 나는 익히 알고 있다. 그래서 소어투를 처형한
것이다." 그러나 황태자는 근신하기보다 점점 더 기고만장하였다.

강희 47년(1708) 목란수렵장에서 황제인 강희제는 "황태자가 조상
의 덕행을 본받지 않고 짐의 훈계에도 아랑곳하지 않으며, 방자하고
난폭하며, 음란하기 그지없다"면서 윤잉을 황태자 위에서 폐위시켰
다. 선고문을 읽던 강희제는 눈물을 흘리기까지 했지만 화가 풀렸던 것
은 아니었다. 강희제는 이 사건으로 6박 7일 동안 식음을 전폐하고 눈물
을 흘리다가 급기야 풍까지 맞고 왼손으로 장계를 교열하기도 했다.

황태자 폐위사건은 대권에 야망을 품은 황자들로 하여금 도당을

결성하고 호시탐탐 대권을 노리게 하는 결과를 초래했다. 황태자그룹 이외에도 8황자그룹과 4황자그룹이 추가로 결성되었다.

8황자그룹

8황자는 재능과 덕행을 겸비하여 내외경영에서 두각을 드러내며 신하들로부터 신망도 두터웠다. 황태자가 폐위되자 8황자가 도당을 결성하고 황태자 지위를 넘보기 시작했다. 장남인 윤제는 혜비의 서출인 데다가 파직된 대학사 명주가 외숙이었기 때문에 애초부터 황태자 지위를 넘볼 자격이 없었다. 하지만 혜비가 일찍이 8황자를 돌봐주었던 인연으로 둘은 곧바로 결탁하였다. 9황자, 10황자, 14황자(윤진의 친동생)와 대신 아링어(阿靈阿), 어룬따이(鄂倫岱), 퀘이쒸(揆敍), 왕홍서(王鴻緖) 등이 8황자를 지지했다.

황장자 윤제는 비리가 탄로 나면서 작위를 박탈당하였다. 대신들은 황태자의 자리를 공석으로 놔둘 수 없다며 하루속히 황태자를 세울 것을 강희제에게 건의했다. 강희제는 황태자가 될 만한 사람을 천거하라며 대신들의 의중을 떠보았다. 대학사 마제 등은 일제히 8황자를 천거했다. 그러자 8황자는 자신이 황태자가 될 수도 있다는 가능성을 보았고, 일부 형제들과 조정대신들도 분분히 그에게 줄을 대기 시작했다. 이렇게 8황자 중심의 새로운 정치집단이 결성되었다.

결국 8황자의 정치적 야욕은 들통이 나고 작위를 박탈당하고 말았다. 14황자가 자비를 베풀 것을 요청하자 진노한 강희제는 '보검을 뽑아들고 14황자를 베려하였다. 5황자는 무릎을 꿇고 강희제의 다리를 붙잡으며 사정했다.' 나머지 황자들도 머리를 조아리며 황제의 진정을 간청했다. 화가 조금 풀린 강희제는 황자들에게 채찍으로 14황자를 매우 치라고 명했다.

황태자 지위를 놓고 여러 황자들이 치열한 쟁탈전을 벌이자 사태의 심각성을 깨달은 강희제는 강희 48년(1709)에 다시 윤잉을 황태자로 복위시켰다. 한 번 폐했던 황태자를 두 번 폐할 수 있다는 사실을 황자들이 모를 리 없었다. 하지만 황태자그룹과 8황자그룹의 투쟁은 점차 격화되었다. 강희 51년(1712)에 강희제는 또다시 황태자를 폐위시켰다. 황태자당을 사무치게 미워했던 강희제가 이번에는 엄벌을 내렸다.

상서였던 제세무를 '쇠못으로 성벽에다 박아 죽이라'고 했고, 옥사한 보병통령 퉈허치의 뼈는 줄로 쓸어서 태워버리게 하였다. 그러는 동안에 이들 두 그룹 사이에서 관망세를 취하던 4황자도 점차 정치세력을 구축해 나갔다.

4황자그룹

이 그룹의 핵심인물은 13황자와 17황자 그리고 웅사이(隆科多)와 연

옹정행락도

옹정행락도 속의 사립수조(蓑笠垂釣)

갱요이다. 워낙에 속이 깊었던 윤진은 주변정세를 주도면밀하게 관찰해 나가는 한편, 자신이 황태자의 지위를 넘본다는 사실을 전혀 내색하지 않았다. 그러면서 황태자의 폐립이 자신에게 미칠 영향을 예의 주시하였다.

4황자 윤진은 8황자그룹에는 아부하거나 맞서지도 않았다. 그는 '자신의 본분을 조용히 지키면서' 강희제의 말을 잘 듣는 척하였을 뿐만 아니라 독실하게 불교를 신봉하면서 적잖은 선행을 베푸는 등 교묘하게 자신을 위장했다. 또한 강희제에게는 충성을 맹세하고 형제들과는 최선을 다해 사이좋게 지냈으며 조정대신들과도 우호적인 관계를 유지했다. 하지만 친동생인 14황자와는 거리를 두면서 8황자와의 지속적인 왕래를 방치해 두었다. 황태자와 8황자 두 그룹 사이에 사투가 벌어지면서 강희제와 왕공대신들은 두 그룹 쪽으로 시선을 돌렸고, 4황자는 조용히 앉아서 어부지리를 취했다.

황위를 도모하기 위해 4황자는 속내를 감춘 채, 온갖 수단과 방법을 동원했다. 강희 51년(1713), 4황자의 심복이던 대탁은 다음과 같은 계략을 꾸밀 것을 권고했다.

영명하신 아바마마의 아들로 남아야 합니다. 재능을 지나치게 숨기자니 아바마마께서 포기할까 두렵고 그렇다고 지나치게 드러내자니 아바마마의 의심을 살까 두렵습니다. 이것이 가장 어려운 일입니다. 형제들과의 관계는 수족처럼 처리해야 합니다. 이곳에 좋은 피리가 있으면 저기엔 좋은 비파가 있고 이곳에 다툼이 있으면 저기엔 승자가 있기 마련입니다. 이것이 가장 어려운 일입니다. ……

여러 황자들과의 관계처리에서는 드넓은 포용력을 갖춤으로써 재능 있는 자들이 이를 시기하지 않고 재능 없는 자들의 의지처가 되어야 합니다.

이는 강희제에게 충성을 보이되 적당히 자신의 재능을 드러내야 한다는 충고이다. 재능을 드러내지 않으면 영명한 강희제의 눈에 들지 않을 것이고 지나치게 드러내면 강희제의 의심을 부르게 되니, 형제에게는 우애를 과시하고 넓은 아량과 포용력을 길러 화목하게 지내라고 조언하고 있다.

일에서든 사람에 대해서든 인내하고 양보하는 모습을 보여줌으로서 유능한 자가 시기하지 않고 무능한 자의 든든한 의지처가 되어야 한다는 것이다. 이러한 계책에 따라 4황자는 황태자 지위 쟁탈전에서 암초를 피해 한 발짝씩 한 발짝씩 황제의 보좌를 향해 나아갔다.

철저한 충성심

윤진은 강희제의 신뢰야말로 자신의 목표실현에서 가장 중요한 포인트라는 사실을 잘 알았다. 그는 강희제에게 끝까지 충성하리라 맹세했다. 다른 형제들이 황태자 지위를 놓고 치열한 공방을 벌일 때, 그는 오히려 강희제에게 충성심을 드러냈다.

특히 공개적인 경쟁은 자제했으며 강희제의 건강을 걱정하였다. 황태자 폐위사건으로 강희제가 드러눕자, 그는 즉시 입궐하여 어의를 선별할 것과 형제들 가운데서 약성을 아는 3황자, 5황자, 8황자와 함께 강희제에게 올리는 처방과 탕약에 대해 점검하고 자신이 직접 약

시중을 들겠다고 간청했다.

윤진이 올린 탕약을 복용하고 병세가 점차 호전되자 강희제는 내관에게 유지를 전하도록 했다.

"애당초 윤잉을 황태자에서 폐위시킬 때, 나서서 그를 위해 통사정한 사람은 아무도 없었다. 오직 4황자만이 형제간의 우애를 잊지 않았고, 누차 짐의 면전에서 윤잉을 감싸줄 것을 간청했다. 이러한 마음가짐을 지니고 행동하는 자야말로 큰일을 도모할 수 있다."

훗날 윤진 스스로도 이렇게 말했다. "40년 내내 짐은 뜻을 기르는 것을 기쁨으로 삼았고 효성과 공경을 다했기 때문에 아바마마는 형제들 중에서 짐이 가장 효성스럽다고 항상 치하하셨다." 그 효성이 보상을 받은 셈이다.

형제 우애

윤진은 형제들과의 관계 또한 자신의 목표실현에서 또 하나의 중대한 요소라는 점을 인지했다. 강희제를 따라 순행할 때 지은 '아침 일찍 일어나 도읍에 있는 여러 아우들에게 보내노라(早起寄都中諸弟)'라는 시구에서 "홀로된 기러기의 구슬픈 울음소리에 여행길 꿈속에서 소스라쳐 깨어났네. 봉긋봉긋 치솟은 천 개의 산봉우리를 보니 시정(詩情)이 절로 나는구려. 봉성(鳳城)에 있는 여러 아우님들도 서로를 떠올리고 있겠지. 나

옹정제 어필
– 하일범주시(夏日泛舟試)

중에 꽃을 마주하고 술 한잔 기울일 수 있지 않겠나"라고 하였다.

　기러기 떼의 일원이 될지언정 무리를 잃은 외톨이가 되는 것을 원치 않는다는 심경의 토로이다. 형제들과의 관계에서 그가 가장 중요시했던 두 가지 원칙은 '도당을 결성하지 않는다'와 '원한관계를 맺지 않는다'였다. 그래서 윤진은 황태자그룹과 8황자그룹 중 그 어디에도 가담하지 않았다. 아바마마에게 효성을 다하고 형제들에게 우애를 과시함으로써 윤진은 강희제와 형제들로부터 날아올 화살을 미연에 막을 수 있었다.

근면하고 신중한 태도

　4황자 윤진은 황태자의 지위 쟁탈전을 피해가면서 강희제에게는 효성스러움을, 형제들에게는 우애를 과시했고 대업에서는 근면함과 신중함을 최대한 연출해 냈다. 강희제가 시키는 일이면 무엇이든 최선을 다해 강희제가 만족하고 대신들도 고개를 끄덕이게 하였다. 또한 결혼을 하고 나서 30년 동안의 실질적인 정치훈련을 통해서 사회와 인생을 깊이 있게 인식할 수 있었다. 그가 황위에 오를 수 있는 필수조건을 마련한 셈이다.

계급용인(戒急用忍)

　윤진의 성격상 특징은 정서의 기복이 심하고 모든 일에 초조해한다는 점이다. 강희제도 일찍이 이에 대해 언급했다. 강희 41년(1702) 윤진은 강희제에게 "저는 이미 서른이 넘었습니다. 아바마마께서 은혜를 베풀어 '희노부정(喜怒不定)'이라는 네 글자만큼은 유지에 기입하

지 말아주실 것을 간청하나이다"라고 애
걸했다.

강희제는 그 요청을 받아들여 "이 문
구는 기록치 말라"고 하였다. 실제로 윤
진의 성미는 불같았다. 일찍이 옹정제는
대신들에게 "선제께서는 매번 짐을 훈계
하면서 모든 일에서 성급함과 초조함을
삼가고 인내심을 기르라고 타일렀다. 누
차 교지를 내리심에 짐은 문자로 옮겨 거
실에다 모시고 그것을 보면서 스스로 경
계하였다"고 말했다. 즉위한 뒤에는 '성

옹정제 대련(對聯)

급함을 삼가고 인내심을 키우라(戒急用忍)'를 좌우명으로 삼았다.

강희제는 말년에 황위 계승을 놓고 황자들이 갈등을 빚자 크게 상
심했고 이 일로 우울해하다가 운명했다. 그는 일찍이 "내가 죽거든 너
희들은 분명 나를 건청궁에 방치한 채 황권을 다툴 것이다"라고도 말
하였다.

자신의 신세를 춘추5패 중의 한 사람인 제환공의 말년과 비유한 것
이다. 제환공 말년에 다섯 아들이 당파를 결성하고 패권을 다투었는데,
제환공이 죽자 상호 공격에 나섰다. 날아든 화살이 환공의 시신에 꽂혔
는데도 아무도 아랑곳하지 않았다. 시신은 그렇게 67일 동안이나 입
관도 못한 채 방치되었고 구더기가 대문 밖까지 나올 정도였다. 이는
강희제가 말년에 얼마나 마음고생을 했는지 알 수 있는 대목이다.

강희제가 세상을 떠나고 4황자가 즉위하였다. 그가 곧 옹정제이다.

옹정제와 관련된 수많은 미스터리가 발현하는 순간이다.

골육상쟁으로 쟁취한 황위 등극

옹정제의 즉위에 대해서는 유지에 따라 황위를 계승하였다는 설, 유지를 고쳐서 황위를 찬탈하였다는 설, 유지도 없었는데 황위를 찬탈하였다는 설, 세 가지가 있다.

유지에 따른 황위 계승

옹정제가 유지에 따른 황위 계승이라는 근거로 3가지가 제시된다.

① 강희제가 자신을 대신해 천단에서 제천대전을 거행하게 했을 만큼 4황자 윤진을 신임한 것은 후계자로 세우려는 의지의 표명이다.

② 강희제의 유지가 바로 유력한 증거이다. 강희 61년(1722) 11월 13일 강희제가 위독했다. 『청성조인황제실록』에 의하면 강희제는 3황자, 7황자, 8황자, 9황자, 10황자, 12황자, 13황자 그리고 이번원상서 웅사이를 어전에 불러 '4황자 윤진은 인품이 어질고 짐에 대해 더없이 효성스러워 짐의 대통을 이을 적임자이니, 짐을 이어 황

원명원영도(圓明園咏圖) 속의 정대광명

위에 오르도록 하라'는 내용의 유지를 남겼다.

③ '강희유조(康熙遺詔)'가 증거물이다. '강희유조'는 현재 중국제1역사당안관에 보존되어 있다. 거기에는 '4황자 윤진은 인품이 어질고 짐에 대해 더없이 효성스러워 짐의 대통을 이를 적임자이니 짐을 이어 황위에 오르도록 하라'고 적혀 있다.

황위 찬탈

유지를 고쳐서 황위를 찬탈하였다는 주장의 근거로는 10가지가 제기된다.

① 윤진이 강희제에게 좋은 인상을 남겼고 또한 그를 대신해 천단에서 제천대전을 거행했을 만큼 신뢰가 두터웠던 것은 사실일 수도 있지만, 그것이 곧 강희제가 윤진을 후계자로 세우려는 의도가 되었다거나 유지를 남겼다는 증거가 될 수는 없다.

② 강희제는 11월 13일 인시에 3황자, 7황자 등 7명의 황자와 융사일을 대궐로 부르고 '4황자 윤진은 인품이 어질고 짐에 대해 더없이 효성스러워 짐의 대통을 이을 적임자이니 짐을 이어 황위에 오르게 하라'는 유지를 선포하였다고 한다. 그러나 그처럼 중대한 사항을 어찌 황위를 계승할 당사자인 윤진에게는 알리지 않았을까? 따라서 그것은 애초부터 없었던 것이며 윤진이 등극한 뒤에 꾸며낸 것이다.

③ 윤진이 강희제를 대신해서 제천행사를 거행하느라 현장에 없었다고 해도 사리에 맞지 않다. 그날 윤진은 선후 세 차례나 부름을 받고 어전에 들러 문안을 전했기 때문이다. 『청성조인황후실록』 강희 61년 11월 13일 기록에는 "4황자 윤진은 부름을 받고 황급히 달려왔

다. 사시에는 강희제의 침궁으로 들었다. 폐하께서 자신의 병세가 훨씬 더 악화되었다고 일렀기 때문이다. 이날 윤진은 세 차례나 침궁에 들러 문안을 올렸다"고 한다.

이때까지도 강희제의 의식이 분명했음을 알 수 있다. 그런데 오전 8시부터 오후 8시까지 12시간 사이에 3번이나 윤진을 불렀음에도 그에게 황위 계승 사실을 알리지 않은 까닭은 무엇일까? 역설적으로 강희제가 7명의 황자를 불러 윤진에게 황위를 넘긴다는 유지를 선포한 적이 없음을 말해주는 것은 아닐까?

④ 강희세가 죽은 뒤, 현장에 있던 사람들 가운데 유독 웅사이가 나서서 '4황자에게 황위를 전한다'는 강희제의 유지를 낭독했던 까닭은 무엇인가? 유지를 발표하는 현장에 다른 왕공대신과 형제들이 자리하지 않았던 까닭은 무엇인가? 이는 이른바 '강희유조'가 가짜임을 말해주는 증거일 수도 있다.

⑤ 부음이 전해지자 자금성의 9개 성문은 6일 동안 굳게 닫혀 있었다. 왕공대신들마저도 입궐명령이 떨어지기 전에는 대궐 내로 진입할 수 없었다. 이는 '옹정제가 정변을 일으킨 것은 아닐까?' 하는 의구심을 불러일으키는 또 하나의 빌미를 제공한다.

⑥ '강희유조'는 당연히 강희제가 임종에 앞서 작성하고 교열을 거친 뒤, 임종 당일(13일)에 즉시 발표했어야 했다. 그런데 16일에야 발표한 까닭은 무엇인가? 기록위조의 가능성을 시사하는 대목이다.

⑦ '강희유조'는 강희 54년(1715) 11월 21일의 유지를 수정하여 만들어졌음이 청사전문가에 의해 확인되었다. 강희제는 "이 유지는 이미 10년 전에 준비한 것이다. 만약에 유지를 남겨야만 한다면 이것과

다르지 않을 것이다"고 하였다. 이른바 '강희제의 유지가 온통 실수투성이'라고 보는 학자도 더러 있다.

⑧ 옹정제의 왕릉은 청동릉이 아닌 청서릉에 있음은 그의 황위 계승이 정당하지 못했기 때문에 아버지 강희제와 조부 순치제를 보고 싶지도 않았고 볼 면목이 없었기 때문이라는 견해도 있다.

⑨ 옹정제는 형제들을 살해하거나 감금했으므로 '입을 막으려 하였다'는 혐의에서 탈피하기 어렵다. 또는 표현하기 어려운 무언가 있지 않았겠느냐는 혐의가 있다(자세한 내용은 재론하겠다).

⑩ 황위에 오른 뒤 연갱요와 융사이를 주살한 것은 이들의 '입을 틀어막기 위한 조치였다.'

옹정제가 유지 개찬을 통해서 황위에 올랐다는 학설에는 또다시 적장자 지위 찬탈설과 황위 찬탈설 두 가지가 있다.

옹정제는 과연 적장자 지위를 찬탈했는가? 청나라는 황위 계승에서 적장자제도를 실시하지 않았다. 청태조, 청태종 때의 칸위나 황위 계승은 만주귀족회의를 통해 추대하는 방식이었다. 청세조가 처음으로 유조제를 사용하여 임종에 앞서 3황자 현엽을 황위 계승자로 지정했다. 강희제는 처음에는 윤잉을 황태자로 세웠다가 폐위시켰고 다시 세웠다가 또 폐위시켰다.

이처럼 청나라는 '적장자제도'를 실행하지 않았다. 옹정제가 황위에 오르기 전에 강희제는 황태자를 세우지도 못했는데 옹정이 무슨 적장자 지위를 빼앗았다는 것인가? 따라서 옹정제의 등극이 '적장자 지위를 찬탈하였다'는 설은 성립되지 않는다.

그럼 옹정제는 과연 황위를 찬탈했는가? 옹정제의 황위 찬탈 근거로 제시되는 것은 그가 친동생(14황자)의 지위를 탈취하였다는 것이다. 첫째, 강희제 의중의 후계자는 14황자였다. 그를 무원대장군(撫遠大將軍)으로 파견한 것

『흠정고금도서집성』

은 군공을 세워 군사대권을 틀어쥐게 하기 위한 것으로 후계자 육성의 일환이다. 둘째, 강희제는 임종에 앞서 옹친왕을 황위 계승자로 정한다는 유지를 남기지 않았다. '강희유조'는 위조로 만들어진 것이다. 강희제가 죽자 옹친왕의 도당들이 '황위를 14자에게 전한다(傳位十四子)'는 강희제의 유언장을 '황위를 4자에게 전한다(傳位于四子)'로 고쳤다는 것이다.

거기에는 윤진개찬설, 옹사이개찬설, 연갱요개찬설이 있다. 강희제가 무원대장군으로 서녕에 머물던 14황자에게 속히 대궐로 돌아와 황위를 계승하라는 유지를 보냈는데 당시 보병통령이던 옹사이가 이를 억류시키고 '황위를 4자에게 전한다'로 개찬하였다는 것이다.

이는 항간에 떠도는 소문으로 사실과 맞지 않다. 강희제가 '황위를 14자에게 전한다'는 유촉(遺囑)을 남겼다면, 당시 '于'자의 번체자는 '於'이기에 '十'자를 '於'자로 고치기 어렵다. 다음으로 당시의 행문(行文) 규범은 '皇某子'인데 '于'와 '四'자 사이에 '皇'자가 가로질러 있어 고치기 어렵다. 마지막으로 만주어는 청나라의 국문이다. 이처럼 중

요한 유촉은 당연히 만주어와 한문으로 작성했을 텐데 만주어에서 어떻게 '十'을 '于'로 고칠 수 있겠는가?

셋째, 옹정제가 이름을 고쳤을까 하는 문제이다. 혹자는 강희제의 유촉에 황위를 '胤禵'(14황자)에게 전한다고 명시했는데 '胤禵'과 '胤禛'이 자음이 같고 자형이 비슷하므로 '胤禛'으로 고쳤다는 것이다. 나중에는 『옥첩(玉牒)』의 이름마저도 고쳤다고 한다.

옹정제는 14황자의 이름을 윤제(允禵)로 고치라고 명령했다. 이것이 이른바 '옥첩이명(玉牒易名)'이다. 옹정제의 개명에 대해 학계에서는 여전히 의견이 분분하다. 4황자가 윤진이고 14황자는 윤정인데 옹정제가 황제가 되어 동생에게 윤제로 개명하라 명했다는 것과 형제의 이름에서 '胤'을 '允'으로 고치게 함으로써 피휘하였다는 것 등이다.

미루어 짐작해 보면 강희제가 임종에 앞서 14황자를 황위 계승자로 지목하였다는 설은 사실무근이다. 강희제가 만년에 황태자를 세우지 못했고 옹정제가 등극하기 이전까지도 황태자 지위가 공석이던 상태에서 옹친왕이 황태자 지위를 찬탈하였다니 말이 되지 않는다.

당태종은 '현무문 정변'을 일으켜 태자 건성을 죽이고 형의 왕위를 찬탈했고, 연왕 주체는 '정난의 난'을 통해 조카 건문제의 황위를 찬탈했다. 강희제가 죽은 뒤에 황위 또한 공석인 상태에서 옹정제가 '황위를 찬탈하였다'는 설 또한 성립되지 않는 것이다.

황위는 정당한가

옹정제가 유지를 받들어 즉위하였다고 하기에는 석연치 않은 점이 많다. 그렇다고 옹정제가 유지를 고쳐 황위를 찬탈하였다는 증거도 부족하다. 옹정제가 황위에 오른 것은 황위 쟁탈전에서 승리했기 때문이다. 그 전쟁은 40년 동안 진행되었다. 결국 황태자그룹과 8황자그룹이 실패했고 4황자그룹이 승리를 거둔 것이다.

옹정제의 황위는 정당하게 취한 것인가 아니면 역모를 꾸며 탈취한 것인가? 이는 윤진의 등극부터 지금까지 282년 동안 학계에서 끊임없이 논의되고 대중들에게 화제가 되었던 문제이다. 옹정제가 역모를 통해 황위를 찬탈하였다는 역사적 기록이 있는 것도 아니다. 역사는 승자의 기록이므로 정사에는 옹정제가 역모를 통해 황위를 찬탈하였다고 기록하지도 않는다.

강희제가 생전에 황위 계승의 유지를 남기지도 않았고 또한 황위 계승자를 암시하는 문헌 또한 남기지 않았다. 그러나 강희제가 죽고 옹정제가 대통을 이으면서 곧바로 황위 계승은 찬탈에서 비롯되었다는 이설이 전해지기 시작했다.

옹정제는 이런 논란에 친서를 써서 반박했고 『대의각미록(大義覺迷錄)』을 통해 자신의 억울함을 호소하기도 하였다.

황위 쟁탈전과 제기된 의문점

옹정제는 『대의각미록』에서 세인들이 제기한 '아버지를 모해하다(謀父)', '어머니를 핍박해 죽이다(逼母)', '형을 시해하다(弑兄)', '동생을 살육하다(屠弟)', '재물을 탐하다(貪財)', '살생을 즐기다(好殺)', '술을 탐닉하다(酒)', '색에 빠지다(淫色)', '아부를 좋아하다(好諛)', '아첨에 맡기다

(任)' 등 10대 죄목에 대해 일일이 변명하고 나섰다. 그러나 본인의 의지와는 달리 해명하면 할수록 점점 더 의혹이 커지는 꼴이 되었다.

옹정제가 펴낸 『대의각미록』

그렇다면 사실은 어떠했는가? 옹정제에게 가해진 죄목들이 과연 성립되는지 분석해 보자.

강희제를 독살했는가?

항간에는 윤진이 올린 인삼차를 마시고 강희제가 숨졌다는 독살설이 나돌기도 했지만 이는 윤리, 법리, 사리로 보아도 인정에 위배되고 합리성이 결여된다. 당시의 구체적 환경이나 주변조건으로 보더라도 그 가능성은 없다고 하겠다.

생모를 핍박하여 살해했는가?

『대의각미록』에서 옹정제는 "역서(逆書)에서는 짐에게 생모를 핍박하여 살해했다는 죄목을 덮어 씌웠다"고 하였다. 당시에 옹정제의 '생모핍박살해'설이 광범위하게 유전되었음을 알 수 있다.

옹정제의 생모 우야씨(烏雅氏)는 3형제를 출산했다. 윤진과 윤조(允祚, 5세에 죽었다) 그리고 윤제이다. 설에 따르면 옹정제가 즉위하고 윤제를 북경으로 불러 하옥시켰다고 한다. 황태후가 윤제를 만나보려 했지만 옹정제가 윤허하지 않자 홧김에 쇠기둥에 머리를 박고 자살하였다는 것이다.

막내아들이 옥고를 치르는데 어미가 어찌 애간장이 타지 않겠는가? 사람들이 옹정제 생모의 죽음을 그의 친동생 하옥사건과 연관시키는 것은 어쩌면 당연한지도 모른다.

형을 시해하고 아우를 살해했는가?

옹정제가 즉위하던 날 형제들은 불만을 토로했을 것이다. 강희제의 부음이 전해지면서 자금성의 9개 성문은 6일 동안 굳게 닫혀 있었고, 여러 형제들도 특명 없이는 대궐 내로 들어갈 수 없었다.

형세는 숨 가쁘게 돌아갔다. 당시 20세가 넘은 황자는 도합 15명이었다. 옹친왕의 맏형 윤제, 둘째 형 윤잉, 셋째 형 윤지, 다섯째 동생 윤기, 일곱째 윤우, 여덟째 윤이, 아홉째 윤당, 열째 윤아, 열둘째 윤도, 열셋째 윤상, 열넷째 윤제, 열다섯째 윤우, 열여섯째 윤록과 열일곱째 윤례이다.

맏형 윤제는 황태자 폐립과정에서 강희제의 미움을 사고 봉작까지 삭탈당한 채 가택연금 상태였다. 강희제는 사람을 보내 번갈아 감시하게 하면서 '감시를 소홀히 하는 자는 삼족을 멸하겠다'는 엄포를 놓았다. 결국 윤제는 우리 속에 갇힌 호랑이 신세가 되었다. 옹

옹정행락도 속의 불장상(佛裝像)

정제 12년(1734)에 죽었고 패자례로 장례를 치렀다.

둘째 형 윤잉은 폐위된 황태자로 함안궁에 연금되어 있었다. 하지만 여전히 마음이 안 놓였는지 옹정제는 그를 이군왕으로 책봉하는 한편 산서의 정가장에 유배를 보내고 그곳에 군사까지 주둔시켰다. 옹정 2년(1724)에 윤잉은 유배지에서 죽었다.

셋째 형 윤지는 원래부터 황위에 관심이 없었고 서책을 펴내는 데만 열중했다. 그러나 황위에 오른 옹정제는 '윤지와 황태자는 원래부터 가까웠다'는 이유로 윤지에게는 '경릉을 수호하라'는 어명을 내렸다. 이어 준화로 유배시켜 강희제의 능묘를 지키게 했다.

기분이 언짢았던 윤지가 쓴소리를 몇 마디 했는데 이를 알게 된 옹정제는 윤지의 작위를 삭탈하고 경산의 영안정에 유폐시켰다. 윤지는 옹정제 10년(1732)에 죽었다.

다섯째 동생 윤기는 강희제가 갈단을 정벌할 때 정황기를 통솔했고 나중에 항친왕으로 책봉되었다. 윤기는 도당을 결성하지 않았고 황위 쟁탈전에도 가담하지 않았다. 하지만 생트집을 잡아 윤기 아들의 작위를 삭탈했다. 윤기는 옹정 10년(1732)에 죽었다.

일곱째 윤우는 옹정 8년(1730)에 죽었다. 여덟째 윤이는 옹정제의 형제들 중에 가장 걸출하고 재능이 많았던 황자이다. 그러나 "황태자가 폐위되었을 때 윤이가 황태자 지위를 넘보았기 때문에 옹정제는 매우 유감스러워하였다." 즉위하고 나서 옹정제는 윤이와 그 도당들을 눈엣가시로 여겼다. 윤이도 이 사실을 알았고 내심 불쾌하게 여겼다.

옹정제는 이중수법을 썼다. 먼저 윤이를 친왕으로 책봉했다. 친왕 책봉을 축하하러 온 사람들에게 왕비가 "뭘 축하한다는 말입니까? 어떻게 하면 다시 빼앗을까 고심하고 있을 텐데?"라고 하였다. 이 말을 전해 들은 옹정제는 윤이에게 왕비를 처가로 내쫓으라고 명했다. 그러고는 다시 트집을 잡고 태묘(太廟) 앞에서 종일토록 무릎을 꿇게 했으며, 나중에는 윤이의 친왕 작위를 삭탈하고 가택연금을 시킨 후 '아치나(阿其那)'로 개명하게 하였다.

'아치나'에 대한 해석은 학자마다 다르다. 과거에는 '돼지'라는 뜻으로 여겼지만 근래에는 '철면피'(염치없는 놈)로 해석하는 경향이 있다. 윤이는 온갖 고초를 겪다가 끝내 살해되었다.

아홉째 윤당은 윤이와 도당을 결성하였다는 이유로 옹정제의 미움을 샀다. 윤당도 이를 잘 알았고 스스로 '출가하여 속세를 떠나리라' 작심했다. 그러나 옹정제는 출가를 윤허하지 않았다. 옹정제는 트집을 잡고 윤당의 이름을 족보에서 삭제했다. 그리고 이름을 '싸이스헤이(塞思黑)'로 고쳤다. '싸이스헤이'도 '아치나'와 마찬가지로 과거에는 '개'라는 뜻이라 보았지만 근래에는 '철면피'(염치없는 놈)로 해석한다.

얼마 뒤 윤당은 28개의 죄목이 씌워진 채 보정으로 이송되었는데 옹정제는 직예총독 이불에게 형틀을 씌우고 감금하라고 하였다. 보정의 옥사에서 온갖 괴로움을 당하다가 배앓이로 유폐된 곳에서 죽었는데 독살되었다고 전해지기도 한다.

열째 윤아도 윤이와 도당을 결성했던 일로 옹정제의 미움을 샀다. 옹정 원년(1723) 커얼커의 대칸이 북경에 왔다가 병으로 죽었다. 커얼커로 영구를 돌려주면서 옹정제는 윤아에게 칙서를 갖고 가서 제사를 지내주라고 명했다. 병을 핑계로 떠나려 하지 않자 윤아에게 장가구에 머물러 있으라고 하고는 트집을 잡아 작위를 삭탈한 후 체포하여 북경으로 압송하였다. 건륭 2년(1737)에야 풀려났고 그 뒤에 죽었다.

열둘째 윤도는 강희제 말년에 양황기의 만주도통으로 임명되는 등 크게 중용되었다. 권한도 막강했지만 도당을 결성하여 왕위를 넘보지는 않았다. 옹정제는 즉위한 뒤 윤도를 이군왕(履郡王)으로 책봉하였지만 곧 '구사버이즈상행주(固山貝子上行走)'로 강등시켰다. 친왕에서 버일러보다도 직급이 낮으며 실질적인 작위가 주어지지 않는 버이즈로 강등시킨 것이다. 얼마 뒤에는 진국공으로 강등되었다. 건륭이 즉위하고 나서 이친왕으로 복권된 윤도는 다른 형제들보다 수명이 유난히 길었는데 건륭 28년(1763)에 78세로 운명했다.

열넷째 윤제는 옹정제와는 한 배의 형제지만 8황자 윤이와 도당을 결성했다. 또한 강희제가 임종에 앞서 '윤정(胤禎)'에게 황위를 전하라는 유조를 옹친왕 일당이 '윤진'으로 고쳤다는 소문이 파다해지면서 친형제는 불공대천의 원수가 되었다. 옹정제는 즉위한 뒤, 무원대장군 윤제가 황도로 와서 문상하지 못하게 했다. 또한 준화의 강희제 침릉인 경릉을 지키라는 어명을 내렸다. 마지막으로 윤제 부자를 경산의 수황전에 감금시켰는데 건륭제가 즉위한 뒤에야 이들은 비로소 석방되었다.

열다섯째 윤우는 옹정제의 명을 따라 강희제의 경릉을 지켰다.

그나마 처지가 괜찮았던 형제를 꼽는다면 열셋째 윤상과 열여섯째 윤록 그리고 열일곱째 윤례였을 것이다. 윤상은 일찍이 강희제에 의해 감금된 적이 있는데 원인은 분명치 않다. 옹정제는 윤상을 이친왕으로 책봉하고 각별히 신임했다. 윤록은 장친왕 붜궈둬(博果鐸)의 양자가 되어 장친왕의 작위를 세습하고, 윤례는 옹정제에 의해 과군왕으로 책봉되었다가 친왕으로 승진했다. 처음에는 이번원의 사무를 보다가 종인부의 종령이 되었고 호부를 관장했다. 윤상과 윤례는 오래 전부터 '4황자그룹'에 가입했는데 워낙에 은밀했기 때문에 강희제 생전에 폭로되지 않았다.

이처럼 옹정제는 즉위하고 나서 골육형제에 대해 악랄할 정도로 각박하게 대하였다. 가까운 신하들은 더더욱 사정을 봐주지 않았다. 연갱요와 웅사이가 그 대표적 사례이다.

연갱요는 한군양황기 사람이다. 아버지 하령은 관직이 호광총독에 올랐고 누이는 윤진을 섬기나가 나중에는 황귀비가 되었다. 연갱요는 강희제 때 사천순무와 정서장군을 지냈고 청장(靑藏, 청해, 티베트)에서 군공을 세웠다.

옹정제가 무원대장군 윤제를 북경으로 소환할 때, 연갱요에게 대장군의 인장을 관리하게 하였다. 옹정 3년(1725) 2월, 연갱요가 『하소』에서 '조건석척(朝乾夕惕)'을 '석척조건(夕惕朝乾)'으로 썼다는 이유로 옹정제는 문자옥을 일으키고 연갱요의 장군직을 파면시켰다. '조건석척'은 『주역』에 나오는 말로 조석을 다투면서 근면하고 노력한다는 말이다. 옹정제는 연갱요가 자신에게 '조건석척'의 미명을 주기 싫어서 고의로 그렇게 썼다고 보았다. 그해에 연갱요에게 92가지 죄명을 씌웠고, 결국 옥사에서 자살하라고 명했다. 그의 아들 가운데 넨푸(年富)는 참수하고 나머지 15세 이상은 모두 변방으로 유배를 보냈다.

또 다른 전설로는 옹정제의 생모가 연갱요와 사통하여 입궐 8개월 만에 옹정을 낳았기 때문에 옹정은 사실상 연갱요의 사생아라는 것이다. 이 때문에 '강희유조'를 고친 인물이 연갱요라고 지목되었을 정도이다.

연갱요의 생년월일은 분명하지 않다. 그는 강희 37년(1698)에 진사에 합격되었는데 그해 윤진은 21세였다. 여기서 옹정제와 연갱요가 별반 나이 차가 없음을 알 수 있다. 둘은 결코 두 세대가 될 수 없다. 이는 여불위가 조희를 임신시키고 진나라 장양왕에게 시집보내 진시황을 낳았다는 이야기를 이식해 온 것으로 짐작된다.

옹사이는 만주양황기 사람이다. 아버지는 1등공 퉁궈웨이이며 여동생은 강희제의 효의인황후(孝懿仁皇后)이다. 옹사이는 강희제 만년에 이번원상서, 보군통령을 지냈다. 강희제가 죽자 윤진에게 황위를 전한다는 '강희유조'를 선포하고 상례기간 내내 황성의 9개 성문을 감독하면서 황성을 지켰다.

『청궁십삼조연의(清宮十三朝演義)』에서는 강희제가 죽자 옹사이는 건청궁의 '정대광명(正大光明)'의 편액 뒤편에 있던 '강희유조'를 꺼내 '14자에게 황위를 전한다'를 '4자에게 황위를 전한다'로 고쳤다고 한다. 이는 앞서 설명했듯이 불가능한 일이다. '비밀리에 후계자를 세우는' 제도는 옹정제 원년부터 시작되었으니 이를 강희조에다 접목시킨 것은 사실을 잘못 이해한 것이다.

옹정제의 즉위가 외숙 옹사이와 밀접한 관련이 있었음은 분명하다. 옹정제가 즉위한 뒤 옹사이는 "백제성(白帝城)에서 어명을 받는 날은 곧 죽음이 임박한 날이다"라고 말했다. 비록 1등공, 이부상서, 태보 등의 관직을 지냈지만 옹정제는 옹사이에게 41개 항의 죄목을 씌우고 창춘원 밖에다 초가삼간을 지어 살게 하는 등 종신형을 내렸다. 옹정 6년(1728) 6월 옹사이는 그곳에서 죽었다.

옹정제에게 있어서 연갱요와 융사이는 토사구팽과 같은 존재였다. 그들은 나아갈 줄만 알았고 물러날 줄을 몰랐기 때문에 화를 자초했다. 『청사고』의 논자는 이렇게 말했다. "융사이와 연갱요는 권세를 믿고 멋대로 행동했기 때문에 결국 화를 불렀으니 이는 자고로 성인들이 경계했던 것이다."

자신의 형제와 가까운 신하를 대한 데서도 옹정제의 성격과 속이 얼마나 협소한지를 알 수 있다. 옹정제의 성격에는 양면성이 있다. 겉과 속이 다르고 앞과 뒤가 달랐다. 그런데도 황위에 오를 수 있었던 깃은 다른 형제들보다 총명했기 때문이 아니다. 황자로 있을 때부터 그는 자신의 단점을 감추고 장점을 최대한 발휘했다.

옹정제는 강희제에게 효성을 다하고 형제간의 우애를 돈독히 하며 모든 일에 열심을 다하는 장점을 지녔다. 반면에 잔학하고 각박했으며 시기와 의심이 많다는 단점도 지녔다. 또한 위선적이면서 성격도 급했다. 위선은 '잔혹하고 각박하며 시기와 의심이 많은' 성격의 취약점을 감출 수 있었고 특히 황위를 노리는 그를 은폐시켰다. 따라서 황권 쟁탈전에서 옹정제가 최종 승리를 할 수 있었다.

옹정제의 이중적 성격은 그가 황위에 오를 수 있었던 비결이며 황위를 공고히 할 수 있었던 비법이기도 하다. 황위에 머물 때는 최대한 검소함과 백성을 사랑하는 마음을 드러냄으로써 사치와 잔인성을 눌러 절제했다.

근래에 옹정제와 관련한 학술논저와 예술작품에 그려진 것은 오직 검소함만을 강조했을 뿐 사치성을 외면하는 경향이 있다. 물론 옹정제도 정치가였던 만큼 시비공과를 평가할 때 주안점을 그의 성정이나 품격에만 고정시켜서는 안 되며, 황위 쟁취에서의 정당성 여부에만 기준을 맞춰서도 안 될 것이다.

황권 쟁탈전은 만주종실 내부에서 형제들 간의 이익배분과 권력투쟁의 결과이므로 옹정제의 입장에 서서도 안 되고 기타 형제들의 입장에 서서도 안 된다. 오직 객관적인 입장에서 이 사건들을 주목해야 할 것이다. 옹정제에 대한 평가에서 가장 중요한 것은 그가 중국 역사와 인류문명에 어떤 역할을 했는가에 있다.

위를 잇고 아래를 여는 개혁

옹정 원년(1723)은 청나라가 관내로 들어온 지 80년이 되던 해이다. 사회모순이 얼기설기 뒤얽혀 있었고 뿌리 깊게 작용하고 있었다. 옹정제는 왕성한 기력, 해박한 학식, 풍부한 경력과 더불어 뛰어난 결단력으로 커다란 성과를 거두었다. 강희제가 너그럽고 인자함을 숭상하였다면 옹정제는 엄숙함과 맹렬함을 숭상하였다.

옹정제 재위 13년 동안의 최대 특징을 꼽는다면 '개혁' 이라 할 수 있다. 따라서 옹정제를 개혁형 황제라 불러도 무방할 것이다. 옹정제의 개혁조치를 살펴보자.

위군난(爲君難)이 새겨진 옹정의 옥새

이치(吏治) 정돈

강희제는 만년에 너그러움과 인자함을 표방했던 탓에 이치는 느슨해졌고 점차 부패가 성행했다. 장기간의 황자생활 과정에서 옹친왕은 강희제 만년의 폐정에 대해 누구보다도 잘 알았다.

옹정 원년 정월에 그는 과감하고 신속하게 다음과 같은 11개의 유지를 반포하였다.

> 각계 문무관료들은 뇌물수수나 청탁행위를 삼가다. 국고를 축내고 사리만 쟁기지 말라. 허명으로 군자금을 수령 또는 탐닉하지 말라. 뇌물을 받고 죄인의 죄를 무마시키지 말라. 운반비를 떼먹지 말라. 공갈과 협박으로 하급 관리나 백성을 괴롭히지 말라. 제멋대로 위법행위를 저지르지 말라. 이 유지에 따르지 않는 자는 반드시 엄벌에 처할 것이다.

2월에는 국고를 축낸 각급 관리들의 관직을 삭탈하고 장물을 회수했으며 다시는 이들을 관직에 유임시키지 말라는 어명을 내렸다. 3월에는 각성의 도독과 순무, 장군과 막료들의 이름을 각급 부처에 통보해 올리라고 했다. 또한 외출하는 관리들이 부하를 시켜서 지방 관리에게 금품을 요구하는 행위를 금지시켰다. 호부의 은화 250만 냥이 탕진되자 호부에서 근무했던 모든 관리들에게 배상하라 명하고, 그해 회고부(會考府)를 설립하여 예산을 심리, 정돈하게 하였다. 이때 관직을 삭탈당한 각계 관리들이 수십 명에 달했는데 대부분이 3품 이상의 고위직이었다.

『청사고·식화지』에는 "옹정제 초기에 지출을 정리했기 때문에 수입도 제법 늘어났다"고 하였다. 역사학자들은 "옹정제는 이치를 정리 정돈했으며 구습을 타파하고 탐관오리를 징계했는데 그야말로 천년에 한 번쯤 있을 만한 개혁 조치였다. 당시 관리들은 청렴성을 본받는 것이 크게 성행하였다"고 평가하고 있어 옹정제의 이치 정돈 성과를 말해주고 있다.

밀절제도 실시

밀절(密折)이란 기밀문서를 말하는데, 접은 종이에 장계를 쓰고 겉에다 봉투를 덧씌운 것을 절(折)이라 한다. 옹정제는 강희제 때부터 실시되었던 주절(奏折)제도를 더욱 완비시켰다.

황제로부터 특별 윤허를 받은 관리에게만 장계를 올릴 수 있는 자격이 주어지는데 자격이 부여된 관리는 강희제 때는 100명에 불과했지만 옹정제 때에는 1,200명으로 늘어났다. 장계내용을 보면 비바람에서부터 사회풍속, 관가비밀, 가정비밀에 이르기까지 폭넓은 내용을 담고 있다.

황제는 장계를 통해 관리와 교류하고 현장에서 벌어지는 실제 상황을 파악할 수 있었다. 또한 장계의 처리과정은 '내각 신료에게 알리지 말라'는 규약 때문에 그들로부터 자유로울 수 있었다. 관리들은 상호 감시

옹정조의 밀절

하고 밀고하여 전제권력을 강화시켰다. 현존하는 옹정제 때의 만문과 한문 장계는 총 4만 1,600여 건에 이르며, 이는 옹정제 시기를 연구하는 소중한 자료가 된다.

군기처 창설

옹정제는 군기처(軍機處)를 창설하여 황제의 정책결정과 행정을 보필하는 기구로 삼았다. 자금성 융종문 내 북측에 거점은 두었는데 군기대신은 인원이 고정되어 있는 것은 아니며 적게는 2명, 많게는 9명이 있다. 주요 업무는 매일 황세를 알현하고 군정업무를 상의해 처리하며 황제의 교지를 각 부처와 지방에 하달하는 것이다.

황제의 면전에서 교지를 받들고 공문으로 작성하는 데 조정에서 직접 발부하는 것을 '정기(廷寄)'라 한다. 정기의 봉투에는 '모모 부처 모모 관리가 개봉하라'고 적고, 병부 첩보처에서 발송한다. 공문은 일반적으로 필사해서 보존하는 데, 황제가 교열한 주절을 필사하여 사본으로 남기는 것은 '녹부주절(錄副奏折)'이라 한다. 이러한 제도는 수많은 자료의 보존을 가능하게 했다.

청나라 초기의 군정요처로는 3곳이 있었다. 하나는 의정처이고 또 하나는 내각이며 나머지는 군기처이다. 의정처는 만주시절 이미 존재했던 것으로 의정대신은 왕공과 귀족으로 구성되었으며 중요한 정사

군기처 숙직실

에 참여할 수 있었다. 나중에 내삼원(內三院)을 설치했는데 훗날 내각 전신이다. 군무는 의정처에서 하고 정무는 내각에서 처리했다. 따라서 의정처의 권력은 점차 약화되다가 건륭제 때 전면 철폐되었고, 내각은 명나라의 제도를 모방한 것으로 점차 의정처를 배척하였다.

군기처가 창립된 뒤 군정은 군기처에 소속되었고 일반정무는 내각에 귀속시켰다. 군기처의 권한은 내각보다 훨씬 상위에 있었는데 대학사의 권력이 군기대신에 의해 분할되면서 내각의 역할은 점차 기무에서 밀려났다. 대학사 겸 군기대신만이 일부 실권을 갖고 있었으며 내각대신은 유명무실했다.

군기처의 설립은 황제전제가 극으로 치달았음을 나타낸다. 명대의 내각은 황권에 대해 일정한 구속력을 지녔다. 조령 등은 내각이 책임지고 작성해서 하위 조직으로 발송하는 데 내각대신은 조령에 대해 반박할 권한이 있다. 그러나 군기처가 성립된 뒤로는 왕공귀족과 내각대신을 모두 배제하였기 때문에 군기처를 통해 청나라 황제는 모든 국가기강을 독단할 수 있었다.

개토귀류 실시

운남, 귀주, 광동, 광서, 사천, 호남, 호북 등 소수민족들이 주로 거주하는 지역은 대대로 세습해 오던 토사(土司, 부족의 족장을 말하며 土官이라 하기도 한다)가 관할하였다. 전에도 '개토귀류(改土歸流)'를 실시한 바 있었지만 옹정제 때는 전면적으로 실시되면서 토사제도는 완전 폐지되었다. '개토귀류'는 이들 소수민족 거주지에 부(府), 청(廳), 주(州), 현(縣)을 설립하고 토사의 세습이 아니라 중앙에서 파견된 임기제의 '유관(流

官)'이 지배하는 제도이다.

개토귀류의 실시를 통해 옹정제는 토사의 세습특권과 이익에 타격을 가함으로써 서남지역 소수민족에 대한 부담을 줄이고 지역경제문화의 발전을 촉진시켰다.

탄정입지 실시

중국 고대에는 토지세와 인두세를 분리 징수하였다. 강희 51년 (1711) 이후 "성세에 불어난 인정에게는 영구히 인두세를 걷지 않는다"는 세도를 시행했지만 그 이전에 태어난 인구는 여전히 인두세를 내야만 했다.

옹정제는 인두세를 지세에 편입시키는 제도를 실시했다. 이는 분명 중대한 개혁이다. 법적으로 인두세를 없앰으로써 토지를 소유하지 못한 빈곤층의 부담을 덜어주었다. 이 제도의 실시로 청나라의 인구는 급격히 증가하게 되었고, 도광제 연간의 인구수가 4억을 돌파하는 계기가 되었다.

천적 폐지

천적(賤籍)이란 사·농·공·상에 속하지 못하는 '천민'을 가리키는데 이들 신분은 대대로 세습되며 영구히 바꿀 수 없었다. 또한 과거시험에 응시할 수도, 관리에 임용될 수도 없었다. 대표적으로 절강의 타민(惰民), 섬서의 악적(樂籍), 북경의 악호(樂戶), 광동의 단호(蛋戶) 등이 있다.

전하는 바에 의하면 '타민'은 송·원 시기 죄인들의 후예라 한다. 남자는 개구리를 잡거나 국을 판매하는 데 종사했고 여자는 매파가 되거나 구슬 따위를 팔면서 때로는 매음까지 하였다. 이들은 '더럽고 비천'한 존재로 사람들로부터 천시되었다.

악적은 명나라의 연왕이 반란을 일으켜 건문제의 정권을 탈취하고 그를 옹호하던 관리와 처자식들을 교방사(敎坊司)의 관기(官妓)로 입적시켰다. 이들은 술시중을 들거나 몸을 파는 등 온갖 능욕을 치렀다. 안휘의 반당, 세부의 지위는 악호나 타민보다도 비참했다. 신분은 노예와 흡사했는데 조금이라도 기분이 언짢으면 누구든지 이들을 때릴 수 있었다.

단호는 광동 연해나 강가에서 수상생활을 하면서 조업을 통해 생계를 유지하고 육지로 올라와 거주할 수 없었다. 옹정제는 역사가 남긴 악호, 타민, 세부, 반당, 단호 등에 대해 그들의 천적을 폐지하고 정호(正戶)에 편입시켰다.

이외에도 정치가로서 옹정제가 후대에게 남긴 유산으로는 두 가지가 더 있다. 하나는 근정(勤政)이고 또 하나는 태자밀건법의 실행이다. 근정은 옹정제가 다른 제왕들과 뚜렷이 구별되는 특징이다. 중국 역사상 옹정제처럼 국정에 근면했던 제왕은 없었다. 재위기간 내내 '세상에서 근면성을 가장 앞세운다'고 자처했을 만큼 순행이나 수렵을 줄이고 내내 정사에만 몰두했다. 이는 그가 교열한 장계 건수만 보더라도 짐작이 간다.

현존하는 옹정제 때의 주절 4만 1,600건(한문주절 3만 5,000건, 만문주절 6,600건)은 재위하던 12년 8개월 동안의 것으로, 실제로는 약 4,247일 동안 매일 10건의 주절을 교열한 셈이다. 대부분이 야간에 진행한 것이며, 모두 신하들이 아닌 몸소 했던 것이다. 지시어가 1,000자가 넘는 경우도 있었다.

태자밀건법은 옹정제가 청대에 남긴 중요한 문화유산이다. 태자밀건이란 황제가 후계자를 발표하지 않고 비밀리에 지정하는 제도이다. 청나라 황제의 후계자 문제는 강희제 이전에는 제도화되지 못했다. 청태조 누르하치가 죽자 황위 계승을 둘러싸고 대비를 순장시키는 비극까지 생겨났고, 또한 청태종 홍타이지가 죽고 대렴(大殮)을 치르기도 전에 황위 쟁탈전이 벌어졌다.

청세조 순치제가 죽고 8세밖에 안 된 아이를 황위에 올렸는데 그나마 다행이었던 것은 청나라에 청성조 강희제라는 명군이 나타났던 것이다. 그러나 강희제가 황위 계승자를 정하지 못하고 죽자 다시 골육상잔의 비극이 벌어졌다.

'어떤 방법으로 후계자를 선출하는가'는 청나라 건국 100년 동안 줄곧 해결하지 못한 문제였다. 적장자제를 채택하는 것은 형제들 간의 쟁탈전은 막을 수 있지만 뛰어난 황제를 선출할 수 있다는 보장이 없고, 또한 명나라 멸망의 전철을 밟을 수도 있었다.

그렇다고 태자제도를 채택하자니 강희제의 실패 교훈을 이미 경험했던 것이다. 고심 끝에 옹정제는 황위 계승자를 공개하지 않고 비밀리에 내정한다는 아이디어를 내게 되었다. 황위를 아무개에게 전한다는 조서를 비단 상자에 넣고 밀봉하여 건청궁 정면에 걸려 있는 '정대광명'이라는 편액 뒤편에 두었다가 황제 사후에 이를 개봉하는 '태자밀건법'을 정했던 것이다.

이 제도는 그야말로 일대 개혁이었다. 여러 황자들 중에 뛰어난 실력자를 선택하는 데 유리했고, 황자들 사이에 있을 암투를 방지했으며 상대적으로 황위 계승의 평화적 절차를 보장하였다.

순치제는 강희제를 선택했고 옹정제는 건륭제를 선택했다. 둘 다 60년 동안 재위하면서 중국 왕조사의 '황금기'를 만들었다. 원대한 안목과 빼어난 학식을 갖춘 건륭제를 후계자로 내정한 옹정제의 선택은 단연 돋보인다 하겠다.

강희, 옹정, 건륭 3왕조에서 옹정제는 전대를 계승하고 후대를 여는 역사시기에 속한다. 옹정제는 강희제의 역사유산을 계승했고 만년의 폐정을 개혁함으로써 건륭 왕조가 번영할 수 있는 기틀을 마련하였다. 강희, 옹정, 건륭의 3대는 청나라 전성기에 속하고 또한 중국 왕조사의 전성기에 속하며 옹정제 재위 13년의 정치적 치적은 단연 탁월하였다고 말할 수 있다.

옹정제의 죽음과 관련된 비밀

옹정 13년(1735) 8월 23일 자시, 옹정제는 원명원에서 돌연사했다. 『청세종실록』과 『장정옥연보(張廷玉年譜)』에 따르면 옹정 13년 8월 20일, 몸이 조금 불편하다는 느낌이 들기는 했지만 평소처럼 옹정제는 신하를 불러 정사를 청취하였다. 21일 병세가 가중되었지만 여전히 정사에 몰두했다.

대학사 장정옥은 매일 입궐하여 상의를 한 차례도 중단한 적이 없었다. 4황자 보친왕 홍력(弘曆)과 5황자 화친왕 홍주(弘晝)는 어전에서 아침저녁으로 수발을 들었다. 22일 병세가 악화되어 어의가 응급처

치를 하였다. 23일 자시에 탕약을 들었지만 결국 세상을 떠났다. 전후 3일에 지나지 않으니 돌연사로 볼 수 있겠다. 그의 돌연사에 대해 관찬서에서는 원인을 밝히지 않았다. 따라서 옹정제의 사인을 둘러싸고 온갖 억측이 난무하게 되었다.

여사낭(呂四娘) 암살설

『청궁13조』, 『청궁유문(淸宮遺聞)』 등 야사에는 옹정제가 자객에 의해 암살되었다고 전한다. 전설에 의하면 여사낭은 여류량의 딸이라고도 하고 손녀라는 설도 있다. 아무튼 여류량이 문자옥으로 사형에 처해지고 일가족이 참수되거나 변방으로 유배를 가게 된다.

여사낭은 어머니와 노복 한 명을 데리고 탈출한 후 이름을 바꾸고 민간에서 숨어 지냈다. 여사낭은 무림고수를 스승으로 모시고 무예를 익혔는데 검술 실력이 일품이었다고 한다. 훗날 그가 변장을 하고 궁궐로 잠입해서 기회를 노려 옹정제를 암살했다는 설이 여사낭 암살설이다. 여사낭의 스승은 본디 옹정제의 검객이었는데 나중에 대궐을 떠났고 여제자 여사낭을 키웠다는 설도 제기된다. 이러한 민간전설은 200년 동안 유전되었다.

1981년에는 옹정제의 태릉지궁(泰陵地宮)을 발굴하려 했지만 출입구

경산의 수황전(壽皇殿)

태릉의 오공교(五孔橋)

를 찾지 못해 그만두었다. 그러나 민간전설에 따르면 옹정제의 관은 벌써 개봉되었고 시신도 머리는 없고 몸만 있다고 전한다. 이로써 옹정제가 여사낭에 의해 참수되었음을 증명하려는 건 아닐까? 하지만 이는 사실 무근이다. 여류량 사건이 있은 뒤, 조정에서는 여씨 일가 남녀노소에 대해 엄격히 단속했던 점과 여류량 부자의 무덤에 대해서도 엄히 감시했던 점을 들어 학계에서는 여사낭이 결코 도망할 수 없었다고 본다. 아무튼 여사낭 암살설은 신빙성이 결여된다 하겠다.

궁녀 액사(縊死)설

시악의 『범천려총록(梵天廬叢錄)』에는 이렇게 기록되어 있다.

"전설에 의하면 옹정 9년(1731) 궁녀와 태감 오수의, 곽성은 옹정제가 곤히 잠든 틈을 타서 노끈으로 목을 졸랐는데 숨이 곧 끊길 무렵 구출되었다. 이는 명나라 가정제의 이야기에서 비롯된 것이다. 명나라 가정 21년(1542), 양금영이라 불리는 궁녀는 가정제가 깊이 잠든 틈을 타서 노끈으로 그의 목을 졸랐는데 매듭을 잘못 지어 죽음을 면할 수 있었다. 일당 가운데 장씨라는 궁녀가 두려운 나머지 황후에게 밀고를 하고 황급히 달려가 노끈을 풀었지만 이미 숨진 상태였다. 황후가 어의 허신에게 응급조치를 취하도록 했다. 『명사·허신전』에는 '허신이 급히 약재를 조제하여 진시에 약을 썼더니 미시에 갑자기 소리를 내고 검붉은 피를 몇 되쯤 토하고는 곧바로 말을할 수 있었고 약재를 몇 첩 쓰고는 쾌차하였다'고 한다. 사후에 양금영 등에게는 능지처참형이 내려졌다."

옹정제와 가정제는 둘 다 묘호가 '세종(世宗)'이다. 옹정제가 궁녀에 의해 목졸려 죽었다는 이야기는 명나라 가정제가 궁녀에게 목졸려 죽었던 이야기를 이식한 것이다.

조설근과 축향옥 독살설

『홍루몽』의 저자 조설근에게는 축향옥이라는 연인이 있었는데 임대옥의 화신이라고 불릴 만큼 자태가 아름다웠다. 나중에는 옹정제에 의해 강제로 황후에 책봉되었다. 연인이 사무치게 그리웠던 조설근은 대궐에서 일하게 되었고 연인과 공모하여 단약(丹藥)으로 옹정제를 독살하였다는 것이 조설근과 축향옥 독살설이다. 역시 꾸며낸 이야기로 아무런 근거가 없다.

단약 중독설

옹정 7년(1729), 옹정제는 병에 걸렸는데 대신은 "폐하의 아래턱에 가끔 작은 부스럼이 돋아났다"고 했을 뿐 대체 무슨 병인지는 언급하지 않았다. 옹정제는 심복에게 비밀을 유지할 것과 용한 의원 또는 도사를 추천하라고 명했다. '내과나 외과의로 아주 뛰어난 의원이나 성명에 대한 수양이 깊은 자나 도사 그리고 유사들을 유심히 방문하라. …… 찾아내면 내게 알리고 이들을 북경으로 호송하라. 내게 쓸모가 있다.'

훗날 이위가 비밀리에 가사방이라는 도사를 추천하고 북경으로 들어가 옹정제의 병을 살피게 하였다. 옹정제는 도사와 단약에 지대한 관심을 보였는데 자양도인을 위해 도관까지 중건할 정도였다. 또한 장태허와 왕정건과 같은 도사들을 초대하고 원명원에서 단약을 빚게 하는 등 영단묘약과 불로장생을 추구했다.

옹정제를 이어 황위에 오른 건륭제는 장태허 등을 대궐 밖으로 쫓아내면서 대궐에서 벌어진 일을 한마디라도 누설해서는 안 된다고 경고했다. 이들에 대해 그처럼 엄한 태도를 보였던 것은 아마도 옹정제가 도사들이 빚은 단약을 먹고 중독사했다는 설과 관련이 있을 것이다.

근대사람 김량은 『청제외기(清帝外紀)·세종붕(世宗崩)』에서 "유독 세종의 죽음에 대해 정련한 단약을 복용했기 때문이라 전해진 데는 그럴 만한 이유가 있다"고 하였다. 양계초도 옹정제가 '단약을 복용하고 중독사했다'고 보았다. 이에 대해 "이런 논리들도 일리가 있지만 곰곰이 따져볼 필요가 있다"는 학자가 있는가 하면 "이런 유형의 궁중 비사는 확증이 요구되지만 자료를 구하기가 어렵다"고 말하는 사람도 있다.

중풍설

정천정은 옹정제가 "중풍에 걸려 죽었다"고 단정하였다. 이는 새로운 시각이지만 사료의 뒷받침이 요구된다.

한 마디로 옹정제의 죽음은 미스터리 그 자체이다. 옹정제는 황위에 오를 때부터 각종 루머에 시달렸을 뿐만 아니라 죽음에 관해서도 진실을 구별하기 어렵다. 이처럼 옹정제는 일생 동안 화제가 끊이지 않았고 또한 수많은 연구과제를 남긴 인물임에 틀림없다.

건륭황제

홍력

강희 50년(1711)~가경 4년(1799)

Chapter 6

건륭황제 홍력

청대의 가장 걸출한 황제를 꼽는다면 청태조 누르하치, 청태종 홍타이지, 청성조 강희제, 청고종 건륭제일 것이다.

건륭제는 이름이 홍력(弘歷)이고 25세에 즉위하여 60년간 집정했으며 태상황(太上皇)으로도 4년을 지냈다. 향년 89세이다. 건륭제의 실제 집정기간은 강희제의 실제 집정기간 53년보다 무려 10년이나 긴 63년이다.

조복을 입은 건륭제

건륭제는 중국에서 가장 장수한 황제이고 가장 장기간 집권했던 황제이다. 또한 그에 관한 민간전설이 가장 많고, 관찬서의 관련기록 가운데 의문점이 가장 많은 황제이기도 하다.

출생지의 비밀

청나라 12명의 황제 가운데 출생지가 불분명한 황제는 누르하치와 건륭제 둘뿐이다. 누르하치가 출생할 때는 만주문자가 없었고 그 또한 당시만 해도 그리 비중 있는 인물이 아니었다. 따라서 출생지가 불분명할 수도 있다. 그러나 건륭제는 옹정제의 4황자로 강희 50년(1711) 8월 13일에 태어났는데 출생지가 분명하지 않으니 수상하다고 볼 수 있다.

옹화궁설

출생지에 대해 부모도 명확히 언급하지 않은 것을 건륭제가 스스로 반복해서 설명하고 있다. 건륭제는 자신이 옹화궁(雍和宮)에서 태어났다고 보았다. 옹화궁은 라마교 사찰로 유명한데 북경 안정문에 위치한다. 강희제 때 이곳은 옹친왕의 저택이었고, 그가 아직 황자일 때는 옹화궁이라 하지 않았다.

즉위한 뒤 건륭제는 아버지 옹정제의 화상을 이곳 신어전에 봉안하고

평안춘신도(平安春信圖)

라마들에게 매일 염불하게 하였다. 나중에 이곳을 옹화궁이라 개칭하는데 건륭제는 시(詩)와 시주(詩注)의 형식으로 본인의 출생지가 옹화궁

임을 누누이 밝혔다.

① 건륭 43년(1778) 신정, 건륭제는 『신정예옹황궁예불즉경지감(新正詣雍和宮禮佛卽景志感)』에서 '여기에 올 때마다 출생시의 정경을 떠올린다(到斯每憶我生初)'고 하였다. 자신의 출생지를 옹화궁으로 지목하고 있음을 알 수 있다.

② 건륭 44년(1779) 신정, 건륭제는 『신정옹화궁첨례(新正雍和宮瞻禮)』에서 '서재와 누각이 있는 동쪽 행랑의 낯익은 길목에서 양친과 출생할 때의 정경을 떠올린다'고 하였다. 자신의 출생지로 옹화궁을 지목했을 뿐만 아니라 구체적인 장소(옹화궁 동쪽 행랑)까지 지정했다. 스스로 자신의 출생지를 옹화궁의 동쪽 행랑이라 했으니 좀 더 신빙성을 부여한 것으로 볼 수 있다.

③ 건륭 45년(1780) 신정, 건륭제는 또 한 번 옹화궁에서 예불하며 말했다. "12살에 이곳을 떠났는데 이젠 눈이 침침한 칠순 노인이 되었구려." 시주(詩注)에는 '강희 61년부터 조모의 은혜를 입으면서 옹화궁에서 자랐는데 옹정 연간에는 대궐에서 영영 거주하게 되었다'고 하였다.

④ 건륭 47년(1782) 정월 7일, 건륭은 『인일옹화궁첨례(人日雍和宮瞻禮)』의 시주에서 "사실상 나는 강희 신묘년에 이곳 옹화궁에서 태어났다"고 하였다. 신묘년은 강희 50년(1711)으로, 과거에는 정월 초 7일을 '인일(人日)'이라 했다.

진나라 동훈의 『답문례속설(答問禮俗說)』에 따르면 "정월 1일은 계일이고 2일은 저일이며, 4일은 양일이고 5일은 우일이며, 6일은 마일이고 7일은 인일이다"고 하였다. 매년 정월 7일이면 건륭제는 옹화궁에서 첨례를 올리고 평소 이곳을 지날 때도 잠깐씩 머물렀다.

⑤ 건륭 54년(1789) 정월 7일, 건륭은 또다시 『신정옹화궁첨례』에서 "제왕으로서의 치적을 이루기도 전에 벌써 늙어버렸다. 아직도 갓 태어났을 때의 정경이 떠오른다"고 하였다. 자주에는 '나는 강희 신묘년에 이곳 옹화궁에서 태어나 12살까지 조모의 가르침을 받으며 자랐다'고 기록되었다.

⑥ 이밖에도 『청고종어제시집(淸高宗御製詩集)』에 따르면 '첨례를 올리러 간 날은 마침 인일이었는데, 난 이곳 출생지를 잊을 수 없었다'고 하였다. 즉, 정월 7일에 옹화궁에서 첨례를 올렸는데 자신이 거기서 태어났음을 잊을 수 없다는 내용이다.

이상에서 건륭제는 일관되게 자신의 출생지를 옹화궁으로 지목했다. 아마도 만년에 자신의 출생지에 관련된 유언비어를 접한 모양이다. 그의 시구는 옹화궁출생설을 강조하기 위함이 분명하다.

승덕 피서산장설

건륭제 재위기간에도 그의 출생지에 대한 의문은 끊이지 않았고 나중에는 승덕(承德) 피서산장 출생설까지 제기되었다.

경전을 쓰는 건륭제

① 당시 조정에 관세명이라는 자가 있었다. 그는 강소 출신으로 건륭 43년(1778)에 진사에 합격하고 군기처에서 군기장경을 지냈던 탓에 대궐 내 비밀을 적잖이 알았다. 그가

건륭제를 수행하여 피서산장에 갔을 때 목란수렵장에서 '호필추선기 사삼십사수'를 지었다. 이 중 제4수에 건륭제의 출생지 관련 내용이 담겨 있다.

상서로운 무지개가 물가에 뜬 것을 감축하네　　慶善祥開華渚虹
태어난 곳에서 되레 옛적의 대궐을 떠올리네　　降生猶憶舊時宮
해마다 기일이 되면 향불을 피우려 떠나네　　年年諱日行香去
사자원 언저리에서 성은의 고마움을 느끼네　　獅子園邊感聖衷

시구의 원주에서 관세명은 "사자원(獅子園)은 폐하께서 태어난 곳으로 선제의 기일이면 이곳에서 임시로 머물렀다"고 했다. 사자원이 건륭제의 탄생지라는 점을 분명히 한 것이다.

사자원은 피서산장 외곽에 위치한 원림(園林)으로, 배후에 사자모양의 산봉우리가 있다 하여 사자원이라 불렀다. 강희제가 열하로 피서를 떠날 때 옹친왕은 황자 신분으로 수행했으며, 사자원은 옹친왕이 열하에서 머물던 숙소이다. 아무튼 관세명은 사자원이야말로 건륭제가 태어난 곳이 분명하다고 여겼다.

② 가경 원년(1796) 8월 13일, 건륭제는 태상황제의 신분으로 피서산장에서 86세 생일을 맞았다. 가경제가 수행하고 '만만수절솔왕공대신행경하례공기(萬萬壽節率王公大臣行慶賀禮恭紀)'라는 축시를 지었다. 여기서도 건륭제의 출생지에 대해 언급했다.

"신묘년에 피서산장을 축조했는데 복수(福壽)가 무량한 인연을 감축드립니다." 주석에는 "강희제 신묘년에 피서산장을 건축했는데, 선제께서는 그해 '도복지정(都福之庭)'에서 탄생하셨다"고 적었다. 강희제가 신묘년(강희 50년)에 '피서산장'이라는 편액을 썼고 그해에 건륭제가 그곳에서 태어났으니 경축할 만한 일이며 복수가 무량한 인연이라는 의미이다. 하지만 '도복지정'은 범칭일 뿐 반드시 피서산장을 의미하는 것이 아니라는 반론도 만만치 않다.

③ 가경 2년(1797), 건륭은 또다시 피서산장에서 생일을 지냈는데 이때도 가경은 '만만수절솔왕공대신행경하례공기'라는 축시를 지었다. 주석에는 건륭제의 출생지를 더욱 분명히 밝히고 있다. "존경하는 아바마마께서는 신묘년에 피서산장의 도복지정에서 탄생하셨다." 건륭의 탄생지를 가경제는 피서산장의 도복지정으로 못 박았다.

축시 주석에서 가경제는 건륭제의 출생지를 피서산장으로 확정짓고 있다. 그러나 10년 뒤 가경제는 건륭제가 피서산장에서 탄생했다는 자신의 견해를 포기하고 말았다. 무엇 때문일까? 새 황제가 등극하면 반드시 『실록』과 『성훈』(선제의 훈유)을 편찬하는 것이 관례이다. 가경 10년(1805), 가경제는 신하들에게 건륭 『실록』과 『성훈』을 편찬하라는 어명을 내린다. 가경제는 신하들이 올린 『실록』과 『성훈』의 원고를 읽다가 건륭제의 출생지를 하나같이 옹화궁으로 표기한 사실을 발견했다.

가경제는 편수대신에게 분명하게 조사할 것을 명했다. 한림 출신으로 문화전 대학사였던 유봉고(劉鳳誥)가 건륭제의 어필 시구를 찾아내고는 건륭제가 출생지를 옹화궁으로 지목한 곳에다 황색 서표를 끼워 가경제에게 검열하도록 요청했다. 선제의 어필 시구와 시주를 본 가경제는 그제야 문제의 심각성을 깨달았다. 출생지에 있어서 어찌 선제 본인의 의사를 어길 수 있겠는가! 가경제는 건륭제가 사자원에서 태어났다는 종전의 주장을 옹화궁에서 태어났다로 바꿨다. 가경제는 『실록』과 『성훈』에 실릴 건륭제의 출생지를 "강희 50년 신묘 8월 13일, 옹화궁에서 탄강하셨다로 기재하라"는 어명을 내렸다.

가경 25년(1820) 7월 25일, 가경제는 피서산장에서 돌연사했다. 군기대신 퇴진과 대균원 등은 가경의 '유지'를 작성하면서 건륭제가 피서산장에서 태어났다는 가경제 종전의 주장을 취하고 건륭제의 탄생지를 다시 피서산장으로 표기했다.

가경 25년(1820) 7월 24일, 가경제는 목란수렵장으로 추선을 떠났다. 그러나 피서산장 도착 이튿날 돌연사했다. 어전대신, 군기대신, 내무부대신 등이 가경제의 명의로 유지를 작성했는데 끝 부분에 '선제께서 탄생한 피서산장'이라는 문구를 넣었다. 즉, 건륭제가 피서산장에서 태어났다는 말이다.

이제 갓 즉위한 도광제(道光帝)는 이 문제점을 발견하고, 이미 일본과 베트남, 미얀마 등 속국으로 보내는 가경제의 유지를 중도에서 되찾아 왔다. 개서된 유지에서는 건륭제가 피서산장에서 태어났다는 본래의 자구를 건륭제의 화상을 피서산장에 모셨다로 고쳤다. 『실록』에 실린 개서된 뒤의 유지를 살펴보면 다음과 같다.

옛날에는 천자가 순수하던 곳에서 세상을 떠나는 일이 종종 있었다. 하물며 난양행궁은 해마다 찾던 곳이다. 아바마마의 화상이 이곳에 모셔져 있으니 내가 어찌 유감이 있겠는가!

도광제는 조부 건륭제의 출생지를 옹화궁으로 확정지었다. 따라서 일찍이 건륭제의 출생지를 피서산장으로 정했던 아버지 가경제의 시구와 시주를 고치지 않을 수 없었다. 가경제의 시는 이미 오래 전에 세상에 유포되었기 때문에 그것을 공공연하게 모두 수거하여 수정할 수는 없었던 모양이다. 미수정의 『가경어제시집』이 유전되면서 건륭제의 출생지에 대한 사람들의 의문은 더 커져만 갔다.

옹화궁인가, 피서산장인가는 아직도 미결의 숙제로 남아 있다. 일반인이라면 출생지가 어딘지 이처럼 궁금증을 자아내지는 않을 것이다. 하지만 건륭세는 다르다. 줄생지가 어디인지에 따라서 생모도 달라질 수 있기 때문이다. 사람들이 건륭제의 생모에 대해 그처럼 관심을 갖는 이유는 무엇일까? 생모가 '명문 출신'인가 '미천한 출신'인가에 따라 건륭제의 즉위와 대업에 엄청난 영향을 미치기 때문이다.

생모를 모르는 황제

건륭제의 생모 관련 정사기록은 "먼저 4품 전의관(典儀官)이었다가 다시 일등승은 공능주녀(一等承恩公凌柱女)로 책봉되었다"가 전부이다. 그러나 야사기록은 다르다. 열하 궁녀 이금계(李金桂)설, 내무부 시녀설, 바보설, 시골처녀설, 해녕(海寧) 진씨 부인설 등으로 난무하다.

건륭황제의 생모 효성헌황후

건륭제가 태후의 생신을 축하하는 모습 – 자녕연희도(慈寧燕禧圖)(일부)

건륭제의 생모는 과연 누구인가? 황제의 생모가 불분명한 경우는 청나라 12명의 황제 가운데 건륭제가 유일하다.

강희 50년(1711) 7월 26일, 강희제는 북경을 떠나 피서산장으로 향했고, 9월 22일에 자금성으로 돌아왔다. 옹친왕은 7월 26일에 열하에 들러 강희제에게 문안을 여쭈고 8월 13일 아들 홍력이 태어났다. 이 기간은 17일에 지나지 않는다. 다시 말해, 홍력이 피서산장에서 태어났다면 생모는 출산 17일 전에 피서산장으로 갔다는 얘기가 되는데 이게 가능할까? 건륭제의 생모가 달리 있었던 것은 아닐까?

야사와 민간에서 유전되는 전설 몇 개를 살펴보자.

진세관의 부인설

건륭제의 생모가 절강 해녕 출신의 대학사 진세관의 부인이라는 설이다. 해녕은 청나라에서 '진씨 3재상'을 배출한 곳이다. 순치조에 대학사 진지린, 강희조에 대학사 진원룡, 옹정조에 진세관이 있었다. 이들은 규벌(閨閥) 관계가 아닌 자신들의 실력으로 대학사가 되었다.

진세관은 진각노(陳閣老)라고도 하는데 강희제 때 조정 관리가 되었다. 전설에는 진세관과 옹친왕 일가는 아주 가깝게 지냈다고 한다. 진각노의 고택에는 지금도 옹정제가 내렸다고 전해지는 구룡(九龍)편액을 보존하고 있다.

옹친왕의 왕비와 진각노의 부인은 같은 날에 출산했다고 한다. 옹친왕은 진각노의 아이를 보겠다며 왕부로 들여보내라고 하였다. 그러나 되돌려왔을 때는 포대기 속의 남아는 여아로 바뀌어 있었다. 이것이 뭘 의미하는지 잘 알았던 진각노는 잠자코 있었다. 바뀐 남아가 바로 훗날의 건륭제라는 것이다.

허소천의 『청궁13조연의』에서는 6회에 걸친 건륭제의 강남순행을 거론하면서 그 목적이 친부모를 만나기 위해서라고 한다. 6회 가운데 4회는 진각노의 가택인 안난원에 머물렀는데 이는 친부모와 대면하기 위해서였다는 것이다. 그러나 맹삼의 『해녕진가(海寧陳家)』에 따르면 건륭제가 1, 2차 강남순행 때 해녕에 이르지 못했고 3차에야 비로소 해녕에 이르렀는데, 진세관이 이미 죽은 뒤였다. 따라서 건륭제의 강남순행이 친부모를 만나기 위함이라는 주장은 어불성설이라고 했다.

진세관의 원림을 '우원(隅園)'이라 하는데 이는 도성의 한 모퉁이에 위치한다는 의미에서 붙여진 이름이다. 4차 순방 때 우원에 머물렀던 것은 절강의 해당 공사와 관련이 있을 듯하다. 그래서 건륭제가 '우원'을 '안난원'으로 개명하지 않았나 생각된다.

홍콩의 무협소설가 김용도 절강 해녕 사람이다. 그의 『서검은수록(書劍恩讐錄)』은 건륭제의 탄생에 얽힌 비밀을 둘러싸고 이야기가 전개

된다. "진세관이 포대기에 싸서 옹친왕부로 들였던 남아는 되돌려왔을 때 여아로 변해 있었다. 옹친왕이 바꿔치기를 했음을 눈치채고 깜짝 놀랐지만 이내 잠자코 있었다."

고장을 한 건륭제

'바꿔치기'와 관련된 이야기는 청나라 중기에도 광범하게 유전되었다. 처음에는 강희제가 진씨 가문에서 태어났다고 했다가 다시 건륭제로 바뀌었던 것이다.

홍력이 태어날 당시 옹정제는 비록 장남과 차남을 먼저 보낸 지 오래지만 3남은 8세였고, 다른 왕비도 출산을 앞두고 있었다. 게다가 이때 옹정제는 34세로 한창 나이인데 어찌 8세의 아들이 있는 상황에서 자신의 핏줄을 진각노의 아들과 바꿔치기를 할 수 있겠는가? 상식적으로도 맞지 않다. 더욱이 자신이 장차 황위에 오를 수 있는지 여부가 불투명한 상황에서 진씨 아들이 장차 황제감이라는 점을 어찌 알 수 있었단 말인가?

뉴우구루(鈕祜祿)설

건륭제의 생모는 뉴우구루이며, 건륭제의 출생지도 피서산장과 관련이 있다는 설이다. 이는 청말 대시인이며 학자였던 왕개운이 제기한 것이다. 왕개운은 증국번의 막료였으며 숙순의 가정교사(西席)까지 지낸 인물이다. 그는 『상기루문집(湘綺樓文集)』에서 건륭제의 생모에 대해 이렇게 언급하였다.

친정에 있을 때는 승덕(承德)에서 살았다. 집이 가난하여 노비를 두지 못했는데 6~7세 때 부모님의 심부름으로 간장과 술, 조와 밀가루를 사러 시장에 나갔다. 그가 이르는 점포마다 물품이 잘 팔려나갔기 때문에 시장 사람들이 모두 경이롭게 여겼다. 13세에 자금성으로 갔는데 때마침 대대적으로 궁녀를 선발하고 있었다. …… 효성은 용모가 빼어나서 입선되어 황자의 저택에 배분되었고 결국 옹친왕의 저택에 머물게 되었다.

훗날 옹친왕이 병에 걸리자 그는 밤낮 없이 시중을 들었고 수개월이 지나자 옹친왕은 쾌차했으며 그녀는 임신하여 홍력을 낳았다. 장채전은 『청열조후비전고(淸列朝后妃傳稿)』에서 영화의 『은복당필기(恩福堂筆記)』와 왕개운의 『상기루문집』 내용을 인용함으로써 사람들의 이목을 끌었다. 이는 매우 전설적인 색채를 띠고 있다.

청나라의 김량은 "청나라의 수녀선발제도는 아주 엄격했다. 청궁의 『흠정궁중현행칙례(欽定宮中現行則例)』에서도 관련 규정을 엿볼 수 있다. 청궁의 경비제도는 삼엄하였다. 그런데 어떻게 승덕의 일개 시골뜨기 처자가 대궐로 숨어들어 수녀로 간택될 수 있겠는가?"라고 반문하였다. 이 전설은 또한 신빙성이 결여된 것이다.

한족궁녀 이가씨설

일찍이 열하도통의 막료를 지냈던 근대작가 모학정은 건륭제의 생모가 열하의 한족궁녀 이가씨라고 보았다. 상하이 함락기의 작가 주려암은 '청나라 건륭제의 출생'을 『고금문사』 반원간(1944년 5월 1일)에 발표하고 모학정의 학설을 인용했는데, 옹정제가 녹혈을 마시는 모습을 추가하여 스토리의 생동감을 증대시켰다.

전설에 따르면 옹친왕 시절의 어느 해 가을에 윤진은 열하에서 수렵하다가 꽃사슴 한 마리를 잡자 녹혈을 채취해 마셨다. 그것이 정력보강제라는 것은 다 아는 사실이다. 그런데 하필이면 그 곁에 왕비가 없었다. 대신에 임의로 산장 내의 못생긴 이씨 성의 한족궁녀와 관계를 맺었다. 이듬해 강희제 부자가 다시 열하를 찾았을 때 그 궁녀가 이미 '용종'을 잉태했고 출산이 임박하였다는 사실을 알게 되었다.

강희제는 진노하면서 '씨를 뿌린 자가 누군지'를 추궁했고 옹친왕은 자신의 소행임을 인정하였다. 추문이 밖으로 새어나갈 것을 염려했던 강희제는 하인을 시켜서 그녀를 초막으로 불렀다. 한족궁녀는 초막에서 남자애를 출산했다. 그가 훗날의 건륭제라는 것이다.

대만학자 장련과 대만소설가 고양이 이 전설에 공감하면서 심지어 이씨의 이름을 금계라고 짓기까지 하였다. '출신이 미천하여' 뉴우구루씨에게 남아를 수양하게 했기 때문에 마치 뉴우구루씨가 홍력의 생모인 것처럼 되었다고 한다. 홍력이 초막에서 태어났다는 전설이 널리 유전되고 영향도 크지만 야사에 근거했던 만큼 신빙성이 없다.

한족설

청말 문인 천하는 『청대외사(淸代外史)』에서 건륭제는 자신이 만주족이 아니라는 사실을 알았기 때문에 자주 한족의 복식을 갖추고 총애하는 신하들에게 자신이 한족처럼 생기지 않았냐고 묻기도 했다는 것이다. 건륭제가 대궐 안에서 한족 복식을 애용했던 것은 사실이다. 북경고궁박물관에는 건륭제가 한족 복식을 차려입은 화상들을 여럿 보존하고 있다. 이것이 전설을 낳은 원인이 되었을지도 모른다. 건륭제가 입었던 복식으로 그의 출신을 판정하는 것은 분명 무리가 있다.

대열도(大閱圖)

남방인설

민국의 국무총리를 지냈던 웅희령은 노궁역으로부터 건륭제의 생모관련 이야기를 들었다면서 그것을 호적에게 알려주었다고 한다. "건륭제의 생모는 남방인이며 별명은 큰누이(大姐)인데 열하에서 가족의 생계를 책임졌다." 이러한 전설은 『호적지의 일기』로 인해 더 널리 퍼지게 되었다.

이들 전설은 대체로 믿을 것이 못되지만 건륭제의 생모 관련 문헌과 개인파일에 문제점이 있는 것은 분명하다. 건륭 17년(1752)에 소석의 『영헌록(永憲錄)』 권2에는 이렇게 적고 있다.

옹정 원년 12월 정묘(22일) 오시(11~13시)에 폐하께서 태화전에 들었다. 사신을 보내 중궁 나라씨를 황후로 세웠음을 알렸다. 조서를 내려 천하에 알리고 죄인들을 차등 있게 사면하였다. 연씨는 귀비에, 이씨는 제비에, 전씨를 희비에, 송씨를 유빈에, 경씨를 무빈에 책봉하였다.

소석은 또한 "제비가 곧 지금의 숭경황태후(崇慶皇太后)라는 설이 있지만 고증이 필요하다"고 하였다. 당시 건륭제의 생모 관련 의혹을 제기한 사람이 있었다는 말이다.

『청 왕조의 황제』에서 고양은 "소석의 『영헌록』에 '고증을 요한다(俟考)'라는 두 글자는 일종의 암시로 은필(隱筆)이며 곡필(曲筆)이다. 제비가 고종의 생모가 아님을 암시하기 위해 고의로 그렇게 적은 것이니 곡필이 분명하다. 제비가 이씨라는 점은 고종의 생모가 이씨 성이라는 점을 암시한 것으로 이 또한 곡필이다"라고 했다. 하지만 고양도 청나라 황실의 파일자료를 참고하지는 못했다.

청나라는 황족이 자식을 양육할 때는 3개월마다 한 번씩 자식들의 출생 시기와 생모에 대해 소상히 기재하도록 규정하였다. 10년마다 출생과 사망기록에 근거하여 황실의 족보를 추가 작성한 것이 곧 『옥첩』이다. 현재 보존되어 있는 『옥첩』과 생몰년 기록 원본에는 모두 세종 헌황제(옹정제)의 제4황자인 고종 순황제(건륭제)는 강희 50년 신묘 8월 13일에 효성헌황후 뉴우구루씨, 능주의 여식이 옹화궁에서 출산하였다고 분명히 적혀 있다.

뉴우구루씨는 누구인가?

『옹정조한문유지휘편(雍正朝漢文諭旨彙編)』의 옹정 원년(1723) 2월 14일자 기록을 살펴보면, 옹정 원년 2월 14일 황제의 어명을 받들고 태후 성모의 유지를 높여 측실 연씨(年氏)를 귀비에, 측실 이씨(李氏)를 제비에, 공주(格格) 전씨(錢氏)를 희비에, 공주 송씨(末氏)를 유빈(裕嬪)에 경씨(耿氏)를 무빈(懋嬪)에 봉하기로 하고 해당 부처에 통보했다.

동일사건에 대해 『청세종헌황제실록(淸世宗憲皇帝實錄)』의 옹정 원년 2월 갑자(14일)의 기록을 살펴보면 다음과 같다.

> 예부에 알리라. 황태후 성모의 의지에 따라 측비 연씨를 귀비로, 측비 이씨를 제비로, 공주 뉴우구루씨를 희비로, 공주 송씨를 무빈으로 경씨를 유빈으로 책봉한다.

두 기록의 차이점에 대해 이렇게 해석할 수는 없을까? 공주 전씨와 공주 뉴우구루씨는 동일인이다. 둘은 같은 날 황태후의 의지로 희비에 책봉되었으니 동일인이 분명하다.

전씨와 뉴우구루씨

옹정 원년 8월 17일, 태자밀건제도를 창설하고 홍력을 황태자로 내정했다. 따라서 그의 생모에게도 고귀한 신분이 필요했을 것이다. 그래서 희비 전씨의 성을 뉴우구루씨로 고치지 않았을까? 아니면 내대신이며 만주양황기로 4품 전의관이던 능주가 전씨를 수양딸로 들였다고 볼 수 있지 않을까? 사실이라면 신분과 성씨의 난제는 해결된 셈이다.

새로운 증거가 나타나기 전까지는 『실록』과 『옥첩』을 믿을 수밖에 없다. 그러나 옹정의 개인파일과 옹정실록에 기재된 전씨와 뉴우구루씨에 관한 기록상의 모순은 여전히 해결되지 않는다. 따라서 건륭제의 생모 문제는 여전히 미스터리이다.

두 황후의 사인(死因)

건륭제의 후궁 가운데 명분이 주어진 후궁만 해도 3황후, 5황귀비, 5귀비, 7비, 6빈, 3귀인 등 총 29명이나 되었다.

건륭제의 세 황후부터 살펴보자.

건륭제의 첫 황후는 푸차씨(富察氏)이다. 옹정 5년(1727) 보친왕이던 홍력의 정실부인이 되었다. 당시 홍력은 17세이고 푸차씨는 15세였다. 건륭 2년(1737)에 푸차씨를 황후로 책봉하였다.

황후는 명문가 출신으로 증조부는 순치제 때 의정대신이었고 조부는 강희제 때 내무부총관, 호부상서, 의정대신이었으며 아버지는 차하르총관으로 있었다. 큰오빠 마제는 병부상서, 좌도어사, 의정대신, 무영전 대학사 등을 지냈고, 작은오빠 마무는 내무부총관 양백기 몽고도통, 영시위내대신을 지냈으며, 동생 부항은 호부상서, 군기대신, 보화전 대학사를 지내면서 황제가 내려준 저택에서 살았다.

황후는 성정이 어질고 소박했으며 태후에 효성스러웠고 건륭제를 사랑했다. 한번은 건륭제가 크게 앓은 적이 있는데 쾌유한 뒤에도 어의는 '반드시 100일은 푹 쉬어야만 원기를 완전히 회복할 수 있습니다'고 당부하였다. 이 말에 황후는 매일 밤 건륭제의 침실 밖에 거주하면서 정성을 다해 100일 동안 시중 든 뒤에야 비로소 합방했다고 한다.

건륭 13년(1748) 정월, 황후는 건륭제와 황태후를 따라 동쪽으로 순행하여 곡부에 이르러 공자묘(孔廟)에 제례를 올렸다. 3월 11일 귀경길에 덕주의 용주에서 세상을 떠났다. 그때 나이 37세였다.

투신자살설

그의 죽음과 관련한 야사를 보면 3월 11일 밤, 건륭제는 순행을 마치고 귀경길에 덕주에 머물고 용주에서 연회를 베풀었는데 폭음과 음란을 서슴지 않았다. 황후가 화를 내며 간청했다가 오히려 능욕을 당하고 꾸지람을 들었다. 너무 부끄러웠던 황후는 결국 투신자살하였다는 것이다.

채동번의 『청사연의(淸史演義)』에서는 "황후의 올케(부항부인)가 그의 생일에 찾아가서 축하해 주었다. 연석에서 잠시 게임이 벌어졌는데 건륭제가 운을 띄우며 '대지의 명당 문에서 주연을 베풀고 좋은 시간을 가지네'라고 하자, 황후는 '어명을 받들어 주연을 차리고 여러 빈객을 청하네'라고 화답했다. 이에 그의 올케는 '신첩에게도 그러한 은덕이 미치기를 고대하네'라고 하였다. 그러자 건륭제는 '양가가 함께 한집 봄을 만들어보세'라고 답하고 취중에 건륭제와 황후의 올케가 간통하다가 발각되었다. 이 사건으로 황후에게는 응어리가 맺히게 되었다. 엎친 데 덮친 격으로 황태자로 지정했던 황후 소생의 영련(永璉)마저 천연두로 요절했다. 건륭 13년(1748) 순행길에 따라나섰다가 용주에서 운명했다"고 하였다.

복강안에 관한 전설도 이 과정에서 생겼고 그가 건륭제와 부항부인 사이에서 태어난 사생아가 아닐까라는 의구심을 불러 일으킨 것이

효선황후   혜현황귀비   완빈

다. 고양은 "복강안처럼 운이 좋은 경우는 청나라 300년 이래 전례 없
었다. '더벅머리를 드리운 채 짐승처럼 길러졌다'고 전하지만 본전에
는 그러한 기록이 없다. 비록 '여러 해 동안 가르치고 인도했지만' 그
를 액부(두 형님은 모두 액부가 되었다)로 삼지는 않았다. '그 원인은 좀 더
깊이 생각하게 한다'"고 했다.

사실 건륭제와 황후의 감정은 아주 좋았다. 『청사고·후비전』에는
황후의 죽음을 이렇게 기록하고 있다. "건륭 13년, 산동의 순행에서
돌아왔다. 3월 을미에 황후는 덕주의 용주에서 세상을 떠났다. 당시
나이 37세였다."

건륭제는 너무 슬퍼 9일간 하루도 빠짐없이 황후의 영전에 제사상
을 3번씩 차리게 했다. 또한 황후가 생전에 희망했던 '효현(孝賢)'을 아
로새겨 시호로 삼았다. 효현황후는 유릉의 지궁에 4년간 안치되었다.
안치된 4년 동안 건륭제는 황후를 위해 100번이나 넘는 제사를 지내
며 절절한 사랑을 담은 『술비부(述悲賦)』도 지었다.

"『역경』은 어째서 건곤을 처음으로 했는가? 『시경』은 어째서 관저를 처음으로 했는가? 사람의 됨됨이는 윤리의 시초이니 하늘이 내린 짝도 이와 가지런할 것이다." "생이별보다 더 비통할 수 있겠는가? 내조를 잃었으니 장차 누가 나와 함께 하리오?" 이처럼 야사와 전설은 그 역사적 근거가 결여된다 하겠다.

폐위설

두 번째 황후는 울라나라씨(烏拉那拉氏)이다. 그는 좌령 나얼뿌(那爾布)의 어식으로 건륭제가 아직 황자였을 때 측실로 삼았다. 그는 황제의 총애를 받았고 황태후의 사랑도 듬뿍 받았다. 건륭제가 즉위하자 한 비로 책봉되고 효현황후가 죽자 황귀비로 승격되어 6궁의 사무를 통괄했으며 나중에 황후에 책봉되었다. 건륭 30년(1765) 초에 황태후와 건륭제를 따라 네 번째 강남순행을 떠났는데 도중에 황후는 48세 생일을 맞았다.

『청사연의』에는 '강남을 유람하다가 중궁이 머리카락을 자르다'라는 제목이 있다. 거기에 따르면 건륭제는 화신의 수행하에 금릉(남경) 진회하를 유람했는데 용주를 타고 순행하다가 감탄하며 "북쪽의 연지는 아무래도 이곳 남조의 금분(金粉)을 따르지 못한다!"라고 하였다. 당시 건륭제는 화신과 함께 기생을 품에 앉고 만취한 상태였다. 그것이 황후에게 발각되면서 두 사람은 크게 다투었고 '황후는 치밀어 오르는 화를 이겨내지 못하고 머리카락을 잘라버렸다.'

황후가 향락을 추구하는 건륭제를 나무란 것이 건륭제의 노여움을 샀고, 이때부터 냉궁(冷宮)으로 내쳐졌다. 대신들의 간청이 없었다면 건륭제는 아마도 황후를 폐위시킨 증조부의 전철을 밟았을지도 모른다. 건륭 31년(1766) 7월 14일 울라나라씨는 쓸쓸한 궁전에서 49세의 생애를 마감했다.

청나라 황실의 자료에 따르면 윤2월 18일 행궁에서의 아침식사 때 황후는 황제로부터 포상을 받았다. 그런데 저녁식사 때 황후의 종적이 묘연해졌다. 황후의 이름은 노란색 쪽지로 가려져 있었다. 황후는 어디로 갔을까? 그가 항주에서 삭발하고 공문으로 들어갔다는 사람도 있고 황제보다 먼저 귀경하였다고 주장하는 사람도 있다.

청나라 황실의 『상유당』의 기록에는 '윤2월 18일 건륭제는 복강안에게 황후를 호송하고 수로를 통해 먼저 자금성으로 귀환하라'고 했다고 한다. 황후는 어째서 자금성으로 먼저 귀환해야만 했을까?

『청사고·후비전』에 따르면 이렇게 기록되었다. "건륭 30년(1765), 순행 길에 항주에 이르렀다. 항후가 어명을 거역하고 삭발까지 하자 진노한 폐하는 황후에게 먼저 자금성으로 돌아가라는 명을 내렸다. 건륭 31년 7월 갑오에 세상을 떠났다."

만주족의 관습에는 가족이 운명했을 때에만 '머리카락을 자르고 상복을 입는다'고 한다. 그런데 황후가 뜬금없이 머리카락을 잘랐으니 대기를 범한 것이 분명하다. 황후의 부음을 전해 듣고도 건륭제는 목란수렵장에서 계속해서 사냥을 즐겼다. 그리고 황후 소생의 황자에게 자금성으로 돌아가 황귀비의 예로 상례를 치르라고 명했다. 즉, 황후에서 황귀비로 강등된 셈이다. 두 번째 황후와 첫 번째 황후에 대한 예우는 그야말로 천양지차였다.

세 번째 황후는 웨이쨔씨(魏佳氏)이다. 처음에는 귀인이었다가 나중에 점차 빈, 비, 귀비로 승격되었고 15황자 옹염(嘉慶帝)을 출산했다. 건륭 40년(1775)에 49세로 세상을 떠났다. 건륭 60년에 옹염을 황태자로 세우고 그의 생모를 황후로 추존하였다. 박복했던 그녀는 자신이 낳은 황자가 황위에 즉위하는 것도 보지 못했고 생전에 황후와 황태후 지위를 누리는 행운도 없었다.

건륭제는 5명의 황귀비, 5명의 귀비, 7명의 비를 두었다. 여기서는 돈비(惇妃), 완비(婉妃)와 용비(容妃)에 대해서만 거론하겠다. 돈비 왕씨는 건륭제의 총애를 받다가 나중에 실총하자 성미가 사나워졌다. 하루는 화를 내면서 궁녀를 때려죽였는데 건륭제가 매우 질책하며 빈으로 강등시켰다.

완비 진씨는 건륭제를 자신의 저택에서 모시다가 총애를 입어 비가 되었다. 92세까지 산 완비는 청나라 황실에서도 가장 장수한 인물이다. 용비, 혹자는 그가 바로 '향비'라고 한다. 『청사고·후비전』에는 향비에 관련 기록이 있는데 아주 특이한 경력의 소유자이다.

향비 미스터리

향비는 과연 실존했던 인물인가? 그는 누구이며, 어떻게 죽었는가? 죽은 뒤 어디에 묻혔는가? 신강의 카스(喀什)인가, 북경의 도연정인가, 아니면 준화의 청동릉인가? 향비에 관련된 야사, 기록, 소설, 시문, 희극, 영화 등이 난무해 사람들을 미혹시키고 있는데 향비에 관해서는 대체로 두 가지 견해가 있다.

향비 희극설

향비는 태어날 때부터 총명했고 몸
에서는 특이한 향이 났으며 아름다운
미모의 여인이었다. 향비의 집안은 대
대로 신강의 남부에 위치한 예얼치앙
(葉爾羌)에서 살았다. 오빠가 훠지짠(集占)
의 학정에 불만을 품고 가족을 거느리
고 이리(伊犁)로 이주한 후, 청나라에 귀
의해 혁혁한 훈공을 세웠다. 향비도 황
제의 부름을 받고 자금성으로 와서 거
주하게 되었다.

향비상

향비는 입궐한 뒤로 황태후의 사랑과 건륭제의 총애를 한 몸에 받
으면서 행복하게 지냈다. 향비가 죽었다는 부음을 전해들은 건륭제는
한없이 슬퍼하며 유골을 신강의 카스로 운구하여 안치하도록 특별 윤
허하였다.

현재 위구르민족에게는 향비에 관련하여 아름다운 전설이 전해지
고 있다.

향비 비극설

건륭제 때 회부의 귀족이었던 대소 허줘무(和卓木)의 반란을 평정하
면서 황실로 향비를 데려갔다고 한다. 그는 미모가 출중한 데다가 몸
에서 특이한 향이 나 건륭제는 향비라고 책봉하고 유난히 총애했다.
하지만 향비는 정조를 지키면서 몸에 단도를 품은 채 기회를 노려 건

만수원사연도(萬樹園賜宴圖)

룽제를 암살하려고 하였다. 황태후가 이를 알고 향비를 불러 사사했는데 나중에 청동릉에 안치되었다고 한다.

채동번의 『청사연의』와 『청조야사대관』, 김용의 『서검은수록』에 등장하는 향비도 비운의 여인이다. 희극 「향비의 한」, 「향비」 그리고 20세기 50년대에 제작된 「이뭐얼한(伊伯爾罕)」이라는 영화도 이 비극에 근거한 것이다. 이 전설을 그대로 믿기에는 역사적 근거가 빈약하다. 자세한 것은 맹삼의 『향비고실(香妃考實)』을 참조하면 된다.

향비 관련 전설은 국외에도 전해졌다. 향비를 소개한 외국서적으로는 미국의 『원명원과 그곳에 살았던 황제의 역사』가 있다.

향비는 회족 용비

일각에서는 향비가 곧 용비(容妃)라고 주장한다. 역사문헌과 고고학적 발굴에서는 용비 관련 사실이 확인되기 때문이다. 『청사고·후비전』에는 이렇게 전한다. "용비는 훠줘씨(和卓氏)이며 회부 타이지훠짜라이(台吉和札賚)의 여식이다. 입궐한 뒤 처음에는 귀인이었다가 비로 승격되어 세상을 떠났다."

고증에 의하면 용비(1734~1788)는 훠줘씨(霍卓氏) 또는 훠줘씨(和卓氏)였다고 한다. 옹정 12년(1734) 9월 15일에 태어났으며 건륭제보다는

23세나 연하이다. 용비의 입궐시기에 대해서도 이론이 분분하다.

일설에는 향비가 27세 되던 건륭 25년(1760) 봄에 입궐하였다고 한다. 처음에는 귀인이었다가 건륭 27년(1762)에 용빈으로 책봉되었다. 책문에는 "훠줘씨는 행동을 삼가고 맡은 바 소임을 충실히 하면서 행동거지가 단아하였다"고 전한다. 매년 300냥(현령 연봉의 5배)을 지급했고, 그의 오빠는 보국공으로 봉해졌다.

건륭 30년(1765) 남쪽 순행에 용빈을 대동하고 양주, 소주, 강녕(남경), 항주에 이르렀다. 건륭은 회부의 풍습을 감안하여 그에게 양고기볶음과 양고기찜을 하사했다.

건륭 33년(1768)에는 용비로 책봉했다. 건륭 36년(1771) 봄, 용비는 황태후, 건륭제와 함께 동쪽으로 순행하여 태산을 올랐고 곡부의 공자묘에 제사를 올렸는데 순행 길 내내 회족 음식을 즐길 수 있었다.

건륭 43년(1778) 용비가 건륭제를 따라 성경(심양)으로 가서 변방의 외곽에서 추석을 보낼 때 건륭제가 그에게 '양젖으로 만든 월병'을 하사했다. 목란수렵장에서 야생멧돼지와 노루를 사냥한 후에도 다른 비첩들에게는 야생멧돼지 고기를 내리고 용비에게는 노루고기를 내렸다고 한다. 건륭제는 용비를 위해 회족요리사를 두고 그녀만을 위한 양고기 만두와 같은 회족식을 제공하였다.

또한 용비를 위해 보월루를 보수했다. 보월루는 오늘날 중남해에 위치한 신화문루이다. 명대에는 남대라고 불렸으며, 순치제와 강희제 때 두 차례의 확장공사를 통해 피서지가 되었다. 동쪽에는 춘명루가 있고 서쪽에는 담허루가 있으며 남쪽에는 영훈정이 있고 북쪽에는 함원전, 상난각이 있었는데 모두 영대의 범주에 속한다. 청나라 말기 광서제가 이곳 영대에 감금되기도 했다.

민국 초에 자금성 중앙의 성문을 중화문으로 고쳤다. 중화문은 명나라에서는 대명문, 청나라에서는 대청문이라 하였다.

건륭제 이전의 청나라에는 회족 여성을 비빈으로 맞은 선례가 없었다. 그러나 건륭은 회족 신분으로 입궐한 용비를 후궁에 안치하고 또한 보월루를 축조해 미인을 두는 곳으로 삼았다. 보월루의 남쪽에는 '회자영'을 만들고 예배를 드리는 사찰을 축조했다. 건륭제가 지은 시구에는 보월루 관련 시구가 적지 않다. 건륭 25년(1760) 여름에 지은 시에서는 용비를 날 속의 상아로 비유하기도 했다.

당시 팔기 이외의 백성들은 모두 외성에 거주했는데 유독 회자영만이 지척에 있었다. 이는 건륭제가 용비를 총애했기 때문에 가능했다. 그리고 건륭제가 용비를 위해 보월루를 축조한 데는 그럴 만한 이유가 있었다.

첫째, 언어와 문화가 다르다. 용비는 위구르족 언어를 사용했기 때문에 다른 비빈들과 교류하거나 생활하기가 어려웠다. 따라서 남해의 끝자락에 격리시켰는데 이곳은 대궐과 연결되면서도 동떨어져 있는 곳으로 잔잔한 호수물이 한눈에 들어올 만큼 빼어난 경치를 자랑한다. 건륭제는 위구르족 말을 알았기 때문에 용비와 직접 교류할 수 있었다.

둘째, 식습관이 다르다. 황후의 거처이던 곤녕궁은 사만 제사의 장소로도 쓰였다. 따라서 매일 돼지 두 마리를 신안에서 도살하고 커다란 솥에다 삶아내고는 신에게 제사를 지냈다. 원단에 제사를 지낼 때는 황제와 황후가 함께 예를 갖추고 행하였다. 봄과 가을에 두 차례

제사를 지내는데 황후도 함께 왔고 비빈들은 시중을 들었다. 가장 난처했던 것은 황후와 비빈들에게 제수물품을 내릴 때인데 대체로 돼지고기와 쌀밥이었다. 이는 회교도인 용비가 도저히 참을 수 없는 것으로 그녀를 회교도의 생활구역에다 안치함으로써 생활상의 편리를 도모할 수 있었다.

셋째, 생활풍속이 다르다. 위구르족의 복식은 대궐 안의 후비와 궁녀들의 복식과는 많이 달랐다. 황실에는 어화원을 제외하면 놀이할 수 있는 곳이 없었다. 건륭제는 영대의 남쪽에 보월루를 축조하여 수시로 서원으로 행차하면서도 원명원처럼 먼 곳까지 찾아가는 번거로움을 줄일 수 있었다. 더욱이 이곳에서는 다른 비빈들과 총애를 다툴 필요가 없었다.

넷째, 신앙이 다르다. 만족의 종교는 사만교로 건륭제는 라마교를 신봉했다. 위구르족은 이슬람교를 신봉하여 매주 예배를 드린다. 용비가 머물던 곳은 장안가와 격리되었고 회자영과 마주하고 있어 회교도의 예배당과 가옥을 지어 청나라에 귀순한 회족민을 거주하게 했는데 건축물은 대체도 회족풍을 따랐다. 용비는 보월루에 서기만 하면 곧바로 맞은편의 '회자영'을 바라볼 수 있어 향수를 달랠 수 있었다.

건륭 53년(1788) 4월 19일 용비는 55세로 세상을 떠나 청동릉에 안장되었다. 그에게 '향비'라는 이름이 언제 붙여졌는지는 알 수 없다. 신강의 카스지역에는 향비 관목이 있는데 그곳 전설에 따르면 자금성에서 운구되어 왔다고 한다. 그렇다면 용비는 민간에서 유전되던 그 향비일 것이다. 향비와 용비가 동일인인지 아닌지는 학계에서도 이견이 분분하다.

근래에 향비 관련 저술이 봇물처럼 쏟아져 나왔다. 『향비』의 공저자인 우선포와 동내강은 청동릉 출토 문물 전문연구자이다. 이들은 저서에서 자신들은 1979년 10월, 우연한 기회에 청동릉의 건륭제 유릉 비빈원침 가운데서 수많은 진귀한 물품을 발견했는데 향비 관련 비밀도 이때 알게 되었다고 했다. 자료와 청황실의 자료를 고증해 본 결과 41명의 건륭제 후비들 가운데 유일한 위구르족 여자가 있다는 사실에 대해 새로운 인식을 갖게 되었다는 것이다. 다시 말해 그녀가 곧 용비이고 전실 속의 향비라는 것이다.

또 다른 『향비고증연구』라는 책은 대만의 강룡소가 저술한 것으로 희극소설에서 그려졌던 향비와 역사학자들이 논의했던 향비에 대해 토론과 설명을 더하고 고증을 붙였다. 저자는 향비 관련 드라마를 제작하기 위해 북경, 하북, 신강 등지를 시찰하고 수많은 자료와 서적들을 수집했다고 한다.

건륭제의 8가지 공적

수년 전 해외 모 대학의 사학과 주임이며 청대사가 전공인 모교수와 공동으로 '중국 역사상의 황금기 강건성세'라는 프로젝트를 수행하기로 했다. 프로젝트의 수행을 인준받기 위해서는 기금운영위원회의 심의를 거쳐야 했는데 우리 과제는 심의를 통과하지 못했다. 서구 학자로 구성된 심사위원들이 청나라의 강희·건륭 시기를 중국 역사의 황금기가 아니라 전제정권이 횡행하던 암흑기로 인식했기 때문이다. 이로써 나는 사람들이 이중 잣대로 건륭제를 바라본다는 사실을 알 수 있었다.

건륭제는 60년의 재위기간 동안 수많은 업적을 남겼다. 그의 언행을 담은 『청고종실록』만 1,500권이며, 1,358만 136자나 된다. 건륭제의 공적은 다음 8가지로 요약할 수 있다.

서적 편찬

자금성 내성의 남동쪽에는 '숭문문(崇文門)'이 자리 잡고 있다. 이는 황제가 '숭문'을 표방했음을 의미하는 글귀이다. 명나라 16명의 황제와 청나라 12명의 황제들 가운데 진정으로 '문(文)'을 숭상했다고 말할 수 있는 사람은 강희제와 건륭제 두 사람뿐이다. 강희제가 학구형이라면 옹정제는 개혁형이고 건륭제는 문화형이었다.

기윤(紀昀)

① 『사고전서』 편찬을 주재하였다. 『사고전서』 1차 분에는 총 3,461종, 7만 9,309권이 수록되어 있다. 편찬대업은 후에도 진행되어 건륭 52년(1787) 6월에는 전체 60%가 완성되었는데 무려 15년이란 세월이 흘렀다. 교정과 누락본 수록 등을 거쳐 건륭 58년(1793)에야 최종 완성되었다. 모두 4,186명이 편찬에 참여했고 소요된 시간만도 20년이다.

『사고전서』의 편찬은 중국문화에 대한 일 공헌임에는 틀림없다. 첫째, 진귀한 문화유산을 보존할 수 있었다. 전국 각지의 도서와 전적

(典籍)에 대해 전면적이고 체계적인 정리를 통해 중요판본과 초록본을 『사고전서』에 수록함으로써 다량의 서적이 천재나 인화로 유실되는 것을 방지할 수 있었다. 둘째, 학자들의 도서이용을 편리하게 하였다. 북으로는 산해관 바깥 지역, 남으로는 강소와 절강, 자금성 내외, 황실의 어화원, 사림학자에 이르기까지 열람과 초록에 큰 도움을 주었다. 셋째, 문화전승에 기여하였다. 1983년 문연각본『사고전서』는 영인 출간되어 전 세계로 알려졌다. 넷째, 검색을 편리하게 하였다. 경, 사, 자, 집 4부로 나뉘고 다시 44개 유형, 66항목으로 나누어 조리가 분명하고 검색을 편리하게 할 수 있었다.

한편 『사고전서』를 편찬하는 과정에서 적지 않게 산정(刪定)하거나 훼손하는 등 부작용도 만만치 않았다. 『판리사고전서당안』, 『금서총목』 등에 따르면 약 3,000여종 6~7만권을 태워버렸다고 한다. 이 점에 대해서는 객관적이고 공정한 평가가 내려져야 할 것이다.

② 『만문대장경(滿文大藏經)』을 편찬하였다. 건륭제는 한문과 몽고문 『대장경』을 만문으로 옮기라는 어명을 내렸다. "『만문대장경』 한 권이 완성될 때마다 올려서 재가를 받게 하였다." 나중에는 주문으로 『만문대장경』을 각인토록 했으니 그야말로 거대한 문화공정이 아닐 수 없었다. 또한 『대장경』(『龍藏』이라고도 한다)도 각인하였다.

③ 『무권점노당』(『滿文老』, 『老滿文原』, 『舊滿洲』라고도 한다)을 정리하였다. 『무권점노당』

불장(佛裝)한 건륭제

은 권점이 되어 있지 않고 옛만문으로만 작성된 것으로, 현존하는 청 태조와 청태종 시기의 편년체 사료로는 가장 원시적이고 체계적이며 상세하고 진귀한 장편사료들이다. 이들 자료는 청나라가 관내로 들어 오기 이전에 만들어진 것으로 건륭제 중기까지 이미 100년이란 세월 이 지났다. 옛만문으로 쓰였기 때문에 문자에 대한 식별이 어렵고 종 이도 오래되어 글씨가 흐릿했다. 건륭제는 『무권점노당』을 정리하라 는 어명을 내렸다. 무권점노만문과 가권점신만문으로 각각 한 벌씩 필사하고 다시 한 벌 필사하여 정본은 내각에 보존하고 부본은 심양 의 숭모각에 보존하는 동시에 다시 한 벌 필사하여 상서방에 보존시 켰다. 이처럼 7벌 필사한 것이 곧 『무권점자당』(초본), 『가권점자당』(초 본), 『무권점자당』(내각본), 『가권점자당』(내각본), 『무권점자당』(숭모각본), 『가권점자당』(숭모각본) 『가권점자당』(상서방본)이다. 『무권점노당』은 원 본이 40책인데 현재 대만 대북고궁방문관에 소장되어 있다.

④ 건륭제는 『팔기통지(八旗通志)』, 『만주원류고』, 『흠정만주제신제 천전례(欽定滿洲祭神祭天典禮)』(만한문본)를 친필 저술하였다.

⑤ 『어제오체청문감(御制五體淸文鑒)』은 다민족문화의 결과물이다.

⑥ 건륭제는 북경문화를 중시하였다. 구체적으로는 경성전도(京城全 圖)를 그리도록 했고, 우민중 등에게 『일하구문고』 160권을 편찬하게 하였다. 이는 북경역사문헌의 집대성이다. 또한 『국조궁사(國朝宮史)』를 편수하여 왕실의 역사, 건축, 문화, 전장제도 등에 대해 논술하였다.

황실 원림 보수와 중건

건륭제는 황실 원림을 보수·중건했다. 황실의 영수궁과 화원, 천단기년전(남색 유리기와로 교체), 청의원(和園), 원명원과 정의원(香山), 정명원(玉泉山), 피서산장과 목란수렵장 등이 그 대상이다. 이중 청의원의 옹산을 만수산으로 개칭하고 거기에 대보은연수사와 불향각을 세웠다. 이들 황실 원림은 청대 원림문화를 대표하는 것으로 원림예술의 찬란한 명주이다. 8국연합군이 불 지른 원명원을 제외하고 모두 세계문화유산으로 등재되었다.

시문(詩文) 공헌

건륭제는 선천적으로 총명하고 서예와 시문에 능통했던 걸출한 문학가이자 언어학자였다. 그는 신만문에 정통했고 옛만문에도 능숙했으며, 한어와 한문도 능통했고 몽고어, 티베트어, 위구르어 등 여러 언어를 두루 구사할 수 있었다.

서예에도 조예가 깊었다. 그는 오랫동안 서예에 빠지다시피 했는데 늙어서도 연습을 게을리하지 않았다. 내궁에서 어화원까지, 북쪽 변방에서 강남의 원림과 명승에 이르기까지 도처에 제문을 남겼다.

또한 엄청나게 많은 양의 문장을 남겼는데 문집으로 편성된 것만도 『어제문초집(御製文初集)』, 『어제문이집(御製文二集)』, 『어제문삼집(御製文三集)』, 『어제문여집(御製

건륭제가 그린
세한삼우도(歲寒三友圖)

文餘集)』등 1,350편에 달한다. 또한 『청고종성훈(淸高宗聖訓)』도 300권이
나 된다.

건륭제는 시를 짓는 것을 유난히 좋아했다. 어제시집으로는 즉위
이전에 지은 『악선당전집(樂善堂全集)』과 즉위 후에 지은 『어제시여집(御
製詩餘集)』등 750수나 된다. 재위기간 동안 지은 『어제시집』 5집, 434
권이 있다.

통계에 의하면 1집에 4,166수, 2집에 8,484수, 3집에 1만 1,519
수, 4집에 9,902수, 5집에 7,792수로 총 4만 1,863수나 수록되었다.
건륭제가 지은 시는 총 4만 2,613수인데 이는 『전당시(全唐詩)』에 수록
된 2,200여 명의 당나라 시인들의 작품을 합쳐도 4만 8,000수에 지
나지 않음에서 방대한 양을 가늠할 수 있다.

건륭제는 작시를 업으로 하는 사람도 아닌데 어떻게 『전당시』의 수
량과 맞먹는 시를 지을 수 있었을까? 그것도 개인의 힘으로 그렇게 한
건륭제가 창작에 얼마나 열심이었는지 가늠할 수 있고 또한 존경하지
않을 수 없다(물론 개중에는 대필한 것도 있을 것이다).

건륭제처럼 다작한 사람도 없을 것이다. 그는 "정무를 마친 뒤의
여가 시간에는 별다른 취미가 없었기 때문에 작시하며 지냈다"고 말
했다. 또한 "매일 여가 시간이 생기면 글을 쓰거나 그림을 그렸는데
작시는 가장 일상적인 것으로 매일 여러 수씩 지었다"고 하였다.

조세 면제

일찍이 어사 허타이는 "국가의 재정은 유비무환입니다. 지금 전쟁
이 없다고 해서 조세를 면제해서는 안 되는 줄로 압니다"라고 하자,

건륭제는 오히려 "백성이 풍족한데 임금이 어찌 부족하겠는가? 조정의 은덕이 백성에게 미치지 않는다면 어디로 미친단 말인가!"라고 하였다. 그러면서 전국에 조세 면제령을 내렸다.

통계에 따르면 건륭 13년, 35년, 43년, 55년과 가경 원년에 선후 다섯 차례에 걸쳐 전국적으로 일년 간의 조세를 면제하고 세 차례나 강남의 조량(그중 한번은 400만 석의 미곡)을 면제했는데 면제된 세액만도 은화 2억 냥이 넘는다. 이는 전국적으로 5년 동안 거둬들인 세금과 맞먹는 수치이다.

굳이 조세면제로 읻은 사회적 효과를 따진다면 "조서가 내려지는 날이면 천하가 덩실덩실 춤을 추었다."고 할 정도였다. 과장된 면도 있겠지만 조세 면제조치가 만백성의 환영과 찬사를 받았음을 말해준다. 봉건왕조에서 이는 전례 없는 선행이었다.

신강 통일

자금성 내성 남서쪽에는 '선무문'이 자리 잡고 있다. 이는 황제가 '무공을 선양'했음을 의미한다. 명나라와 청나라 28명의 황제 가운데 진정

평정이리수항도(平定伊犁受降圖) 동판화

으로 '선무'했던 황제는 명나라 홍무제와 영락제 그리고 청나라 태조 누르하치, 태종 홍타이지, 강희제, 건륭제를 꼽을 수 있다.

건륭제는 '숭문'뿐만 아니라 '선무'에도 열중했던 인물이다. 그의 무공 가운데 대표적인 것으로는 서북쪽 신강지역에 대해 무력을 행사하고 통치를 강화한 점이다. 두 차례에 걸쳐 준가르의 반란을 평정하고 투얼후터가 부족을 이끌고 내륙으로 귀환할 수 있게 함으로써 신강 북부의 문제를 해결했다.

신강 남부는 주로 천산 이남의 위구르족이 거주하는 지역을 지칭하는데 청대는 이곳을 '회부'라 불렀다. 준가르부가 강성할 때는 항상 준가르귀족의 침탈을 받았다. 그러나 신강 북부가 청나라에 의해 평정되자 회부귀족들은 오히려 청나라 통치에서 벗어나려 애썼다. 결국 청나라와 회부는 쿠처(庫車), 예얼치앙 등지에서 격전을 치렀고 청군이 완승하면서 이 지역도 청나라의 지배하에 들어갔다.

건륭제는 그 지역 풍속에 맞게 다스리는 정책을 실시하면서 아치무뵈커(阿奇木伯克)제도를 설립하고 청나라에서 관리를 임명하도록 했다. 또한 참찬대신을 병설하고 각 도성에 상주케 함으로써 통치를 강화했다. 『회부선후사의(回部善後事宜)』를 제정하여 신강 남부의 관리시스템에 대한 개혁을 단행하고, 신강지역에 이리장군(伊犁將軍)을 두고 군부제를 실시했다. 성곽을 축조하고 군대를 주둔시켜 변방에 대한 순시를 확대하며, 백성을 이주시켜 둔전을 개간하여 이 지역의 관할을 철저하게 단속했다.

또한 준가르의 반란을 평정하고 회부를 통일함으로써 서역에 대한 중앙정부의 통치를 강화했다. 나중에 준가르가 동쪽으로 커얼커부족을 공격하여 북경과 서북지역을 위협하는 화근을 제거하고 서북과 막북몽고 및 청해, 티베트 등지의 사회적 안정을 유지할 수 있었다.

티베트 지배

건륭제는 두 차례나 군사를 내어 귀얼커(廓爾喀, 지금의 네팔왕국)의 서장(티베트) 침략을 물리치고 『흠정서장장정(欽定西藏章程)』을 제정했다. 장정에 따라 주장대신을 두고 서장의 내부사무를 처리했으며, 서장을 전장, 후장으로 나누어 군사를 주둔시켰다.

달라이라마와 반찬어얼더니 등이 입적하면 주장대신의 감독 아래 윤회한 신동을 찾아내 계승자로 지정하는 금분파병제(金奔巴瓶制)를 실시했다. 이 제도는 분명 건륭제의 발상이다. 또한 서장이 주변국과 교역을 진행할 때는 반드시 능재하도록 하였다. 서장의 화폐는 일률로 백은으로 주조하고 정면에는 '건륭보장(乾隆寶藏)'을 새겼다.

『흠정서장장정』은 서장 역사상 가장 중요한 문헌으로 청나라가 서장에 대해 효과적인 지배를 실시했음을 의미한다. 옹화궁의 '금분파병'은 이미 역사유물이 되었지만 대소사(大昭寺) 내의 '금분파병제'는 아직도 이어지고 있다.

방조제 축조

절강 고유의 나뭇가지로 쌓은 방조제(柴塘)와 흙으로 쌓은 방조제(土塘)는 해수의 충격과 부식을 막아내기 어려웠다. 따라서 건륭제는 국고를 풀어 석재방조제(石塘)로 개축했는데, 총 길이는 4,000장(13.8km, 1장은 3.45m이다)이나 되었다. 비로소 이 일대가 해수침식으로부터 벗어날 수 있었다.

다민족 통일

청나라는 이미 태조 누 르하치, 태종 홍타이지, 세 조 순치, 성조 강희와 세종 옹정, 고종 건륭 등 '3조3종 (三祖三宗)' 6대를 지났다. 건 륭제는 선조들이 이룩한 업 적 위에 진일보한 강역을

건륭남순도 - 황하 시찰

넓혔고, 다민족국가의 통일을 수호하고 강화했다.

강역을 보면 동쪽으로는 바다, 서쪽으로는 총령(蔥嶺), 남쪽으로는 증모암사, 북쪽으로는 대흥안령, 서북쪽으로는 발하슈호, 동북쪽으로 는 쿠릴열도에 이르렀다. 또한 인구는 3억 명에 달했다. 청나라 '삼조 삼종'이 중국사에서 수행했던 제1의 공적은 변방을 수호하고 다민족 국가의 통일을 공고히 했던 것이다.

건륭제는 선조의 가업을 계승하고 발전시켜 문치와 무공 모두 대 성과를 이룬 명군이었다. 그가 생전에 '황위 선양' 결정을 내린 것은 특히 중요하다. 건륭 43년(1778) 9월 21일, 교지를 내리고 건륭 60년 에는 황위를 선양한다고 선언하였다.

조부께서는 61년간 재위하셨는데, 감히 내가 조부와 비교할 수는 없다. 운 좋게 건륭 60년까지 재위한다면 내 나이 85세이다. 그때 태자에게 황위를 전하고 나는 일선에서 물러날 것이다.

건륭 60년(1795) 9월 4일, 85세의 건륭제는 원명원 근정전에서 자손들과 왕공대신을 불러놓고는 15황자 가친왕 옹염을 황태자로 세우며 이듬해에 황위를 계승하고 가경 원년으로 정할 것이라고 선언했다.

가경 원년(1796) 정월 초하루, 건륭제는 태화전에서 황위 선양식을 치르고 옥새를 옹염에게 넘겨주었다. 옹염이 즉위한 뒤에도 건륭제는 태상황제로 머물며 훈정을 실시했다. 예부의 홍려사관이 천안문 성루에 올라 건륭제가 가경제에게 황위를 선양한다는 조서를 공손히 읽고 '금봉빈조(金鳳頒詔)'를 천하에 알렸다.

여기서 '금봉반조'에 대해 알아보자. 황제가 태화전에서 반포한 조서를 받들어 황여(黃輿, 가마)에 올리고는 고악대의 연주 속에 예부 관리가 천안문으로 호송한다. 천안문 성루에는 '금봉황'이 부리에 조서를 물고 성루로부터 서서히 강림한다. 성루 밑에 있던 예부 관리는 무릎을 꿇고 조서를 받들어 각지로 배분하여 천하에 공포한다.

건륭제는 황위를 선양하고도 3년 3일간 훈정하였다. 후인들은 대체로 건륭제를 평가할 때, 그가 명목상 황권에서 물러났다고는 하나 실질적인 권력을 놓지 않았다고 비판하지만, 이는 편견에 지나지 않는다. 진시황 이하 2천년의 왕조사를 살펴볼 때, 스스로 황위를 선양하고 정치일선에서 물러난 경우는 지극히 드물다. 송인종(宋仁宗)은

노년의 건륭제

황태자를 세우고 우울해졌고, 송영종(宋英宗)은 태자를 세우고 후회막급하여 눈물을 펑펑 쏟았다고 한다.

건륭제는 재위기간이 길었을 뿐만 아니라 또한 장수한 황제로도 유명하다. 중국 역사상 80세 이상까지 장수한 황제는 오직 4명뿐이다. 건륭제를 제외한 3명을 살펴보면, ① 남조의 양나라 무제 소연으로 향년 85세이며 재위기간은 48년이다. 그러나 그는 한 귀퉁이(통일이 아닌)에 거처했고 세 차례나 불교에 귀의하였다. 문학과 음률에도 정통했던 양무제는 후경의 난 이후, 굶주림과 병마에 시달리다 비참하게 죽었다. ② 송나라 고종 조구로 향년 80세이며 재위기간은 36년이다. 수도는 임안(항주)으로 반쪽 강산을 누렸다. ③ 원나라 세조 쿠빌라이로 향년 81세이고 재위기간은 35년이다.

이들 세 황제는 한쪽 귀퉁이에서 나라를 영위하거나 반쪽의 강산을 누렸고, 재위기간이 길지 않은데다 나라가 망하고 죽는 비운을 맞았기 때문에 건륭제와는 비교가 되지 않는다. 그래서 건륭제 스스로도 '나라의 정통을 얻었고, 광대한 영토를 영위했으며, 대부분이 신복하고, 백성들에게 풍족하고 편안한 삶을' 선사한 황제로 자부하였다. 그는 일찍이 자신의 일생을 결산하면서 '십전무공(十全武功)'이 있어 '십전노인(十全老人)'이라 자평했다. 아울러 『어제십전기(御製十全記)』를 짓고 만주어, 한문, 몽고문, 티베트문으로 비문에 새기라고 명하였다. 건륭제의 '십전무공'을 살펴보자.

10가지 훈공은 크게 다음과 같이 정리할 수 있다. "준가르 반란을 두 차례 평정하고 회부를 통일했다. 금천을 두 번 소탕하고 대만을

236

통일했다. 미얀마와 안남(베트남)의 항복을 얻어내고 두 차례나 궈얼커의 항복을 받아냈다."

평정대만전도책(平定台灣戰圖冊)

평정금천전도책·수복소금천

평정금천전도책·자광각사연

건륭제의 '십전무공'은 상황도 다르고 성격도 다르다. 민변을 진압한 경우도 있고 반란을 진압한 경우도 있으며, 대군을 보내 힘을 과시한 경우도 있고 하찮은 일로 소란을 떨었던 경우도 있다. 쓸데없이 나서기도 했고 정의수호와 침략에 대한 반격에 나선 경우도 있다. 신강에 세 차례, 훠어커에 두 차례 등 다섯 차례의 군사행보는 신강과 티베트의 통일을 공고히 하는데 중대한 역할을 수행했다. 그러나 대소금천전투는 쓸데없이 나서서 힘을 과시한 경우에 불과하다.

대금천과 소금천은 대도하 상류지역으로 주민은 대체로 티베트족이다. 산이 높고 계곡이 깊으며 기후가 차고 만년설이 쌓여 있으며 인구도 3만에 지나지 않는 사방 200~300리밖에 안 되는 곳이다. 현지 토사(土司)들 사이에서 내분이 생기자 건륭제는 군사를 보내 공격하였다. 1차 정벌을 2년에 걸쳐 은자 2천만 냥을 허비하고 끝냈다. 2차 정벌은 총 5년 동안 10만 군사와 은자 7천만 냥을 소비하고 끝내 대소금천을 평정할 수 있었다.

건륭제는 만년에 점차 생각이 굳어지면서 진취심이 떨어지고 적잖은 과오를 범하면서 심각한 사회모순을 초래하였다. 이치가 느슨해졌고 인구가 과도하게 늘어 재정이 바닥났으며 양극화현상도 심화되었다.

반면에 건륭제가 재위하던 60년 사이에 서구에서는 엄청난 변화가 일어났다.

① 영국에서는 산업혁명이 시

황청직공도(皇淸職貢圖)의 프랑스인

작되었다. 건륭 30년(1765) 영국의 방직공 하그리브스는 신식 방적기를 발명했다. 건륭 50년(1785) 영국의 라이트는 수력방적기를 발명하고, 같은 해 와트는 증기기관을 발명했다. 가경 12년(1807)에는 미국의 로버트 풀턴이 증기기선을 발명하고, 가경 19년(1814)에는 영국의 스티븐슨이 증기기차를 발명했다. 이는 서구의 산업혁명 시작을 의미한다.

만국내조도

② 미합중국이 건국되었다. 건륭 39년(1774)에 미국독립전쟁이 시작되었고 건륭 48년(1783)에는 미국이 승리했다. 건륭 53년(1788)에는 뉴욕에서 제1회 미국국회가 개최되었고, 1789년에는 워싱턴을 미국 초대 대통령으로 추대했다. 2년 후 미국에서는 「인권법안」이 통과되었다.

③ 프랑스대혁명이 일어났다. 건륭 54년(1789), 프랑스에서는 삼부회의를 개최하고 「인권선언」을 발표했다. 건륭 58년(1793)에는 국왕 루이 16세가 처형되었다.

④ 건륭 20년(1755) 러시아에서는 모스크바대학이 설립되었고, 건륭 45년(1780) 미국과학원이 보스턴에서 세워졌다. 또한 건륭 49년(1784) 컬럼비아대학이 개교했다. 같은 해, 독일에서는 최초의 여성의학박사가 탄생했다. 그러나 이 시기(건륭 60년, 1795) 청나라에서는 회시

(會試)를 치르느라 여념이 없었다. 각 성에서 올린 회시 참가자 명단에는 80세 이상이 무려 116명이나 되었고, 실제로 회시에 응한 92명에 대해서는 하사품까지 내렸다.

이처럼 청나라에서는 노인들이 과거시험을 치르는 등 여전히 성세에 도취되어 있었다. 건륭제가 교육을 일으키고 경로한다는 미명하에 태평성대를 미화하려고 했던 것이다. 이는 건륭성세에 잠재되어 있던 비애를 상징한다. 다시 말해 세계사의 3대 사건, 즉 산업혁명과 미국 독립전쟁, 프랑스대혁명이 획기적인 의의를 지니면서 세계사 발전에 막대한 영향을 미쳤고 세계의 세력구도를 변화시켰다. 하지만 세계가 이렇게 엄청난 변혁을 맞고 있을 때, 건륭제는 건륭 58년(1793) 8월 13일 피서산장에서 영국사신을 만나면서 거만하게 '천조(天朝)가 만국을 통솔한다,' '천조가 사해를 보듬는다,' '천조는 물산이 풍부하여 없는 게 없다'는 등 망발을 늘어놓았다.

건륭제가 서구산업기술의 진보와 세계발전의 조류를 간파하지 못하고 여전히 '천조상국(天朝上國)' '천고제일전인(千古第一全人)'의 미몽에 도취되어 있었음을 말해준다.

건륭제가 물러나고 가경제가 즉위하자 남쪽의 백련교, 북경의 천리교가 일어나는 등 전국 각지에서 봉화가 끊이지 않았다. 건륭성세의 허울 아래 잠복해 있던 각종 위기는 이미 충분히 노출되었다. 이 어려운 형국은 고스란히 그 후손들이 수습해야만 했다.

가경황제

옹염

건륭 25년(1760)~가경 25년(1820)

Chapter 7

가경황제 옹염

건륭제는 재위하면서 3명의 황태자를 세웠다. 처음에는 황후 부차씨 소생의 영련(永璉)을 황태자로 세웠는데 건륭제는 "영련은 황후 소생으로 짐의 적자이며 총기가 넘치고 기질이 범상치 않다"고 하였다.

건륭제가 즉위 후 밀지로 영련을 황태자로 지정하고 건청궁의 '정대광명' 편액 뒤편에 소장해 두었지만 영련은 9세에 병사했다. 다음으로 황태자에 내정된 인물은 영종(永琮)이다. 영련이 병사하자 건륭제는 9황자 영종을 황태자로 내정했다. 그러나 영종도 2세 때 수두로 요절하였다. 마지막으로 황태자에 내정된 사람이 15황자 옹염으로 본명은 영염(永琰)이다. '영'을 '옹'으로 바꾼 이유는 무엇일까? 청태조, 청태종, 청세조 때는 이름과 관련한 피휘규정이 없었다. 다만 『실록』, 『옥첩』 등 특정문헌에 나타난 이들 어명을 노란색 쪽지로 가렸을 뿐이다.

청나라 황제의 이름에 피휘법을 적용한 사례는 강희제가 최초이

독서하는 가경제

조복을 입은 가경제

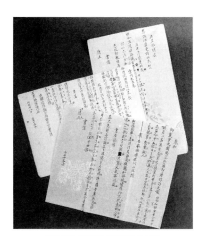

가경제가 황자일 때 했던 숙제들

건륭의 귀정잉훈정(歸政仍訓政) 지인

다. 본명이 현엽인 강희제는 피휘할 때면 '현(玄)'의 끝 획을 결획시켰다. 옹정제 윤진의 '윤'자도 피휘할 때면 끝 획을 결획시켰고 형제들은 아예 '윤(胤)'자를 '윤(允)'으로 고치게 했다.

건륭제의 본명은 홍력인데 '홍(弘)'자의 끝 획을 결획시켜 피휘하거나 '역(歷)'자를 '역(曆)'으로 고치기도 했다. 건륭제가 영염을 피휘해 주려고 했지만 영염의 영자가 워낙 자주 쓰이는 글씨여서 쉽지 않았다. 결국 '영'자를 자주 쓰이지 않는 '옹'자로 고쳤다. 영염은 즉위한 뒤 곧바로 '옹염'이라 개명하였다. 청나라 황제의 이름을 피휘하는 과정에서 학령을 특수자로 고친 경우는 가경제가 처음이다.

가경 원년 정월 초하루, 태화전에서 건륭제의 황위 선양식과 가경제의 황위 등극대전을 동시에 치렀다. 건륭제는 정치일선에서 물러난 뒤에도 태상황제 명분으로 3년간 훈정했기 때문에 두 연호가 병용되었다. 황실의 황력은 여전히 '건륭'으로 썼고 각지에서는 '가경' 연호를 사용한 것이다. 가경제는 청나라의 일곱 번째 황제이자 관내 진출 이래 다섯 번째 황제로 36세에 등극하여 25년간 재위하였으며 향년 61세였다.

범범한 황제로 각인되다

황위에서 물러나면 영수궁에 거처하고 새로 즉위한 황제에게 양심전을 양보하는 것이 순리지만 건륭제는 양심전을 떠나기가 싫었다. 그래서 가경제가 육경궁에서 지내도록 하고 '계덕당(繼德堂)'이란 이름을 내렸다.

건륭제는 자주 대전에 머물면서 백관의 조하를 받았는데 그때 가경제는 배시(陪侍)의 위치에 있었다. 조선의 사신이 북경에서 목격한 기록에 따르면 "가경제는 태상황제를 모시고 앉았는데 태상황제가 기뻐하면 따라 기뻐했고 태상황제가 웃으면 따라 웃었다. …… 연회를 베풀 때면 태상황제 곁에 앉아서 그의 일거일동만 주시하면서 눈 한 번 깜빡하지 않았다"고 하였다. 『청사고·인종본기(仁宗本紀)』에도 "훈정 초기에는 공손하고 삼가며 감히 어김이 없었다"고 기록하고 있다.

범범함(平庸)

아버지나 조부와 비교했을 때 가경제는 정치적 결단력뿐만 아니라 혁신정신도 결여되어 있었고, 국정을 다스리는 능력과 위풍당당함도 부족한 그야말로 범범한 황제였다. '범범함(平庸)'은 가경제의 가장 큰 특징이다.

가경제 때는 청나라가 성세에서 서서히 사양길로 들어서던 시기이다. 위로는 '혼신을 다해 나라를 다스리는 방도를 강구하고 강역을 넓히며 사방의 불복세력을 정벌하고 문무를 일으켰다'는 강건성세(康乾盛世)를 계승했지만 아래로는 아편전쟁과 남경조약 등 불평등조약이 강요되고 8국연합군의 북경진입이 자행되는 '도함쇠세(道咸衰世)'를 열었다. 180년 동안 누적된 사회모순은 가경제로 하여금 성세에서 쇠락으로의 전환기의 황제역할을 수행하게 하였다.

가경제는 건륭제로부터 황권과 함께 성세라는 허울아래 잠복해 있던 일련의 위기도 이양받았다. 그중에서 가장 시급했던 것이 바로 화신 처리문제였다. 화신사건을 처리하는 과정에서 가경제는 건륭제가 남긴 역사의 잔재와 위기를 어떻게 수습했고, 어떻게 더 깊은 위기 속으로 빠져들었는지를 한번 살펴보자.

제2의 황제, 화신을 처벌하라

화신은 역사적으로 실존했던 인물임에 틀림없다. 영시위내대신, 의정대신, 문화전대학사, 수석군기대신 등을 지낸 화신은 일인지하 만인지상의 위치에 머물면서 '제2의 황제'로 막강한 파워를 과시했다.

사극에 등장하는 화신은 교활하고 아부에 능하며 온갖 수작을 부리면서 정직한 대신들을 농간하는 간신배로 그려진다. 화신이 능력도 없이 아부만을 일삼았기 때문에 유용, 기소람과 같은 충신의 반대에 부딪혔다고 하지만, 반드시 그렇다고 단정할 수는 없다.

사서에서 화신은 귀족가문이라는 배경도 진사 출신의 학력도 없는 범범한 인물로 기록되어 있다. 화신은 "소시 적에 가정형편이 어려워서 학비를 낼 수 없어 생원이 되었다"고 한다. 과거에도 합격하지 못했던 자가 어떻게 '조정에서 그처럼 촉망받는' 인물이 될 수 있었을까? 이것이야말로 수많은 사람들의 초미의 관심사이다. 화신의 출세에는 수많은 요소가 복합적으로 작용하였다고 본다.

총명한 만주 출신

화신은 건륭 15년(1750)에 태어났으며 건륭제보다 39세 연하이다.

뉴우구루씨로 만주정홍기 출신인데 북경 서직문 내에서 살았다. 아버지는 일찍이 복건부도통(福建副都統)을 지냈다.

화신은 10세 때 운 좋게 함안궁의 관학에서 유가경전과 만문·몽고 문자를 배우는 등 양질의 교육을 받을 수 있었다. 건륭 35년(1770) 21세였던 화신이 순천부 향시에 응했지만 거인이 되지는 못했다. 하지만 만주 출신이었던 그는 3등 시위를 지내면서 대궐을 수시로 드나들 수 있었다. 이는 건륭제를 접할 수 있는 절호의 기회가 되었고 일생의 전환점이 되었다.

수많은 시위들 중에 건륭제가 고작 3등 시위였던 화신을 총애하게 된 까닭은 무엇일까? 야사에 기록된 3가지를 살펴보자.

① 설복성의 『용암필기』에 따르면 어느 날 건륭제가 순행에 나섰는데 갑자기 의장에 쓰이는 황색 화개(華蓋, 화려하게 장식된 햇빛가리개 양산)를 찾을 수 없었다. 누구의 책임인지를 추궁하자 시위들은 벌벌 떨면서 아무도 말하지 못했다. 이때 한쪽에 있던 화신이 말하였다. "그 임무를 수행하는 자가 마땅히 책임져야 할 줄로 압니다." 이는 건륭제에게 깊은 인상을 남겼다.

② 『청조야사대관』에 따르면 한번은 건륭제가 가마를 타고 가면서 『논어』를 읊었는데 순간 다음 구절이 떠오르지 않았다. 그 곁을 따르

가경제의 어필 편액

던 화신이 얼른 그 구절을 외웠고, 그때부터 건륭제는 화신을 총애하
였다고 한다.

③『귀운실견문잡기』에 의하면 건륭 40년(1775)에 산동으로 순행을
떠날 때 화신이 수행하였다. 건륭제는 노새가 끄는 작은 수레를 즐겨
애용했는데 '10리를 달리고 노새를 바꾸자 마치 날아가는 것 같았다.'
어느 날, 노새 수레를 탄 건륭제를 화신이 수행하게 되었다. 두 사람
사이에 이런 대화가 오갔다.

> 건륭제가 물었다: 출신이 무엇이더냐?
> 화신이 대답하였다: 문원(文員)입니다.
> 건륭제가 다시 물었다: 너는 과거에 나간 적이 있더냐?
> 화신이 대답하였다: 경인(庚寅, 건륭 35년)에 과거시험에 나간 적이 있
> 습니다.
> 또 물었다: 어떤 문제였더냐?
> 화신이 대답하였다: 맹공작(孟公綽) 구절이었습니다.
> 건륭제가 또 물었다: 그 문장을 능히 외울 수 있겠느냐?
> (화신이) 외우기 시작했는데 아주 민첩하였다.
> 건륭제가 말하였다: 너의 문장 실력 정도라면 과거에 붙을 수도 있
> 었다.

이 대화는 화신의 정치인생의 중대 전환점이 되었다. 화신은 총명
하고 기민했으며 무엇이든 제대로 처리함으로써 건륭제는 점차 그를
중용하게 되었다. 야사와 필기의 기록들은 아마도 화신이 사도(仕途, 벼

슬아치 노릇을 하는 길)로 들어갈 수 있었던 계기를 말해주고 있을 것이다. 이때부터 화신은 건륭의 신뢰를 등에 업고 관장에서 승승장구 형통할 수 있었다.

학문과 권모술수

『화신열전』에 따르면 화신은 어릴 적부터 총명하고 민첩했으며 재능이 많았다고 한다. 그는 만문, 한문, 몽고문, 티베트 등 4종류의 언어와 문자를 두루 통했고 또한 친화적이고 열정적이며 매사에 빈틈이 없었기 때문에 좋은 인맥관계를 유지했다. 알려진 것처럼 무학무능한 것이 아니라 학문과 권모술수에 아주 뛰어난 인물이었던 것이다.

사례 1.   건륭제는 귀얼커(네팔) 15공신 도찬을 평정하는 과정과 여타의 시문에서도 화신을 몹시 총애했다. 그는 변방 소수민족에 대한 관할과 건설에 지대한 공헌을 하였다. 건륭제는 일찍이 이렇게 말했다.

"티베트와 귀얼커에 대해 군사를 일으킬 때 모든 교지는 만문과 한문으로 작성해서 하달했고 달라이라마와 귀얼커에 보내는 칙서도 티베트문자와 몽고문자를 겸용하였다. 대신들 가운데 티베트문자를 아는 사람이 아무도 없고 오직 화신만이 이들 교지를 각종 문자로 옮길 수 있어 빈틈없이 처리할 수 있었다."

사례 2.   『화신열전』에 따르면 건륭 45년(1780) 정월에 31세의 화신은 운남에 가서 대학사 겸 운귀총독인 이시요(李侍堯) 탐오사건을 처리하는 중책을 맡게 되었다. 운남에 이른 화신은 이시요의 집사를 체포하고 증거를 확보함으로써 교활한 이시요도 죄를 인정할 수밖에 없었다. 화신이 임무를 접하고 이시요를 처결하라는 건륭제의 어명이 내려지기까지 2개월도 채 걸리지 않았다. 이 사건을 완벽하게 처리함으로써 화신은 자신의 재능과 노련미를 과시했다. 운남에서 북경으로 돌아오는 길에 건륭제는 화신을 호부상서로 임명하였다.

사례 3.　화신은 건륭제를 등에 업고 조정대권을 장악했을 뿐만 아니라 도당을 결성하고 세를 키웠다. 동생 화림은 수년 사이에 일개 내각 관리에서 사천총독으로 승진했다. 그리고 군기대신 복장안(福長安)을 막료로 끌어들였다. 복장안은 효현황후의 친조카이고 아버지 부항과 친형 복강안은 일찍이 군기대신까지 지냈다. 그 자신은 별다른 재능이 없었지만 화신의 말이라면 뭐든지 따랐다. 화신의 문하이던 오성흠, 오성란과 산동순무 이강아도 화신의 충복이었다.

사례 4.　성품이 강직한 대신에게는 배타행위도 서슴지 않았다. 대학사 송균은 화신에게 단 한 번도 허리를 굽힌 적이 없었기 때문에 줄곧 변방에 머물러야만 했다. 그는 티베트에서만 무려 5년 동안 머물렀다. 『청사고』에 따르면 세월이 흐를수록 화신이 건륭제의 의중을 손금 보듯 헤아릴 수 있었다고 한다. 이런 배경을 바탕으로 화신은 세도를 부리면서 순종하지 않는 사람은 기회를 노렸다가 건륭제에게 고한 후 황제의 손을 빌어 타격을 가했으며, 뇌물을 상납하는 자는 과오를 범해도 가급적이면 감싸주거나 큰일은 작은 일로, 작은 일은 없었던 일로 처리했다.

정보 독식과 탄핵

화신이 제아무리 관장의 고수라 할지라도 그의 범법행위가 시종일관 꼬리를 드러내지 않았던 것은 아니다. 자연히 그를 탄핵하는 사람도 있기 마련이다.

사례 1. 어사대부 조석보는 화신의 가신이던 유전을 돌파구로 삼아 화신을 탄핵하려 하였다. 누군가를 통해 그 소식을 접한 화신은 사전에 건륭제의 앞에서 손을 쓴 상태였기 때문에 오히려 탄핵을 주도한 조석보만 관직을 삭탈당하고 말았다. 화신은 백방으로 황제에게 날아드는 정보를 가로챘다.

사례 2. 사진정은 진사출신으로 어사이다. 한번은 동성에서 순시를 했는데 마차 한 대가 길거리에서 법규를 무시한 채 광분하는 것을 목격했다. 사진정은 크게 질책하고 수하들을 시켜 마차의 주인(화신의 친척)을 때리게 하고는 마차에 불을 질렀다. 이 일로 사진정은 화신으로부터 끊임없는 괴롭힘을 받고 결국 파직당하고 말았다.

황실의 인척

건륭제는 화신의 6세 아들에게 풍신은덕(豊紳殷德)이라는 이름까지 내렸다. 얼마 뒤에는 자신이 가장 총애하던 5세의 10공주 고륜화효(固倫和孝)를 화신의 며느리로 지정하였다. 고륜화효공주의 생모는 건륭제가 총애하던 돈비로 공주가 태어날 때 건륭제는 이미 65세였다. 어가의 법통에 따르면 비빈 소생은 마땅히 화석공주로 책봉되어야 하지만

10공주는 워낙 건륭제의 총애를 받았기 때문에 12세 때 파격적으로 고륜공주에 책봉되었다. 공주는 건륭제를 쏙 빼어 닮았는데, "네가 사내였더라면 짐은 반드시 너를 황태자로 세웠을 것이다"라고 했을 정도로 건륭제가 애지중지하는 딸이었다.

화신의 아들과는 건륭 54년(1789)에 완혼했는데, 건륭제는 엄청난 재물을 하사했다. 조선사신록에 따르면 "총애 정도는 혼수의 사치를 통해서도 알 수 있는데 푸룽안을 부마로 들일 때보다 족히 10배는 넘었다. 혼인 이튿날 보내온 그릇과 보석의 가치를 따진다면 아마 황금 수백만 냥은 넘을 것이다. 27일 공주가 친정에 들르자 또다시 백은 30만 냥을 내렸다. 저마다 보물을 손에 들고 공주의 행차 앞에서 서성대는 고관의 수는 수백 명에 달하였다. 수석내각대신인 아계도 연로하고 지위가 높았지만 거기에 끼어 있었다."

이때부터 화신과 건륭제의 관계는 주복관계와 군신관계에다가 인척관계가 추가되었다. 화신의 사돈인 건륭제는 그의 보호막이 되었고 화신은 무소불위의 권력을 행사했다. 화신의 가산을 차압할 때 10공주가 울면서 빌었기 때문에 풍신은덕은 죽음을 면하고 홀로 남아 공주와 여생을 보낼 수 있었다.

공주는 48세에 죽었다.

화신은 조정에서 20년을 머물면서 독식했던 승진기회와 봉작만도 50여 차례가 넘는다. 이는 그가 황제의 심중을 잘 헤아리고 가려운 곳을 긁어주는

조복에 쓰인 띠

등 환심을 샀기 때문에 가능했던 것이다.

① 화신과 건륭은 자주 화시(和詩)를 지었다. 건륭제는 일생 동안 작
시를 아주 즐겼다. 이 기호에 영합하기 위해 화신은 열심히 시문을 배
워 작시에서도 점차 일가견이 생겼다. 그의 시는 『가락당시집(嘉樂堂詩
集)』에 수록되어 있는데 절절함이 사람을 감동시키기까지 한다. 화신
이 지은 화시자료는 아직도 보존되어 있다.

② 화신은 건륭제의 서예를 모방했다. 화신은 서예를 즐기는 건륭
제의 글씨체를 애써 모방했는데 필체는 어필과 비슷했다. 건륭제 후
기의 일부 시구나 편액상의 제자는 화신이 대필한 것이다. 현재 북경
고궁박물관 숭경전(崇敬殿)에 걸려 있는 어제시변은 화신의 대필로 판
명되었다. 그의 서예 수준을 가늠할 수 있는 대목이다.

③ 화신은 건륭제와 함께 밀종(密宗)을 수련했다. 건륭제는 라마교를
신봉하고 불교경전에 대해 제법 조예가 깊었다. 일찍이 『만문대장경』
의 번역과 각인을 주재하였다. 화신도 불경을 배웠는데 일부 기록에
는 건륭제와 함께 밀종을 수련했다고 한다. 아무튼 화신과 건륭제는
특수하고 밀접한 관계를 유지하였다.

④ 화신은 건륭제의 사치심을 충족시켰다. 건륭제는 만년에 사치
한 생활을 하면서 토목공사를 일으키고 영수궁과 건륭화원을 축조해
노후양생에 대비했다. 또한 여섯 차례나 강남을 순회하면서 연도에
30여 개의 행궁을 세우고, 80세 생일에는 만수대전과 천수연을 거
행했다. 이 행사를 총괄하던 화신은 대량의 자금이 필요했다. 당시
의 국고는 이미 고갈상태라 자금조달이 쉽지 않았다. 화신은 뇌물, 고
리대, 불법세금징수 등 각종 수단을 동원하여 재물을 끌어모았다. 그

매타위렵도(梅戳圍獵圖)

는 3품 이상의 외관들과 경성에 있는 관아의 각급 관리들은 모두 헌금할 것과 일부 지역 염상(鹽商)들도 400만 냥을 헌납하라는 명령을 내렸다. 이를 통해 건륭제의 80세 축전에 필요한 자금을 모두 조달했다.

또한 의죄은(議罪銀)을 통해 자신의 주머니를 채웠다. 의죄은이란 과실을 범한 관리가 범칙금을 내고 처분을 면제받는 것으로 적게는 수천, 많게는 수십만 냥을 내야만 했다. 이들 의죄은은 국고가 아닌 내무부를 통해 건륭제의 개인주머니로 들어갔다. 이 일로 내각의 윤장도 학사가 반대 상소문을 올렸다가 목숨을 잃을 뻔하였다. 『소정잡목(嘯亭雜錄)』에서 소련은 "화신은 백방으로 재물을 끌어모으고 공갈을 일삼았다. 그러자 호부의 보조를 받아야만 운영이 가능했던 내무부에도 수년 사이에 자금이 흘러 넘쳤다"고 기록했다.

건륭제는 향락에 빠지면서 더더욱 화신을 의지하였다. 그 와중에도 화신은 제 배를 채웠다. 외지에서 황제에게 바치는 공물이나 예물은 모두 그의 손을 거쳐야만 했다. 이때, 중간에서 가로채는 수법으로 그가 수집한 진귀한 물품은 황실보다도 많았다. 일부 귀중품은 아예 벽 속에 감추기도 했다.

하루가 다르게 늙어가고 재위기간이 길어질수록 연로한 건륭제에게 화신은 아무도 대체할 수 없는 존재가 되었다. 궁녀, 비빈, 태감 등은 자신과 시문이나 서예, 불경에 관해 담론할 수 없었고, 자신을 도와 국정대사를 처리하거나 각종 언어문자교류를 처리할 수도 없었다. 따라서 화신에 대한 건륭제의 총애는 남달랐다.

청나라 300년 역사상 화신처럼 관운이 형통했던 경우는 드물다. 화신은 무관직으로는 양남기만주도통·정백기만주도통·양황기만주도통·보군통령을 지냈고, 문관직으로는 내무부대신·어전대신·의정대신·정백기영시위내대신·정황기영시위내대신·군기대신·영반군기대신·협판대학사·분화전대학사·호부상서·이부상서·이번원상서를 지냈으며, 학직으로는 전시독권관·일강기거주관·사고전서관 총재·석경관 총재·국사관 총재·한림원 장원학사를 지냈다. 또한 전관으로는 숭문문 세무감독을 지냈고, 내직으로는 겸관태의원·어약방사무를 지냈으며, 작위로는 태자태보·백작·공작을 수여받았다.

그러나 한편으로 화신은 출세가도를 달림과 동시에 제 무덤을 파고 있었다. 건륭제의 총애를 등에 업고 발호했던 화신은 건륭제의 죽음으로 파란만장한 인생도 종말을 맞았다. 가친왕 시절부터 가경제는 화신에 대해 불만이 많았으나 즉위 초에는 건륭제가 건재했기 때문에 감히 건드리지 못했다. 가경 4년(1799) 1월 4일, 건륭제가 양심전에서 세상을 떠났다. 바로 그날 가경제는 친정을 단행했다. 또한 대상을 치르는 기간에 화신을 처단함으로써 조정상하를 경악케 했다.

건륭제는 3년간 태상황제에 머물면서 실권을 행사하였다. 이때도 화신이 여전히 건륭제의 총애를 받았지만 미묘한 형세변화가 일어났다. 화신은 건륭제와 가경제 사이에서 온갖 수작을 부렸다. 건륭제를

스승 주규

한족 복식을 한 가경제

계속 등에 업고 가경제에게 아부했으며, 나중에는 가경제의 실권을 제한하고 가경제가 차후에 자신에게 취할 수 있는 처벌에 대처하고 나섰다. 따라서 건륭제와 가경제의 면전과 배후에서 항상 '이중성'을 보였다.

화신은 혼신을 다해 가경제를 제한하고 심복을 길렀다. 가경제가 즉위하자 한때 그의 스승이던 광동순무 주규가 축하편지를 보냈다. 화신이 건륭제 앞에서 주규를 헐뜯었지만 건륭제는 아는 체하지 않았다.

가경 원년(1796) 건륭제가 주규를 북경으로 불러 대학사에 임명하려고 하자 가경제는 시문을 지어 스승에게 감축의 뜻을 전하였다. 화신은 다시 건륭제를 찾아가서 가경제가 인심을 농락하고 태상황의 은총을 자신의 몫으로 돌리려 한다고 이간질하였다. 건륭제는 정말로 화가 났다. 그는 군기대신 동고에게 "이를 어쩌면 좋을까?"라고 물었다. 동고가 무릎을 꿇고 "성주께서는 아무런 지나친 말씀이 없었습니다"라고 간언해서야 비로소 그만두었다.

얼마 뒤 화신은 또다시 빌미를 잡고 건륭제를 종용하여 주규를 양광총독에서 안휘순무로 강등시켰다. 화신이 오성란을 가경제의 신변에 두고 명목상 시문 따위를 정리하게 했지만 사실은 가경제의 언행을 감시하기 위한 조치였다.

가경 2년(1797) 수석군기대신 아계가 병사하자 화신이 그 직책을 이었다. 건륭제는 이미 늙어서 기억력이 떨어지고 오락가락하는 상태였다. 건륭제의 진정한 대변인이 되면서 화신은 더더욱 무소불위였다. 그러나 화신은 총명한 척하다가 되레 일을 망치고 말았다. 옹염이 황자에서 황태자로 확정되었을 때, 사전에 그것을 알았던 화신은 건륭제가 옹염을 황태자로 세운다고 공식화하기 하루 전에 옹염에게 달려가 단청색의 여의(如意)를 진상하면서 자신의 공로를 은근히 암시했다.

옹염은 겉으로는 웃었지만 속으로는 결단내고 싶었다. 화신이 건륭제의 총애를 받고 조정 안팎에 수족들이 버티고 있어서 쉽게 손을 댈 수가 없었던 것이다. 하지만 건륭제가 세상을 떠난 지 15일만에 가경제는 건륭제의 은총을 30년 동안 독점했던 '제2의 황제'를 깔끔하게 처단하였다.

욕금고종 계략

가경제가 즉위한 뒤에도 태상황으로서 건륭제는 여전히 자신의 건재를 과시하였다. 가경제는 건륭제의 두터운 신임을 받았던 화신에 대해 붙잡기 위해 고의로 풀어주는 욕금고종 계략을 썼다. 가경제는 화신의 일거일동에 대해 예의주시하면서 아무런 내색도 하지 않았으며, 일부 대신들이 면전에서 화신을 흉보면 오히려 "화신에게 짐을 도와 국정을 다스리게 할 셈이야!"라고 했다. 국정과 관련된 사항을 태상황에게 올릴 때는 때때로 화신이 대신 올리게 함으로써 그의 신뢰를 얻었다.

유인책

건륭제가 세상을 떠나자 화신의 보호막도 사라졌다. 가경제는 화신을 예친왕과 함께 치상총괄대신으로 위임하는 동시에 몰래 사람을 보내 안휘순무 주규에게 귀경하여 중임을 수행하라고 하였다. 1월 4일 가경제는 교지를 내리고 사천 일대에서 백련교를 진압하던 장수가 거짓으로 군공을 가로챈 점을 질타하고, 이를 빌미로 화신의 잔당인 복장안의 군기대신 직책을 박탈했다. 가경제는 화신과 복장안에게 주야로 건륭제의 영전에 머물며 그곳을 뜨지 못하게 함으로써 외부와의 연락을 완전히 차단해 버렸다. 화신의 수석대학사, 수석군기대신, 보군통령 등 대권은 박탈된 것이나 다름없었다.

불의의 습격

1월 5일, 급사중 왕념손 등 관리들이 장계를 올리고 권력을 남용하여 대역죄를 범하였다며 화신을 탄핵했다. 8일, 가경제는 화신의 모든 직책을 박탈하고 체포하라는 어명을 내림으로써 조야를 놀라게 했다. 그런 뒤 일련의 인사조치를 단행하였다. 어명이 내려지는 순간부터 모든 상소문은 반드시 가경제에게 직접 올리며 군기처는 부본을 필사할 수 없었다. 또한 6부3원의 대신들이 상소문의 내용을 사전에 군기대신에게 알리지 못하게 하였다. 아울러 예친왕 순영, 정친왕 면은, 의친왕 영선, 경군왕 영린 등 종친에게 군정대권을 나누어 맡겼다.

여론 조성

가경제는 각 성과 경성의 관리들에게 화신 관련 진정서를 조정에 제출하라는 어명을 내렸다. 가장 먼저 직예총독 호계당이 소청을 올렸는데, 화신이 이성을 잃고 설치면서 황제를 무시하고 나라와 백성을 병들게 하고 자신은 방자한 생활을 하는 등 그야말로 후안무치한 소인배라고 질책하고 나섰다. 또한 화신을 '능지처참'할 것을 요청했다. 가경제는 3품 이상의 재경고관에게 호계당의 의견에 대해 토론하되 상이한 의견이 있으면 직접 자신에게 올리라고 지시하였다. 사실상 호계당의 견해를 기조로, 각 성의 도독과 순무에게 통보하고 그들의 분명한 입장표명을 요구한 것이다.

화신 처단

가경제는 9일, 건륭제의 유지를 선포함과 동시에 화신과 복장안의 모든 직책을 박탈하고 형부옥사에 하옥시켰다. 의친왕과 성친왕에게 화신을 신문하고 가산을 차압하라는 어명을 내렸다. 10일, 가경제는 '제대로 조사하여 짐의 신임을 저버리지 말라'는 등 화신에 대한 강도 높은 조사와 청산을 요구했다.

11일, 1차적인 조사와 심문을 통해 가경제는 화신의 20대 죄목을 선포했다. 가장 큰 죄목은 주상황제를 기만하고 군사정보를 가로챘으며 심복을 등용해 국가재정을 탕진했다는 것이다. 18일, 문무대신들의 연석회의에서는 화신을 능지처참하고 복장안을 참수하자는 주청을 올렸다.

가경 4년 정월의 『상유당』에서 가경제는 "화신은 처벌받아 마땅하다"고 하였다. 이는 화신에게 어떤 처벌을 가해도 지나치지 않다는 말이다. 하지만 화신이 수석군기대신을 지냈던 점을 감안하고 조정의 체면을 살리기 위해 자결을 명하였다. 화신은 자신이 오래 살 수 없다는 사실을 알았는지 창밖의 보름달을 바라보면서 감개무량하여 시조를 읊었다.

절경을 마주하고 지난 일을 떠올리니 만감이 교차하네. 뛰어난 재능을 품어 이 한 몸 다치게 되었네.

책략

가경제는 화신이 선제의 노여움을 샀기 때문에 대상을 치르는 기간에 처단되어야 한다고 주장했다. 화신이 처단되자 그의 도당들은 공포와 불안에 떨었다. 조정대신들은 전력을 다해 화신의 도당들을 색출하자고 주청했다. 하지만 가경제는 화신을 처형하고 그의 충복이던 이강아, 오성란, 오성흠 등에 대해서만 처벌을 가하는(화신의 동생 화림은 이미 죽었다) 선에서 일단락지었다.

화신의 추천으로 승진된 관리와 화신에게 뇌물을 상납한 사람들에 대해서는 책임을 추궁하지 않았다. 가경제는 "화신의 천거를 받거나 그의 문하로 들어간 자에 대해서는 일체 추궁하지 않는다. 그들이 과거의 잘못을 뉘우치고 시정하여 거듭나기를 권고한다"는 교지를 내렸다. 그러자 민심이 빠르게 안정되었다.

화신에 대한 처단은 신속하고 흐트러짐이 없었으며, 단호하고 시

화신부의 화원

의적절하며 성공적이었다. 이는 가경제가 처리했던 정치사건 가운데 가장 뛰어난 것이고, 정치가로서 가경제의 유일한 걸작품이다.

가경제가 화신에게 가했던 첫 번째 죄목은 황태자로 책봉되었음을 선포하기 하루 전에 자신에게 어의를 보내면서 은근히 공을 과시했던 부분이다. 이는 화신이 새 주인에게 충성하겠다는 뜻으로 그 마음이 사악하다 할 수 없고 군주를 배신한 것도 사직을 배반한 것도 아니니 능지처참할 정도의 죄목은 아니다. 그럼에도 가경제가 이것을 첫 번째 죄목으로 규정하였다는 것은 그의 마음속에 아직 커다란 그림이 그려져 있지 않음을 나타낸다. 이는 가경제가 친정했지만 범범한 황제임을 드러낸 첫 번째 사례이다.

그렇다면 가경제는 왜 화신을 처단했는가?

① 혹자는 화신의 '부유함이 나라와 견줄 수 있을 정도'였기 때문에 그를 제거하는 것은 가경제가 당면했던 재정압력을 완화할 수 있는 유일한 해법이었다고 한다. 이른바 "화신이 쓰러지면 가경제가 배부를 수 있다"는 뜻이다.

화신의 가산을 차압한 결과 황금 3,200냥과 땅굴 속에 숨겨두었던 백은 200만 냥을 찾아냈고, 토지 1,266경, 가옥 1,001칸 반, 각지에 흩어져 있는 화신 소유의 전당포와 전포의 각종 주옥, 보물, 의복 등

가산을 은으로 환산하면 1,000만 냥이 넘었다. 2,000만 냥이라는 사람도 있고 8억 냥에 이른다는 사람도 있었다. 당시 청나라 1년간 총 재정 수입이 7,000만 냥이었음을 고려할 때 어마어마한 수치이다.

이밖에도 화신이 불법으로 만든 진주, 보석, 귀금속 등을 합산한다면 그 수치는 헤아릴 수조차 없다. 대량의 재물은 화신으로 하여금 제왕보다 더 호화로운 생활을 누릴 수 있게 하였다. 궁녀를 첩으로 들이고 포졸 가운데는 화신의 저택에서 사무를 보는 자가 1,000명에 이르렀다. 승덕의 여정문(麗正門) 바깥과 북경의 북장가에 저택을 소유하고 있었을 뿐만 아니라 스차하이(什刹海)에 호화로운 저택을 축조했는데 그 유명한 공왕부의 전신이다. 저택 안에는 건륭제의 영수궁을 모방하여 남목방을 짓고 사진재라 하였다. 또한 수화문과 황실에서 사용하는 등불을 만들어 사용하고 다보각을 불법 건축하였다.

화신이 축조한 웅대하고도 아름다운 숙춘원은 지금의 북경대학 교원의 일부이다. 화신은 처첩이 구름처럼 따랐고 비단옷에 옥기로 식사를 했으며 사후의 세계도 황제처럼 지낼 것을 꿈꾸었다. 하북 계주에 거대한 분묘도 축조했는데 그 규모가 친왕의 능묘를 능가했다. 민간에서는 '화릉(和陵)'이라 불렀다.

② 혹자는 관가와 백성사이의 모순을 완화시키기 위한 조치로 보았다. 가경 원년(1796)에 발생한 백련교 반란에서 청군은 줄곧 고전을 면치 못하였다. 가경 3년, 청군이 사천의 농민군 수령인 왕삼괴를 생포했는데, 그가 "관가의 핍박이 심했기 때문에 백성들과 반란을 일으켰다"고 진술했다. 가경제는 지방 관리들이 모두 화신처럼 탐욕스럽고 포악했기 때문에 민변이 끊이지 않는다고 여겼다. 또한 "관리들이 하

나같이 착취를 일삼았던 것은 모두 화신 때문이다"는 결론을 내렸다. 훗날 "짐이 화신의 죄상을 엄히 물은 데는 그가 군정대사를 망쳤기 때문이다"라고 하였다. 화신을 처단하여 천하에 사죄하기 위한 것이다.

③ 혹자는 군주와 재상 사이의 모순을 해결하는 조치로 보았는데 화신의 권력이 가경제를 능가했기 때문이다. 가경제는 이렇게 말하였다. "짐이 화신을 제거하지 않으면 천하사람들은 그의 존재만 알고 짐의 존재는 모를 것이다." 심지어 화신이 반란을 도모한다고 의심할 정도였다. 재상의 권한이 군주를 능가하여 신변을 위협할 때 군주는 당연히 조치를 취하기 마련이다.

가경제의 선조를 보면 홍타이지가 즉위한 뒤, 2버일러 아민과 3버일러 망굴타이, 대버일러 다이산을 구금함으로써 4대 버일러와 어깨를 나란히 하던 데서 '홀로 남면독좌하였다.' 순치제는 친정한 뒤, 이미 죽은 섭정왕 도르곤의 죄를 묻기도 하였다. 강희제는 친정한 뒤, 보정대신 오배를 체포했고, 옹정제는 등극한 뒤에 융사이와 연갱요를 처결하였다. 건륭제 또한 일련의 조치를 취하였다. 따라서 가경제가 집권하고 조정의 강령을 바로 세우기 위해서는 막강한 권력을 행사하던 화신을 처결하지 않을 수 없었다.

하지만 가경제가 화신의 공적과 재능을 깡그리 부정한 것은 아니다. 가경 19년(1814), 화신이 처형된 지 15년이 지나고 사관들이 편찬한 『화신열전』의 원고를 가경제에게 올려 심의를 요청했다. 소략하다 싶을 정도로 관계와 이력만 늘여놓은 것을 본 가경제는 아주 못마땅하게 여겼다. 그는 "화신이 그처럼 아무 장점이 없었던 사람은 아니다"면서 '총명하고 민첩'하여 재임기간 30년 동안 적잖은 일을 했다

고 하였다. 단지 그가 지나치게 탐욕스러웠고 사리만 쫓으면서 멋대로 전권을 휘둘렀기에 엄벌하였다는 말이다.

『청사고·화신전』에는 "인종(仁宗, 嘉慶)은 일찍이 당나라 대종이 이보국을 처결한 사실을 논하면서 '대종이 아직 황태자일 때, 재상 이보국의 죄상을 논하지 않는 자가 없었다. 대종이 황위에 오른 뒤, 그의 죄상을 낱낱이 밝히고 처결하였다. 그러고는 옥리를 시켜 조용히 처리하도록 했다'고 한 것은 아마도 화신의 처결을 두고 한 말일 것이다"라고 기록하고 있다.

이는 당나라 대종이 재상을 처결한 이야기이다. 『구당서·이보국전』에 따르면 이보국은 출신이 비천한 데다가 어려서 거세를 당했는데, 용모가 추하고 문자를 약간 알았다. 태자의 동궁에서 말을 먹이는 내시였다. 안사의 난(安祿山, 史思明의 난)이 일어날 때, 태자에게 황위에 오를 것을 충고하였다. 숙종이 즉위하고 그를 태자의 집사로 승진시켰다. 그 뒤에 관운이 형통하여 개부의동삼사(開府儀同三司), 성국공, 병부상서, 박륙군왕을 지냈다.

숙종이 죽고 대종이 즉위하자 그를 상보, 사공 겸 중서령으로 높였다. 『신당서·이보국전』에서는 "대종이 즉위한 뒤, 떠들썩하게 이보국을 죽이는 것을 원치 않았기 때문에 협객을 보내 심야에 그를 죽이고 머리를 베어 뒷간에 팽개치도록 했다. 대종은 여전히 그 일을 비밀로 하고 나무로 그의 머리를 만들어 매장하게 하였다." 가경제의 화신 처결방식은 당대종의 이보국 처리방식과 아주 흡사하다. 더 이상 깊이 추궁하고 일을 벌이기를 원치 않았던 것이다.

그러나 화신의 문제는 개개 안건의 범주를 벗어나 사회현상으로 확산되었는데 이른바 '화신현상'이다. 화신은 출신이 미천하여 향시에도 합격하지 못한 생원으로 범범한 궁정시위였다. 그런 그가 32세에 군기대신이 되었고, 그 뒤로 관운이 형통하여 관계의 최고봉에 이르렀으니 연구할 만하다.

화신현상은 건륭제 전제의 필연적 귀결이다. 건륭제는 스스로 '십전노인', '십전무공' 운운하면서 교만했고 정사에 실증을 냈다. 아부하는 것을 좋아하게 된 건륭제는 자연히 화신과 같은 인물이 출현할 수 있는 조건을 만들었다. 화신 문제에 관하여 고양은 '적어도 고종에게 절반의 책임이 있다'고 보았다. 좀 더 엄격히 말하자면 화신현상의 책임자는 건륭제이며 화신은 건륭제의 군주전제라는 부패한 몸통에 생긴 하나의 종양과 같은 존재에 지나지 않는다는 것이다.

건륭제 신변에는 주로 4부류의 사람이 있었다. 후비, 태감(내시), 황자, 신하 등이다. 후비는 그를 대신해 군정업무를 수행할 수 없었고, 태감은 그와 화시를 나눌 수 없었고, 서예와 같은 예술을 음미할 수 없었다. 태자들은 '대권을 노린다'는 누명을 쓸까 염려되어 가까이 하기를 꺼렸고, 조정대신들은 화신처럼 건륭제에게 아부할 줄을 몰랐다. 따라서 화신은 후비, 태감, 황자와 대신들이 할 수 없는 독특한 역할을 수행할 수 있었다.

건륭제는 화신에 대해 총애와 신임을 아끼지 않았으니 자연히 그의 든든한 버팀목이 될 수밖에 없었다. 당시의 대학사 아계는 화신과 대립이 있었고, 장원 출신의 왕걸도 화신의 말을 듣지 않았다. 진계원은 『용한재필기(庸閑齋筆記)』에서 "하루는 화신이 군기처에서 수묵화 한 폭을 들고 있었다. 왕걸이 말하였다. '묵을 탐내는 기풍이 이 지경에 이르렀는가.' 화신이 왕걸의 손을 가리키며 '장원의 손은 과연 좋습니다'라고 하자, 왕걸이 답하였다. '이 손은 그저 장원이나 할 줄 아는 손으로 돈을 요구할 줄 모르니 무슨 장점이 있겠소?' 훗날 왕걸은 고령을 이유로 사직하고 고향인 섬서의 한성 시골로 돌아갔는데 가경제는 그에게 '양쪽 소매에 청풍이 가득한 사람을 한성으로 떠나보내네(淸風兩袖送韓城)'라는 시를 지어주었다"고 한다.

그러나 건륭제 때문에 화신을 어찌할 방도가 없었다. 화신은 20년간 조정에 머물면서 단 한 차례 탄핵도 받은 적이 없다. 자신을 반대하는 조짐이 조금이라도 보이면 즉시 계책을 꾸며서라도 제거하였다. 앞서 조석보의 탄핵이 불발된 것이 그 일례이다.

가경제는 화신사건에서 사태를 더 이상 확대시키지 않았다. 하지만 그가 화신안을 그저 개별 안건으로 치부하고 '화신현상'을 제도상의 폐단으로 취급하며 개혁을 못했던 점은 가경제의 범범한 성격의 발로라 하겠다.

도처에 위기가 도사렸다

가경제는 화신 사건을 처리했지만 곧바로 일련의 사회적 위기에 직면했다. 남방의 백련교, 경성 일원의 천리교, 동남 해상의 소동, 광산채굴과 봉금(封禁), 재정적자, 팔기군 유지, 아편의 유입, 하운(河運)과 조운(漕運) 등의 수많은 난제가 조수처럼 밀려들었다. 그러나 가경제는 이들 문제를 개개의 문제로 파악했던 탓에 제도적으로 해결하려 하지 않았고 또한 해결할 수도 없었다. 백련교를 평정한 뒤 가경제는 이런 시구를 남겼다.

> 내외 신하들이 모두 자주색 두루마기였으니, 누가 짐과 더불어 노심초사하려 하겠는가? (內外諸臣盡紫袍, 何人肯與朕分勞?)
> 옥배로 천만 사람들의 피를 들이키고 은화톳불은 백성들의 기름을 불사르네. (玉杯飮盡千家血, 銀燭燒殘百姓膏)
> 하늘이 눈물 흘릴 때 인간도 눈물을 떨구며 노랫소리 높은 곳에 곡소리 또한 높은 법이네. (天淚落時人淚落, 歌聲高處曲聲高)
> 평소에 질펀하게 군주의 은혜가 두텁다면서 정작 군주의 은혜를 저버리는 건 너희들이 아니던가! (平時漫說君恩重, 辜負君恩是爾曹!)

"옥배로 천만 사람들의 피를 들이키고 은화톳불은 백성들의 기름을 불사르네"라는 대목은 가경제의 인애사상을 드러낸 대목이다. 인군(仁君)은 백성을 사랑한다. 가경제는 '인군'으로서의 자격은 가졌다. 이는 황제로서 아주 기특한 것이다.

평묘도(平苗圖)

뛰어난 유학적 소양

가경제는 유학적 소양이 뛰어났는데 문학, 시가, 서예, 문장 등에도 능하였다. 이점은 명나라 정덕(正德), 가정(嘉靖), 만력(萬曆), 천계(天啓)보다도 훨씬 뛰어났다. 두 가지 사례만 들어보자.

① 대리사경(大理寺卿) 양역을 만났을 때는 무더위가 기승을 부리던 한여름이었다. 양역이 문발을 제치자 가경제가 부채질을 하면서 땀을 식히는 모습이 눈에 들어왔다. 양역이 들어와 무릎을 꿇고 배알하였다. 가경제는 부채를 한쪽에 두고는 더 이상 사용하지 않았다. 그러고는 자세히 물었다. 한참이 지나고 더위가 심해지면서 '땀이 물 흐르듯 했지만 끝내 부채를 쓰지 않았다.'

② 가경 22년(1817)에는 천하에 세금면제령을 내리자 각지에서는 기뻐서 들끓었다. 안휘의 백성들은 조세를 내지 못하고 진 빚이 무려 백은 300만 냥이 넘었다. 안휘순무 요조동은 상부로 올린 수치에 솔직하지 못하다고 의심하고 각 부와 도, 주현이 40%를 삭감하라 명하였다. 각지의 관리들은 죽을 맛이었다. 이를 들은 가경제는 "위에서

묘민 봉기를 진압한 덕릉태(德楞泰)　　　　창릉(昌陵) 석상생(石象牛)과 패루

손해를 보더라도 아랫사람들에게 도움을 주는 것은 짐이 원하는 바이다. 하지만 일부러 각박하게 구는 것은 정치에 큰 해가 된다"고 하였다. 요조동은 크게 뉘우치고 원래 수치대로 보고하였다.

　명나라 황제의 입에서는 이런 말이 나올 수 없었고 이런 시를 짓지도 못하였다. 청나라 황제는 명나라 황제와 분명 달랐다. 청나라에는 혼군과 폭군이 없었다. 가경제는 탐욕스럽고 포악한 군주가 아니었고 혼군도 아니었다. 다만 마음속에 큰 형국이 그려져 있지 않았기 때문에 큰일을 기대할 수는 없었다. 사회에 존재하는 제도적 폐단을 인식하지 못한 가경제는 개혁을 실천하지 못했다.

제도적 폐단과 숨겨진 위기

　가경제의 비극은 천하의 문젯거

가경제의 조복

리가 모두 화신과 무능한 관리 때문이라고 보면서 자신은 책임으로부터 회피하려 했고 더욱이 제도적인 근원을 찾지 못한 것이다. 그 결과 관리들의 부패를 막을 수 없었고 '화신현상'의 제도적 토양을 근본적으로 제거할 수 없었다. 재위기간 25년간 건륭성세가 남긴 위기들을 애써 극복해 나갔지만 동시에 더 큰 위기에 빠져들었다. 건륭성세의 외피 속에 숨겨져 있던 위기는 가경제 때 점차 심화되었다. 따라서 도광제가 즉위한 뒤로 청나라는 내외로 곤경에 처하고 사면초가에 빠졌다.

도광황제

민녕

건륭 47년(1782)~도광 30년(1850)

Chapter 8

도광황제 민녕

도광제 민녕은 건륭 47년(1782)에 태어
나 39세에 즉위하고 30년간 재위하였다.
향년 69세이다. 도광제는 청나라 12명의
황제 가운데 유일하게 적자신분으로 황위
에 오른 황제이다. 도광제 상위 세대 황제
들과 생모와의 관계는 다음과 같다. 청태
종 홍타이지도 적자가 아니며, 푸린은 홍
타이지의 9자로 생모는 장비이다. 현엽은
순치제의 3자로 생모는 퉁가씨이며 빈이
었다. 윤진은 강희제의 4자로 생모는 우

조복을 입은 도광제

야씨이며 덕비이다. 홍력은 옹정제의 4자로 생모는 뉴우구루씨이며
비첩이다. 옹염은 건륭제의 15자로 생모는 위가씨이며 황귀비이다.

도광제의 아래 세대 황제들을 보면 재순(동치제)은 함풍제의 독자이

며 생모는 의귀비이다. 광서
제와 선통제는 둘 다 황자가
아니다. 도광제는 가경제의 2
자로 생모인 시타라씨(喜塔拉
氏)는 생전에 황후에 책봉되었
다. 시타라씨는 부도통이며
내무총관이던 휘얼징어(和爾經
額)의 여식이다.

희일추정도(喜溢秋庭圖)

건륭제는 건륭 39년(1774)
에 시타라씨를 옹염의 정실로 책봉했는데 당시에 옹염은 15세였다.
건륭 47년(1782) 8월 10일 시타라씨로부터 득남하고 이름을 민녕(旻寧)
이라 했으니 그가 도광제이다. 가경제가 즉위하고 시타라씨를 황후로
책봉했지만 1년 30일간 황후로 있다가 병사하고 말았다. 그해 민녕의
나이 16세였다.

가경제는 민녕에 대해 각별한 관심과 심혈을 기울였다. 특히 마음
을 가라앉히고 독서와 심신수양에 힘을 기울였다. 민녕은 유가 교육
의 훈도 아래 '경사를 관통하였다'고 자부하리만큼 학문에서 성취도
가 있었다. 그는 시서(詩書)를 통해 자신의 의지를 갈고 닦아 『양정서옥
시문(養正書屋詩文)』 40권을 저술하였다. 또한 "지경(至敬)·존성(存誠)·근학
(勤學)·개과(改過)"라는 친필로 쓴 편액을 서재 중앙에 걸어둠으로써 몸
을 닦고 천성을 함양하겠다는 의지와 가경제에 대한 자신의 존경심을
나타냈다. "일이 클수록 마음속으로는 작게 여겨야 하며, 형세가 급박
할수록 심기는 평온해야 한다"는 글도 남겼다. 민녕이 황자로 있을 때

성격연마에 얼마나 힘썼는지를 가늠할
수 있다.

임청

가경 18년(1813, 민녕 32세) 천리교 신
도가 자금성을 공격하는 돌발사태가
발생했다. 이 해에 민녕은 가경제를 따
라 목란수렵장으로 수렵을 떠났는데
비가 계속 내리자 어명을 받고 먼저 북
경으로 돌아왔다. 임청이 천리교 신도를 이끌고 자금성으로 진입해서
양심전으로 향할 때 민녕은 상서방에서 독서를 하고 있었다. 변란 소
식을 접하고도 진정하면서 "빨리 조총과 요도를 가져오라" 명하고는
내관을 이끌고 성곽 위에 올라 그쪽을 바라보았다.

천리교 신도 가운데 한 명이 깃발을 들고 성곽 위로 기어올라 와서
양심문으로 다가서고 있었다. 민녕은 '조총을 발사하여 그 자를 죽이
고는 다시 장전했다.' 그런 난리 속에서도 민녕은 가경제에게 상소문
을 올려 상황을 설명하였다. 또한 4개의 성문만큼은 절대로 열지 말
라는 어명을 내리고 저수궁으로 달려가 황모를 위로했으며, 친위대를
이끌고는 서장가 일대를 순시했다.

이 변란을 통해 민녕은 조정신하로부터 큰 신망을 얻었다. 사람들
은 그가 지혜롭고 용맹하며 침착하다고 극찬했다. 귀경길에 소식을
접한 가경제는 즉시 민녕을 지친왕으로 책봉하고 그가 사용했던 조총
을 '위열(威烈)'이라고 명명하였다. 민녕의 행실이 이처럼 뛰어났고 또
한 비밀리에 황태자로 지명되었지만 황위 승계를 둘러싼 풍파는 끊이
지 않았다.

황위 승계를 둘러싼 혼란

가경 25년(1820) 7월 18일, 가경제는 열하로 추선을 떠났다. 2황자인 지친왕 민녕과 4황자인 서친왕 면흔이 수행하였다. 61세이던 가경제는 옥체가 풍만하고 정신은 강인했다. 24일 피서산장에 도착한 가경제는 옥체가 편치 않았지만 성황묘에서 향을 올리고 영우궁에서 다시 예를 올렸다.

25일, 갑자기 병세가 위독해지더니 그날 밤으로 세상을 떠났다. 가경제의 돌연사 원인은 아직 분명치 않다. 가경제가 벼락을 맞아 숙었다는 설까지 등장할 정도이다. 그것이 사실일지라도 청나라의 관찬 또는 사찬 서적은 그대로 적지는 못했을 것이다. 가경제의 사인으로는 환갑을 넘긴 나이에 몸매는 풍만하다고 느껴질 정도로 뚱뚱했고 날씨도 무더웠던 데다 여정에서 누적된 피로로 인해 심혈관 내지는 뇌혈관 질병을 유발했을 가능성이 유력하다.

황제가 돌연사한 상황에서 단 하루라도 황위를 비워둘 수는 없었다. 황위 계승은 조정의 당면과제였고 민녕의 즉위도 자연스럽게 비쳐질 수도 있지만 즉위를 둘러싼 의혹을 떨쳐버릴 수는 없다.

법도와 가법

청나라 '어가의 법도'에 따르면 황제가 후계자를 지정한 밀지를 담은 흉갑은 건청궁의 '정대광명' 편액 뒤편에 둔다. 가법에 따라 옹정제는 옹정 원년(1723) 8월 17일, 서난각에서 '비밀리에 황위 후계자를 세우는 제도'를 실행한다고 선포하고 밀지가 담긴 흉갑을 건청궁의

가경제의 유조

'정대광명' 편액 뒤편에 두기로 정하였다.

도광제 이전까지 흉갑을 개봉하여 밀지를 선포하는 방식을 통해 황위에 오른 사람은 건륭제와 가경제뿐이다. 건륭제는 흉갑을 개봉하는 과정을 이렇게 말하였다. "황위를 전한다는 선제의 유지가 적힌 밀지를 짐 스스로 감히 열 수가 없었기 때문에 대학사 어얼타이와 장정옥을 불러 함께 밀지를 공손하게 펴고 열람했다."

이른바 '공동수계(公同手啓), 입정대통(立定大統)'이다. 여기서 '밀지를 폈다'는 것은 후계자와 조정신하가 함께 펼쳤다는 뜻이다. 건륭제는 황위를 가경에게 전한다는 밀지가 담긴 흉갑을 몸소 개봉하고 선포했다. 건륭 38년(1773) 건륭제는 비밀리에 15황자 옹염을 황태자로 정하고 옹정제가 만든 규정에 따라 흉갑을 정히 간수하였다. 건륭 60년(1795) 9월 3일, 원명원의 근정전에서 건륭제는 자손들과 왕공대신을 부르고는 "계사(1773)에 황태자를 지정한 밀지가 담긴 흉갑을 그대들과 함께 개봉한다. 15황자 가친왕 옹염을 황태자로 세움을 정히 선포한다"고 발표했다.

흉갑제도의 직접적인 수혜자였던 가경제가 흉갑을 만든다는 것은 지극히 당연하다. 가경제가 피서산장에서 돌연사함으로써 관례대로 대신을 북경에 급파해 정대광명 편액 뒤편에 두었던 휼갑을 취해야 한다. 그런데 어찌된 영문인지 당시는 그러지 않았다. 후계자를 지정한 밀지를 어디에 숨겨뒀을까? 포세신이 작성하였다는 『대공묘비(戴公墓碑)』에 따르면 가경제는 휼갑을 항상 몸에 휴대하고 다녔다고 한다.

비문에 따르면 가경 25년(1820) 봄, 대균원을 문연각대학사로 위촉하고 태자태보로 임명하여 형부를 관장케 하였다. 7월 대균원과 퉈진(托津) 등은 가경제를 수행하여 열하로 추선을 떠났는데 폐하께서 갑자기 병환에 걸려 쾌유되지 않았다. 갑작스레 생긴 변고라 수행원들은 놀라 어쩔 바를 몰랐다.

대균원과 퉈진은 내관을 독촉하여 폐하의 유품을 정리하게 했는데 가경제가 가장 가까이 두었던 시종에게서 '자그마한 금궤'가 발견되었고 거기서 밀지를 찾아냈다. 휼갑을 건청궁의 정대광명 편액 뒤편에 간수한 것도 아니었고, 여러 자손들과 왕공대신들 앞에서 개봉하지도 않았다. 이는 분명히 청황실의 '가법'을 어긴 행위이다. 일각에서는 "가경제가 휼갑을 몸에 지니고 열하로 떠났다는 기록을 그대로 믿을 수 없다"고 주장한다. 이것이 첫 번째 미스터리이다.

종실의 건의

가경제가 세상을 떠나자 총관내무대신이던 희은이 민녕의 황위 계승을 건의하였다. 희은은 만주정남기이며 예친왕 순영의 아들로 종실이다. 여기서 한 가지 보충이 필요하다. 예친왕 도르곤은 후사가 없었기 때문에 동생 도도의 아들 도르보를 수양자로 들이고 예친왕 지위를 세습케 하였다. 도르보는 도르곤이 작위를 박탈당하고 묘향에서 제외되자 다시 도도의 아들이 되었다가 건륭제가 도르곤을 복권시키고 예친왕 작위를 회복시킨 후에 또다시 도르곤의 후계자가 되었다. 그러나 그때는 도르보가 죽은 지 여러 해가 지나 그의 5대손인 순영이 예친왕 작위를 계승하였다.

순영은 가경제가 화신을 처단할 때 의지했던 중신이었기 때문에 그의 아들 희은은 입궐한 뒤 곧바로 1등 시위가 되고 이어 어전시위로 승진했으며 나중엔 내무대신이 되었다. 가경 25년(1820) 7월 희은은 내무대신의 신분으로 가경제를 따라 피서산장으로 떠났다.

『청사고·종실희은전(宗室禧恩傳)』에서는 "인종이 피서산장에서 세상을 떠났다. 갑작스레 일어난 변고인지라 희은은 종실자격으로 선종(宣宗, 도광제)의 황위 계승을 건의하였다. 그러나 군기대신 퉈진과 대균원이 몹시 주저했다. 희은이 끝까지 고집했지만 모두 결단을 내리지 못했다. 마침 밀지가 담긴 횰갑을 얻을 수 있어서 유지에 따라 선종을 받들어 황위를 계승하게 하였다"고 한다.

희은은 종실로써 지위도 높고 영향력 또한 막강했지만 그의 제안은 군기대신이던 퉈진과 대균원의 공감을 얻어내지는 못하였다. 이는 민녕을 받들어 황위에 오르는 사안에 대해 당시 한 차례 격론이 벌어졌음을 감지할 수 있다. 희은이 민녕의 황위 계승을 건의했다는 사실은 가경제 생전에 황위 계승자가 누구인지를 대신들에게 발표한 적이 없다는 점과 희은이 민녕의 황위 계승을 건의할 무렵은 횰갑이 공개되지 않았음을 의미한다. 아니라면 퉈진과 대균원이 주저하면서 자신들의 의중을 표명하지 않았을 리가 없다. 따라서 '횰갑을 공개하고 밀지를 선포하였다'는 설은 모순되며 의심의 소지가 있다.

희은은 내무대신에 지나지 않는다. 가법에 따르면 종실이던 그에게는 '민녕의 황위 계승을 건의할' 수 있는 자격이 없다. 그런데도 가법을 어겨 가면서까지 그런 '건의'를 했을까? 이것이 두 번째 미스터리이다.

태후의 의지

효화예황후(孝和睿皇后)가 의지를 내려 민녕의 황위 계승을 정했다는 부분이다. 가경제에게는 두 황후가 있었다. 효숙예황후(孝淑睿皇后) 시타라씨는 도광제의 생모이며 황후로 책봉되고 1년만에 병으로 세상을 떠났다. 효화예황후 뉴우구루씨는 3황자 면개와 4황자 면흔을 출산했지만 본인 소생이 아닌 민녕에게도 각별한 관심과 사랑을 쏟았기 때문에 서로 좋은 관계를 유지했다.

훌갑을 가경제가 어디에 숨겼는지 효화예황후도 몰랐다. 따라서 누구를 황태자로 지정했는지 당연히 몰랐을 것이다. 하지만 자금성에서 가경제의 부음을 접한 황후는 곧바로 의지를 내렸다. "지금 선제의 죽음에 대한 애도도 중요하지만 황위 계승자를 정하는 것도 중요하다. 2황자 지친왕은 인자하고 효성스러우며 총명하고 지혜롭고 용맹스럽다. 지금 수행 중이니 마땅히 선제의 유지를 받들어 백성을 안무해야 할 것이다. 갑자기 변고가 생겼기 때문에 선제께서는 미처 황위 계승자를 밝히지 못하셨다. 지친왕의 성정이 겸손하다는 것은 주지의 사실이다. 따라서 특별 의지를 내려 재경대신들에게 2황자를 받들어 황위를 계승하도록 전하노라. 이로써 선제의 재천지령을 위안하고 백

정은감고도(情殷鑒古圖)

성들의 바람에 순응할 것이다."

황후의 의지가 민녕의 황위 계승에 무엇보다 중대한 역할을 했음은 자명하다. 민녕은 열하에서 황태후의 의지를 받들고 절을 올리며 감사의 뜻을 나타냈다.

훗날 모든 정사에서는 도광제가 피서산장에서 대신들과 함께 훌갑을 개봉하였다고 한다. 황후에게 올린 상주문을 보면 "아들(민녕) 신하는 무릎을 꿇고 아뢰나이다. 이달 25일 선제께서 갑자기 옥체의 편찮음을 호소했고 술각에는 병세가 위독해졌습니다. …… 당시 어전대신, 군기대신, 내무부대신 등이 공손히 훌갑을 개봉하자 선제의 유지가 담겨 있었습니다. 가경 4년 4월 10일 묘초에 민녕을 황태자로 세운다는 유언이었습니다. 대신들은 함께 주소를 올리고 선제의 유지에 따라 종묘사직을 소중히 여겨 대통을 이으라고 청했습니다. 저는 재삼 사양했습니다. 대신들은 한사코 저의 황위 계승을 고집했습니다. 이날(29일), 선제의 의지를 정히 받들어 황위에 올랐습니다. 선제와 황태후의 하늘 같은 성은에 엎드려 머리를 조아리며 감사드립니다. …… 훌갑에 소장된 선제의 유지를 공손히 황태후께 올리니 삼가 살펴보시기 바랍니다. 재삼 자애로운 은혜에 감사드립니다. 7월 29일."

강희제의 등극 당시에는 강희제 등극이 효장태후의 뜻이었지만 황태후의 '의지'가 아닌 순치제의 유지로 선포되었다. 여기에 문제가 있다. 즉, 황태후가 민녕을 황위 계승자로 지명한다는 것은 '가법'에 위배되는 것이다. 의지와 유지가 모순될 경우 어떻게 처리하겠는가? 이것이 세 번째 미스터리이다.

도광제의 어용
강산만대(江山萬代) 평상복

조정대신의 태도

『청사고·퉈진전』에 따르면 "인종이 피서산장에서 돌아가신 것은 갑작스런 변고인지라 퉈진은 대학사 대균원과 함께 휼갑을 공개하고 선종의 즉위를 받들었다"고 한다. 퉈진은 가경 10년(1805)부터 군기대신에 재임했고 정백기령 시위내대신, 동각 대학사를 지냈을 만큼 조정중신이었다. 『청사고·대균원전』에 따르면 "폐하를 수행하여 열하로 떠났는데 선제께서 옥체가 불편하다 하시다가 갑자기 세상을 떠나셨다. 대균원은 건륭제 때의 진사로 대학사 겸 군기대신이며 상서방의 총사부였다. 대균원과 퉈진이 내관을 독촉하여 유지가 담긴 휼갑을 찾아서 개봉하자 선종을 황태자로 세운다는 유지가 드러났다. 이에 삼가 선종을 황제로 받들었고 연후에 선제의 대상을 치렀다"고 하였다.

이 두 기록과 『청사고·종실희은전』의 내용은 서로 차이를 보인다. 포세신의 『대공묘비』에는 당시에 휼갑을 찾아내고 그것을 개봉했던 정경이 담겨 있다. 퉈진과 대균원은 내관을 독촉하여 휼갑을 찾았는데 결국 가경제의 가장 가까운 시종에게서 자그마한 금궤를 찾아냈다고 한다.

그렇다면 『청사고·종실희은전』에 기록된 희은이 민녕의 황위 계승을 건의했지만 퉈진과 대균원이 주저했다는 경우는 발생할 수 없다. 퉈진과 대균원이 휼갑을 개봉했을 때 유지에 거론되었을 당사자(민녕)가 현장에 있었던 것도 아니다. 사람들은 이 사실의 진위에 대해 의심을 품는다. 이것이 네 번째 미스터리이다.

실록의 기록

가경제가 후계자를 정한 밀지는 '휼갑' 속에 봉인되어 있었다. 『청인종실록』에 따르면 "가경제가 병으로 위독해지자 어전대신 싸이충어, 쉬터나무돠뿌짜이, 군기대신 퉈진, 대균원, 노은부, 문부, 총관내무대신 희은, 화세태를 부르고 이들이 보는 앞에서 휼갑을 개봉하고 밀지를 공개하였다. '가경 4년 4월 10일 묘초, 민녕을 황태자로 세운다'는 것이었다."

『청인종실록』은 도광제 즉위 이후에 편찬되었다. 『청선종실록』에서는 "인종이 병세가 위독해지자 어전대신 싸이충어, 쉬터나무돠뿌짜이, 군기대신 퉈진, 대균원, 노은부, 문부, 총관내무대신 희은, 화세태 등을 불러 이들이 보는 앞에서 휼갑을 개봉하고 밀지를 공개하였다. '가경 4년 4월 10일 묘초, 민녕을 황태자로 세운다.' 술각에 인종이 세상을 떠났다. …… 수행했던 대신들은 선제의 유지를 받들어 가경제를 황위에 올렸다. 가경제는 오랫동안 통곡하고 나서 일어섰다"고 기록되어 있다.

『청선종신록』은 함풍제 때 편찬된 것으로 아버지가 펴냈던 『청인종실록』과 어긋날 수 없다. 이유야 어떻든 두 실록은 앞뒤가 서로 맞

도광조 평정회강전도(平定回彊戰圖)·오문헌부(午門獻俘)

도광어필

지 않다. 이와 관련된 파일자료에도 가경제가 병세가 위독해지자 대균원, 퉈진, 희은 등 8대신을 불러 이들 앞에서 흉갑을 개봉하고 민녕을 황태자로 세운다는 사실을 공식화했다는 것이다. 그러나 이 역시 『청사고·종실희은전』과는 모순된다. 이것이 다섯 번째 미스터리이다.

이상에서 보는 바와 같이 민녕의 즉위는 희은을 대표로 하는 종실의 제안과 묵인을 얻었고 황태후의 의지와 동생들의 동의를 얻었다.

가장 중요한 것은 여러 대신들 앞에서 휼갑을 개봉하고 유지를 공시하였다는 점이다. 민녕의 즉위가 황태후와 서친왕, 희은과 군기대신의 공동인식 속에 평화적으로 이루어진 것처럼 그려졌지만 관찬서와 사찬서 기록의 모순으로 후인들에게 적잖은 혼란을 가져왔다.

8월 22일 가경제의 시신은 피서산장에서 북경으로 운구되어 건청궁에 이르렀다. 가경제가 돌연사했기 때문에 사전에 아무런 준비도 없었고 피서산장에도 비치해둔 관목이 없었다. 민녕은 속히 관목을 열하로 운송하고 피서산장에서 대렴을 치른 뒤 북경으로 옮겼다.

가경제의 시신 운구 도중에 정무를 처리하기 시작한 민녕이 8월 27일 태화전에서 즉위식을 갖고 청나라 황제가 되었음을 만천하에 선포하였다.

도광제 재위 30년 동안 수많은 사건들이 터졌다. 도광제는 탐관오리를 엄단하고 이치를 정돈했으며 황하를 다스리는 등 적잖은 성과를 거두었다. 일생일대의 치적은 회족 장거얼의 반란을 평정하고 신강에 대한 지배를 강화한 것이다.

도광제는 재위기간 내내 검소한 생활을 유지했다. 야사에서는 그가 기운 옷을 입었는데 급기야 대신들까지도 모방하게 되었다고 한다. 황제에게 검소함은 둘도 없는 미덕이다. 하지만 그것이 군주나 정치가를 평가하는 중요한 기준이 될 수는 없다. 오히려 역사의 큰 흐름 앞에서 드러냈던 태도, 그리고 국가의 주권과 민족의 존엄을 수호했는지 여부가 더 중요한 기준이 될 것이다. 도광제는 금연운동(아편금지)의 실패와 아편전쟁의 패배로 굴욕적인 '남경조약'을 강요받았다. 이는 도광제가 짊어지고 가야 할 역사적 책임이다.

아편전쟁

아편전쟁은 청대사와 중국사에서 분명히 획기적인 사건이었다. 아편전쟁과 관련해서는 이미 수없이 언급되었다. 하지만 '아편전쟁에서 청나라의 패배는 필연적 귀결이었는가? 패배한 역사적 책임은 누구에게 있는가?'라는 문제만큼은 좀 더 생각해 볼 필요가 있다.

도광제는 즉위한 뒤, 아편문제를 처리할 겨를이 없었다. 오히려 시급히 처리해야 할 과제로는 다음의 세 가지가 있었다. ① 중추기구 고위 관리들의 재배치 문제

도광제의 어용철검

이다. 튀진과 대균원과 같은 가경제 때의 중신을 조진용과 무짱어와 같은 새 인물로 교체하는 것이다. ② 황하와 조운을 다스리는 것이다. ③ 도광 8년(1828)에 신강에서 일어난 장거얼반란을 평정하는 것이다. 그러나 서북지역의 반란 평정도 잠시였고, 동남지역에서 또다시 일어났다.

임칙서 등이 호문(虎門)에서 아편을 불사르겠다는 주절   임칙서

호문해전도

아편은 오래 전부터 청나라에 유입되기 시작했다. 옹정제 때부터 이미 금연이 거론되었고 건륭제 때는 금연령까지 공포되었다. 가경제 때도 여러 차례 금지령을 내렸지만 효과는커녕 아편매매만 점점 더 성행했다. 옹정제 때, 매년 200상자씩 밀수되던 것이 건륭제 때는 1,000상자로 증가되었고 급기야 가경제 때는 4,000상자로 증가했다. 황제의 금지령 역시 저항에 부딪혔다.

아편밀수가 날로 심해지면서 밀수량은 곧 3만 상자를 넘어섰고, 매년 3천만 냥의 백은이 유출되었다. 도광제의 금연정책에 대해 조정은 두 갈래로 의견이 갈렸다. 조정에는 허내제를 대표로 하는 이금파와 임칙서를 대표로 하는 엄금파가 있었다. 대신들 사이에 견해차를 보이는 것은 당연한 현상이다. 문제는 최고통수권자가 어떤 결정을 내리는가에 있다.

강희제의 삼번 평정, 대만 통일전쟁, 러시아의 침략에 대한 반격, 커얼단에 친정을 실행할 때도 저항은 있었을 것이다. 강희제의 탁월함은 조정대신의 의견이 정확하다고 판단되면 추호의 흔들림 없이 끝

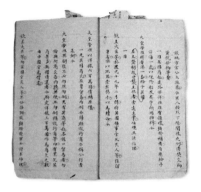

남경조약 초본(일부)

까지 지지하여 승리를 이끌어 내었던 점에 있다.

　도광제는 아편매매를 엄금하자는 임칙서의 주장을 지지하고 그를 흠차대신, 양광총독에 임명하여 금연운동을 진두지휘하게 했다. 임칙서는 "아편이 근절되지 않으면 본 대신은 결코 돌아오지 않겠다"고 공언하였다. 임칙서의 아편금지운동은 기득권세력과 영국의 불법이익에 저촉되었기 때문에 강력한 저항을 불렀다. 적어도 이 점에 대해서만큼은 도광제도 사전에 어느 정도 예견을 하고 아편금지로 영국이 정치, 군사, 외교, 무역 등에서 취할 수 있는 행동에 따른 사전조치를 취했어야 했다. 그러나 도광제는 그렇게 하지 못했다. 결국 아편전쟁에서 패하고 굴욕적인 '남경조약'을 체결해야만 했다.

　청나라의 실패와 관련해 다음 두 가지를 생각해 볼 필요가 있다.

청나라의 패배는 필연적 귀결인가?

　아편전쟁 당시 영국은 자본주의 상승기의 비교적 발달된 국가 단계에 있었고, 청나라는 전제군주제 단계에 있었기 때문에 경제는 낙후하고 관리는 부패하며 군비도 허술하기 짝이 없었다. '낙후하면 당한다'는 것은 분명한 사물의 보편성이지만, 특수성도 있기 마련이다. 따라서 역사적 사건에 대해 구체적인 분석이 필요하다. 청나라와 영국간의 아편전쟁은 전략과 전술 측면에서 생각해 볼 수 있다.

먼저 전략적 측면에서 살펴보자.

국력 차원에서 보면 도광제 때의 청나라는 인구가 4억이 넘을 정도로 여전히 동방대국 행세를 하였다면, 영국은 아직 '해가 지지 않는 제국'으로 부상하지 못한 상태였다. 더욱이 영국은 저 멀리 대양을 건너 청나라를 공격하는 부담을 안고 있었다. 따라서 청나라의 승전 가능성이 전무했던 것은 아니다.

군사 차원에서 보면 영국은 공격하는 입장이고 청나라는 방어하는 입장이었다. 또한 영국군은 수적열세에 있었고 청나라 군사는 수적우세에 있었다. 더욱이 영국은 후방보급이 어려웠지만 청나라는 본토에서 작전을 수행했던 만큼 그리 어렵지 않았다.

민심 차원에서 보더라도 영국이 도발한 전쟁은 침략전이고 청나라는 반격전이었기 때문에 민심의 지지를 얻을 수 있었다. 임칙서와 등정정이 '영국 오랑캐들의 병선이 내하로 들어오면 너나할 것 없이 통타하라'고 호소할 수 있었던 것도 민심의 지지 때문이었다.

다음은 전술적인 측면에서 살펴보자.

병력 측면에서 보면 1840년 6월, 영국 특사 의률이 이끈 침략군 4,000명은 병선 40척에 나누어 타고 마카오에 이르렀다. 청나라 군대는 수적으로 우위를 점했기 때문에 침착하게 대응만 했더라면 충분히 승산이 있었다.

홍콩도개부도(香港島開埠圖)

후방보급로 차원에서 보면 당시에는 유럽과 아시아를 잇는 수로교통이 몹시 험난했고 영국의 후방보급선도 지나치게 길었다. 7월초 하문 진입을 시도하던 침략자들은 등정정이 이끄는 복건군민의 저항을 받고 북쪽의 절강성 정해로 취항하였다. 정해 총병 갈운비는 전투에서 희생되었고 정해도 함락되었다. 청나라로서는 작은 실패에 불과했다. 8월에 영국군은 백하구로 병선을 보내고 청나라를 협박했다. 하지만 그때까지도 청나라 군대가 우위에 있었다.

무기 측면에서 보면 비록 영국 해군에는 증기기선이 있었지만 대부분 여전히 돛배였다. 초기에 영국 육군은 화포와 화약총을 사용했기 때문에 청군에 비해 우위를 점했을지 모르지만 나중에는 큰 격차를 보이지 않았다.

역사상 약자가 강자를 이긴 사례는 결코 적지 않다. 도광제의 선조들이 펼쳤던 사르후전투나 송금전투는 모두 열세의 팔기군이 우세의 상대를 이긴 사례들이다. 따라서 전략적으로나 전술적으로나 청나라는 아편전쟁을 충분히 승리로 장식할 수 있었다.

패배의 책임은 누구에게 있는가?

아편전쟁의 패인에 대한 인식에는 일련의 과정이 있었다. 처음에는 그 책임이 엄금파(주전파) 특히 그 중심인물인 임칙서에게 있다고 인식했다. 따라서 임칙서를 파직하여 이리로 좌천시켰다. 그러나 나중에는 그 책임이 이금파(주화파) 특히 그 대표인물인 무짱어와 기선에게 있다는 주장이 주를 이루었다. 전자에 비해 진보한 것은 틀림없다. 하지만 여전히 이론의 여지가 있다. 당시 조정대신의 구성에 대해 살펴보자.

도광 20년(1840), 군기대신으로는 무짱어, 반세은, 왕정, 융문, 하여림 등 5인이 있었고, 대학사로는 무짱어, 반세은, 기선, 왕정, 이리뿌, 탕금쇠 등 6명이 있었다. 군기대신과 대학사는 총 8명인데 이중 군기대신 겸 대학사로는 무짱어, 반세은, 왕정 3명이며 반세은은 장원출신의 인재였지만 큰일이 닥치면 늘 양보하는 성격이었다. 무짱어는 영반군기대신이었고 수석대학사였다. 기선은 대학사 겸 직예총독을 지내다 나중에 임칙서 후임으로 양광총독이 되었다. 당시 조정은 무짱어 중심의 주화파와 왕정 중심의 주전파로 나뉘어져 있었다.

먼저 무짱어 중심의 주화파를 살펴보자.

『청사고·무짱어전』에 따르면 무짱어는 만주양남기 출신으로 가경제 때의 진사이다. 내무부대신, 직상서방, 한림원장원학사, 대학사, 군기대신을 지냈다. "무짱어가 전권을 휘두르며 화해를 주장했다. 폐하께서는 전사를 꺼렸기 때문에 그의 방책에 따랐는데 도광 왕조가 끝날 때까지 그 은총은 식지 않았다." 무짱어는 도광제의 심리와 의중을 잘 헤아려가면서 화해를 주장했다. "무짱어는 폐하의 의중이 변화

도광제가 황자일 때 정실부인
─효목성황후(孝穆成皇后)로 추봉됨

되었음을 간파하고는 화해에 찬성했고 결국 임칙서를 파면하고 기선으로 대체시켰다."

하지만 간과해서는 안 될 사항이 있다. ① 무짱어가 도광제의 의중을 헤아리고 주화를 펼쳤다는 점, ② 도광제가 화해를 원했기 때문에 무짱어도 동조하였다는 점으로 이들의 주종관계는 뒤바뀔 수 없다. ③ 임칙서를 파면했던 것도 도광제의 뜻에 따랐을 뿐이다. 임칙서와 같은 흠차대신을 도광제의 '교지'가 없었다면 아무리 막강파워를 과시하던 무짱어일지라도 결코 제거할 수는 없다. ④ 기선은 문연각 대학사, 직예총독으로 그가 임칙서를 대신한 것도 도광제의 인준 없이는 불가능한 노릇이다.

적진을 눈앞에 두고 아군의 수장이 교체되고 좌천되는 것은 홍타이지의 팔기군을 코앞에 두고 명나라 숭정제가 수장 원숭환을 능지처참한 것과 다르지 않다. 이는 스스로 만리장성을 허물어뜨리는 격으로 역사의 비극이 또 한 번 재연된 셈이다. 아무튼 무짱어는 도광제의 의중을 잘 헤아리고 그의 대변인 역할을 했기 때문에 시종일관 도광제의 두터운 신임과 지지를 얻을 수 있었다. 따라서 아편전쟁 패배의 절대적 책임은 도광제에게 있다고 하겠다.

도광제는 신하들에게 "영국에서 신강까지 통하는 육로가 있는가?"라고 물었을 정도로 무지했다. 이는 강희제 때 이미 해결된 문제였다.

도광제는 서구의 정치·경제·군사·지리에 무지했던 데다가 영국의 군함과 대포에 대해서도 별것 아니라고 인식하고 있었다.

무식하면 용감하다고 했으나 도광제는 용맹하지도 못하였다. 누르하치가 사르후전투를 진두지휘했던 정신, 홍타이지가 병중에도 송금대전투를 치렀던 의지, 강희제가 세 차례나 커얼단을 친정했던 기백을 도광제가 절반만이라도 발휘하여 군민을 동원해서 침략자와 맞서 싸웠다면 아편전쟁의 패배도 굴욕적인 '남경조약'도 없었을지 모른다.

다음은 왕정의 주전파를 살펴보자.

『청사고·왕정전』에 따르면 왕정은 섬서 포성 사람이다. 집은 가난했으나 어릴 때부터 공부를 열심히 하고 강직한 성품과 굽힐 줄 모르는 절개를 숭상했다. 북경의 예부고시에 참가했을 때에 그의 친족이며 대학사였던 왕걸이 도움을 자청하고 나서자 거절했다. 왕걸은 "이 아이의 품성을 보니 나중에 분명히 명성이 자자할 것이고 내 뒤를 이을 것이다"고 칭찬하였다.

가경 원년(1796)에 진사에 합격하여 호부상서로 임명된 왕정은 신강의 회족반란 평정에서 훈공을 세웠다. 나중에는 형부상서, 직상서방, 동각대학사가 되었다. 대학사, 군기대신이 되고는 어명을 받들어 하남 상부로 향해 황하를 다스렸다. 개봉 외곽이 물바다로 변하고 주위의 성곽이 금세 무너질 것 같았던 위기 시에 왕정이 직접 장졸을 이끌고 순찰에 나서 터진 둑을 보수함으로써 개봉성은 무사할 수 있었다. 당시에 그는 공사장에 머물면서 민공들을 독려하고 피곤하면 가마에서 잠을 청하였다.

공정에 투여된 예산은 백은 600만 냥에 지나지 않았다. 이전의 마

도광 모릉(慕陵)의 남목전(楠木殿)

영, 의봉의 공정에서는 백은 1,675만 냥이 투여되었다.

아편전쟁 기간에 대학사이며 군기대신이던 왕정은 '시간(尸諫)'이라는 비극을 연출하였다. '시간'하면 '사어시간(史魚尸諫)'을 떠올리게 된다. 사어는 춘추시기 위나라의 대부였는데 성품이 강직하고 직간을 잘하기로 유명했다. 사어는 "부유하지만 신하가 될 수 있다면 반드시 재앙을 면할 수 있고, 교만하면서 망하지 않은 자는 보지 못했다"라고 하였다.

사어는 위령공에게 미자하를 물리치고 거백옥을 등용하라고 간언했다. 그는 위령공의 주목을 끌기 위해 '시간'이라는 극단적인 처방을 선택한 것이다. 『논어·위령공』에서는 "정직하다, 사어여! 나라에 도가 있을 때도 화살처럼 올곧았고 나라에 도가 없을 때도 화살처럼 올곧았다." 왕정도 사어처럼 '시간'을 선택하였다.

아편금지운동이 시작되고 영국군이 연해구역을 침범해 오자 왕정

은 이들과의 전면전을 주장했다. 주화파가 득세하자 양국 간에 화
해가 이루어졌고 임칙서는 책임을 지고 좌천당했다. 왕정은 몹시
분개하여 조정으로 돌아와 따져 묻자 선종은 그를 위로하면서 그에
게 요양과 휴식을 권하였다. 며칠이 지나고 왕정은 스스로 마지막
소청을 작성하여 나라를 망친 대학사 무쨍어를 탄핵했다. 그러고는
문호를 폐하고 스스로 목을 맴으로써 시간하였다. 군기처의 장경
진부은은 무쨍어의 도당이었다. 그는 왕정의 소청을 파기하고 재작
성해서 올렸다. …… 왕정은 평생토록 절개를 지키면서 남의 청탁
을 받은 적도 남에게 청탁한 적도 없었다. 그의 집에는 남은 재물이
없었다. (『청사고·왕정전』)

왕정의 시간과 무쨍어의 득세는 "군자는 소침해지고 소인은 창궐
한다"는 사실을 반영하고 있다. 도광제의 재위기간에 청나라 위기는
점차 가중되었다. 도광제는 '검소함의 미덕과 인자하고 너그러운' 마
음을 지녔지만 충언을 받아들이지 않았고, 절체절명한 시기에 정확한
판단을 내리지 못했다. 따라서 '국가는 점차 사양길로 접어들었다.'
맹삼은 "청나라 입관 이래 일찍이 선종 때처럼 혼탁했던 적도 없었다"
고 혹평했다. 이때부터 서구 침략자는 무력으로 청나라의 문호를 거
세게 두드렸다. 도광제는 2천년의 중국 왕조사에서 최초로 서구인과
불평등조약을 체결한 황제이다. 아편전쟁에서 패배하고 '남경조약'을
체결한 데는 누구보다도 도광제의 책임이 컸다.

함풍황제

혁저

도광 11년(1831)~함풍 11년(1861)

Chapter 9

함풍황제 혁저

혁저는 청나라 태자밀건제도의 마지막 수혜자이다. 20세에 즉위하여 11년간 재위하다가 31세에 세상을 떠났으며, 연호는 함풍(咸豐)이다. '함(咸)'은 보편이라는 뜻이고 '풍(豊)'은 풍족하다는 뜻으로 '함풍'은 만천하의 의식주가 풍성하다는 의미를 담고 있다. 하지만 '천하의 의식주가 풍성하다'를 표방한 것은 현실에 맞지 않는 허상에 지나지 않았다. 나라가 내우외환과 망국에 직면해 있었지만 함풍제는 담력도 포부도 없었고 재능과 능력은 더더욱 없었다. 그가 11년간 재위했던 것은 역사의 짓궂은 장난이었다.

조복을 입은 함풍제

남송의 시인 육유(陸游, 1125~1210)는 일찍이 『차두봉』에서 "잘못이야! 잘못이야! 잘못이야!(錯! 錯! 錯!)"를 연이어 사용하여 잘못된 사랑을 한탄했다. 이 3개의 '착'자는 함풍제에게 그대로 적용된다.

함풍제의 황제 생활 11년은 그야말로 '잘못'의 연속이었다. 황위에 오른 것 자체가 첫 번째 잘못이며, 영국과 프랑스 연합군이 황도로 침입할 때 북경을 탈출했던 것이 두 번째 잘못이고, 임종에 앞서 고명8대신을 지명한 것이 세 번째 잘못이다.

황위에 오른 것 자체가 잘못이다

도광제는 모두 9명의 황자를 두었다. 그가 황태자를 세울 때, 장자 혁위(奕緯), 차남 혁강(奕綱), 3남 혁계(奕繼)는 이미 사망했고 5남 혁종(16세)은 돈친왕 면개의 수양자가 되었다. 따라서 4남 혁저(16세), 6남 혁흔(15세), 7남 혁현(7세), 8남 혁합(3세), 9남 혁혜(2세)만 남았다.

도광 26년(1846), 도광제는 이미 65세의 고령이었지만 혁저는 16세, 혁흔은 15세, 나머지 황자들은 7세 미만이었다. 다시 말해 황위 쟁탈전에 가담할 수 있는 조건과 능력을 갖춘 인물은 혁저와 혁흔 두 형제뿐이었다.

혁저의 생모 효전성황후(孝全成皇后)는 2등 시위 고령의 여식으로 어려운 가정에서 태어났다. 초기에는 빈에 봉해졌으나 총명하고 미모까지 뛰어나 도광제의 총애를 받게 되면서 귀비로 승격되었다. 도광 11년(1831) 6월, 자금성 승건궁에서 혁저를 출산할 당시 22세였다. 2

공친왕 혁흔

함풍제가 그린 설색인물도(設色人物圖)

년이 지나고 황후가 지병으로 세상을 떠나자 황귀비로 책봉되었고, 대궐 내부를 총괄하는 권한을 틀어쥐었다. 1년 후 황후에 봉해졌으나 점차 도광제의 총애를 잃고 결국 우울증에 시달리다가 도광 20년 (1840) 정월에 33세로 세상을 떠났다. 당시 혁저는 10세였다.

10세의 혁저는 정귀비(靜貴妃)에게 양육되었다. 정귀비는 형부원외랑 화랑어의 여식으로 귀인이었다가 나중에 귀비가 되었는데 2황자, 3황자와 6황자 등 3명의 황자를 출산했다. 2황자와 3황자를 먼저 떠나보내고 정귀비의 슬하에는 6황자 혁흔만 남았다. 혁흔이 혁저보다 한 살 연하였기 때문에 정귀비는 혁저를 친자식처럼 키웠다. 혁저는 정귀비를 생모처럼 공경했고 혁흔을 친동생처럼 여겼다. 하지만 훗날 혁저와 치열한 왕권경쟁을 했던 사람이 다름 아닌 혁흔이었다.

도광제는 연이어 3명의 황후(孝穆成皇后, 孝愼成皇后, 孝全成皇后)를 잃은 뒤, 비통한 나머지 더 이상 황후를 책봉하지 않았고 정귀비를 황귀비로 책봉해 육궁을 통솔하도록 했다.

혁저와 혁흔은 매일 상서방에서 독서를 했다. 둘은 나이가 비슷하고 관계도 밀접하여 서로 허물이 없었다. 혁저는 혁흔보다 1년 먼저 독서를 시작했으며, 6세 때부터 두수전(杜受田)의 가르침을 받았다.

두수전은 산동 빈주사람으로 아버지 악은 가경제 때의 진사로 예부시랑에 올랐다. 도광 3년(1823) 진사에 합격했으며, 회시에서도 1등을 차지해 서길사(庶吉士, 청대에 새로 합격된 진사들 가운데 문학과 서예에 뛰어난 자를 선발하여 한림원의 서상관(庶常館)에서 공부하게 했는데 이들을 서길사 또는 서상(庶常)이라 한다. 학업을 마치면 각 부에서 일을 맡거나 또는 편수(編修), 지현(知縣)에 제수된 다)로 선발되었고 편수에 제수되었다.

도광 15년(1835)에 상서방에서 혁저를 가르치게 된 계기로 나중에는 상서방총 사부가 되었다.

두수전은 심혈을 기울여 혁저를 가르쳤다. 기록에 따르면 "두수전은 아침 저녁으로 혁저를 가르쳤는데 정도(正道) 로 가르치면서 10년을 하루같이 보냈 다"고 한다.

혁저가 황자였을 때 도광제를 따라 남원으로 수렵을 떠났다가 말에서 굴러 떨어져 엉덩이를 크게 다쳤다. 상사원 정골(正骨)의사의 치료를 받았지만 장애 가 남아 행동이 불편했다. 그리고 어렸

함풍제가 황자일 때 쓴
해서당인시(楷書唐人詩)

을 때 천연두를 앓았기 때문에 얼굴에 마마자국까지 있었다.

혁흔도 상서방에서 독서를 했는데 혁저보다 총명했다. 혁흔의 사부는 탁병념으로 기록에 의하면 "혁흔은 문종(함풍제)과 함께 상서방에서 공부하고 무예를 익혔다. …… 창법(槍法) 28식을 체화협력, 도법(刀法) 18식을 보악선위라고 하였다"고 했다. 도광제는 '백홍도(白虹刀)'를 혁흔에게 내렸다. 이처럼 혁흔은 몸이 튼튼했고 머리도 총명했으며 문장과 무예에도 뛰어났다.

만년에 황태자를 세우는 일을 놓고 도광제는 용단을 내리지 못했다. 혁저는 황자들 가운데서 연장자인 데다가 어질었다면, 혁흔은 서출이지만 문무에 능했다. 둘이 성장하면서 황위 쟁탈전이 벌어졌는데 도광제의 태자밀건에 대해서는 야사와 민간 이론이 분분하다.

황후 소생에게 베푼 은혜

혁저의 생모 효전황후는 귀비에서 황후로 책봉된 뒤 돌연사하였다. 『청궁사』는 황후의 돌연사를 기술하면서 비밀이 담겨 있다고 전한다. 전설에 따르면 도광제가 몹시 슬퍼하면서 기타의 귀비나 빈의 자식을 세우지 않고 황후 소생의 혁저를 황태자로 세워 효전황후의 망령에 위안을 주었다고 한다.

혁흔에서 다시 혁저로

도광제가 혁흔의 생모인 효정황귀비(孝靜皇貴妃)를 총애했기 때문에 미리 유지를 작성하여 혁흔을 황태자로 세우려 하였으나 어쩌다가 내시에게 발각되었는데 마지막 획을 긋는 시간이 유난히 길었다. 내시는 그 글자가 '저'가 아닌 '흔'일 것이라고 추측했다. 이 말이 전해지자 화가 난 도광제가 혁저를 황태자로 세웠다는 것이다. 비록 전설이지만 한 가지만은 분명하다. 도광제는 혁저가 아닌 혁흔을 황태자로 세웠어야 했다. 함풍제가 황위에 오른 것은 잘못이다.

야사에는 만년에 몸이 허약해지고 병마에 시달렸던 도광제가 어느 날 4황자 혁저와 6황자 혁흔을 불러서는 황태자를 세우는 일을 결정 짓고자 했다. 두 사람은 각자의 사부에게 어찌해야 할지를 물었다. 그러자 탁병념은 "폐하께서 질문을 하시면 아는 것은 남김없이 말씀드리세요"라고 조언하고, 두수전은 "시정(時政)을 논하면 지식은 분명 6황자에 미치지 못합니다. 오직 한 가지 방법이 있습니다. 만약에 폐하께서 당신이 연로하여 황위에 오래 머물지 못할 것이라고 하시면 4황자께서는 엎드려 눈물을 흘리며 진정으로 사모함을 드러내소서"라고 조언했다.

둘은 각자의 스승이 일러 준대로 하였다. 혁저의 읍소를 들은 도광제는 못내 기뻐하면서 "4황자는 인자하고 효성이 지극하다"며 극찬했고 곧바로 황태자로 세웠다. 『청사고·두수전전』에도 유사한 내용이 있다.

> 선종 만년에 이르러 문종이 연장자인 데다가 어질기까지 하여 대통을 그에게 넘기려 하면서도 용단을 내리지 못하고 주저했다. 남원에서 수렵할 때 모든 황자들이 수행했는데 공친왕 혁흔이 가장 많이 사냥했고 문종은 화살을 하나도 쏘지 못했다. 그 원인을 물었더니 "지금은 봄철인지라 조수들이 새끼를 키우는 때라서 차마 죽일

수가 없었습니다"라고 대답했다. 선종은 크게 기뻐하면서 "과연 제왕의 입에서나 나올 법한 말투이다"라는 말과 함께 황태자를 세우는 일을 확정하였다. 모든 것은 두수전의 조언에 힘입은 것이다.

여기서 선종은 도광제이고 문종은 함풍제이다. 혁저가 '인(仁)'과 '효(孝)'를 부각시켰음을 말해준다. 이는 도광제가 혁저를 황태자로 세웠던 가장 근본원인이다.

도광제에게 황태자를 선택하는 기준은 '덕'이었음을 알 수 있다. 황태자의 선택기준에서 '덕과 동시에 지능의 겸비'도 중요하지만 도광제는 오직 '덕'에만 치중했다. 훗날에 증명되듯이 함풍제는 큰 사건이 터질 때마다 마냥 물러서고 도피하기에만 급급했다. 이는 그가 '덕'이라는 측면에서도 결점이 있음을 시사한다.

도광 26년(1846) 6월 도광제는 4황자 혁저를 황태자로 세운다는 밀지를 휼갑에 넣고 봉인했다. 도광 30년(1850) 정월 14일 도광제는 병세가 위독해지자 종인부령 재전과 어전대신 재원, 단화, 썽거린친(僧格林沁), 군기대신 무짱어, 싸이충어, 하여림, 진부은, 계지창, 총관내무부대신 문경을 불러들이고는 휼갑을 개봉해 유지를 공개했다.

"4황자 혁저를 황태자로 세운다. 여러분은 짐을 대하듯이 합심하여 황태자를 보좌하고, 그로 하여금 국가와 민생에 전념하고 다

황태자를 세운다는 도광제의 밀지

른 것에 근심하지 않도록 하라."

그날 오후 도광제는 원명원에서 세상을 떠났다.

혁저는 즉위한 이듬해를 함풍 원년(1851)으로 정하였다. 황위에 오른 혁저는 피휘를 단행했다. 도광 26년(1846) 3월 교지에서는 "이름 두 자의 한쪽에만 치우쳐 피휘하지 않는다. 장차 대통을 잇는 자는 첫 글자는 그대로 사용하며 고치거나 결획할 필요가 없다. 다음 자를 어떻게 결획할 지는 그때 가서 정상 참작하여 결정한다"라고 하였다. 이에 따라 "황제 이름의 첫 자는 그대로 사용하고 피휘할 필요가 없지만 다음 자는 말획을 결획시키라"는 어명을 내렸다. 종전에 각인한 서적은 고치거나 피휘하지 않아도 되었다.

도광제의 황위는 6황자 혁흔이 계승했어야 했다. 혁흔은 도덕으로나 행실 면에서나 문장으로나 무공으로나 다른 황자들보다 뛰어났다. 혁저가 황위에 오른 것은 분명 잘못된 것이다. 물론 그 책임이 함풍제에게 있었던 것은 아니며 오히려 도광제 또는 '태자밀건'제도에 있었다고 할 수 있다. 황위에 잘못 올라 자신에게 비극을 초래했을 뿐만 아니라 국가와 백성에게도 비극을 가져왔다.

황도를 떠난 것이 잘못이다

황위에 오른 함풍제는 '내우외환'에 직면했다. 태평천국이 남경을 점령한 것이 '내우'라면 영국·프랑스 연합군이 북경을 함락한 것은 '외환'이었다. 함풍제 재위 11년간 하루도 편안한 날이 없었다.

태평천국왕의 옥새

함풍, 동치조에 열강들과 체결한 조약들(일부)

대내로 함풍제가 부딪혔던 가장 큰 어려움은 태평천국의 난이었다. 도광 30년(1850) 정월, 천지에 제사를 지낸 혁저가 황위에 올랐다. 그해 12월에 태평천국의 난이 일어났다. 12월 초 10일(1851년 1월 11일) 38세의 홍수전은 광서 계평현 금전촌에서 난을 일으키고 '태평천국'을 세웠다. 함풍 원년(1851)에 태평천국은 영안을 점령하고, 함풍 2년에는 무한을 함락, 3년에는 구강, 안경을 공략하고 남경을 함락했으며, 그곳을 도읍지로 정하고 '천경(天京)'이라 하였다. 동치 3년(1864)에 청나라 군대가 천경을 함락시켰고 태평천국의 난은 고전 끝에 실패했다. 태평천국의 난은 14개의 성을 휩쓸었고 14년간 지속되었으며, 청나라의 원기도 크게 손상되었다.

청나라가 전국을 통일한 뒤 중원에서만 세 차례의 대규모 전쟁이 벌어졌다. 제1차는 강희제 때 오삼계의 반란이고, 제2차는 가경제 때 백련교의 반란이며, 제3차는 함풍, 동치제 때의 태평천국과의 전쟁이다. 규모와 범위, 영향은 태평천국의 난이 중원전쟁에서 가장 컸다.

대외로는 영국과 프랑스 연합군의 황도 함락이라는 최악의 국면에 직면했다. 함풍 4년(1854) 영국·미국·프랑스 3국은 청나라에 '남경조약' 수정을 요구했지만 거절당했다. 함풍 6년(1856) 영국은 '아라호' 사건을 빌미로 광주를 침략했지만 격퇴되었고, 함풍 7년 11월에 영국과 프랑스 연합군이 광주를 함락하였다. 양광총독 섭명침은 생포되어 인도로 압송되고 거기서 생을 마쳤다.

함풍 8년 3월 영국과 프랑스 연합군의 보호를 받으며 영국·프랑스·러시아·미국 4개국 공사들은 천진의 대고구 외곽에 도착하여 '남경조약' 수정을 요구했다. 함풍제는 직예총독 담정양에게 이이제이(以夷制夷)하라고 명하였다. 즉, 러시아에게 우호를 표하고 미국에 기미책을 동원하며 프랑스에 권고하고 영국을 엄정하게 질책한다는 것이다.

담정양은 어명에 따라 행동했지만 성공하지 못했다. 4월에 영국함대는 오히려 러시아와 미국의 지지 아래 대고구를 함락하고, 천진에 진격하여 8,000명의 청군을 격퇴시켰다. 함풍제는 영국과 '남경조약'을 체결했던 기영이 떠올랐지만 영국과 프랑스가 기영과의 담판을 거부했다. 함풍제는 하는 수없이 대학사 계량과 이부상서 화싸나(花沙納)를 특사로 천진에 보내서 담판하게 하였다. 5월 이들은 영국·프랑스·러시아·미국 등 대표와 각각 중영, 중불, 중러, 중미 '천진조약'을 체결했다. 조약문서를 북경으로 올리자 함풍제는 치밀어 오르는 분노를 가까스로 억제하고는 인준했다. 함풍제는 기영에게 자결하라는 어명을 내려 분풀이를 했다.

이러한 혼란기를 틈타 시베리아총독은 군사를 동원하여 청나라의 애혼으로 진격하고 흑룡강장군 혁산과 국경관련 사항을 매듭짓자

고 하였다. 그런 다음 무력시위를 통해
'중러애혼조약'을 강요했다. 조약에는
흑룡강 이북과 외흥안령 이남의 60만
㎢와 우수리강 주변 40만㎢의 청나라
영토를 청러 양국의 공동관할지역으로
확정한다고 되어 있다.

함풍 9년(1859) 5월, 영국과 프랑스
는 조약 내용을 수정한다는 빌미로 또
다시 함대를 이끌고 대고구에 포격을
가했다. 청나라 제독 사영춘은 반격하
라는 명을 내려 영국과 프랑스 군함 4
척을 격침하고 6척을 격파하며 400여
명의 사상자를 내는 전과를 올렸다. 영
국과 프랑스 연합군은 미국함대의 엄
호 아래 황급히 도주했다. 승전보가 전

공친왕에게 각국 열강과 조인서를
교환하는 업무를 총괄하는 권한을
부여한다는 조서

해지자 함풍제는 즉각 '천진조약'을 파기했다.

함풍 10년(1860) 봄, 영국군 1만 8,000명과 프랑스군 7,000여 명이
청나라로 파병되었다. 이들은 주산군도(舟山群島)를 점령하고 산동의 연
태(煙台)를 공격했다. 6월에는 또다시 대고구로 진격했다. 청나라 수장
썽거린친이 군사를 이끌고 대고구를 사수했지만 북당 방어가 소홀했
다. 썽거린친은 대고구에서 침략자와 일전을 치르겠다는 상소문을 올
렸다.

함풍제는 "천하의 근본은 해구가 아닌 경사(京師)에 있다"고 하였다.

7월 영국과 프랑스 연합군이 북당으로 상륙했다. 함풍제는 주전파와 주화파 사이에서 우왕좌왕하느라 주어졌던 기회마저 상실했고, 침략군은 천진을 점령했다.

함풍제가 또다시 대학사 계량과 직예총독 항복을 특사로 임명하고 천진으로 보내 담판하게 하자 영국과 프랑스는 천진을 개항하고 배상금을 요구했다. 계량은 이미 정해진 조약내용을 조정에 올렸다.

함풍제는 병력을 철수시킨 뒤에 조약을 조인하기를 원했지만 영국과 프랑스 연합군은 조약이 조인되지 않았음을 빌미로 통주로 진격했다. 8월 함풍제가 이친왕 재원과 병부상서 무인을 특사로 보내 화해를 요청했다. 재원이 영국과 프랑스의 요구를 모조리 수용하자 영국과 프랑스는 청나라 폐하께 국서를 직접 전달하겠다고 했고 재원은 이를 거부하였다. 결국 담판은 다시 결렬되었다.

재원과 무인은 영국 공사 해리 파크스(Harry Parkes)를 붙잡아 북경으로 이송했다. 영국과 프랑스군은 계속 진격했고 결국 썽거린친이 거느린 청나라 군대와 통주의 장가만에서 맞붙었다. 여기서 청군이 또 패하고 팔리교로 퇴각하자 연합군 6,000여 명이 팔리교를 향해 진격했다.

영국과 프랑스군은 북경으로 진격하고 함풍제는 공친왕 혁흔을 특사로 보내 화의를 요청했다. 이때 함풍제의 뇌리에 계략 하나가 스쳐 지나갔다. 목란으로 추선을 떠나라는 주청을 대신들이 올려줄 것을 부추기는 것이었다.

초 8일 함풍제는 추선을 빌미로 원명원을 떠나 열하로 도주했다. 영국과 프랑스 연합군은 북경의 덕승문외까지 진격하고 초 22일(10월

6일)에는 원명원을 공략했다. 총관원무대신 문풍은 복해에 뛰어들어 자살했으며, 혁흔은 해리 파크스를 방면하라는 주청을 올렸다.

영국과 프랑스 연합군의 북경 함락은 엄청난 파장을 불렀다.

첫째, 청영, 청불, 청러 '북경조약'을 체결하고 청러 '애혼조약'을 체결함으로써 흑룡강 이북, 외흥안령 이남의 60만㎢와 우수리강 주변 40만㎢의 청나라 영토를 러시아에게 강탈당하게 되었다. 나중에 러시아는 발하슈호 주변 44만㎢의 토지까지 강점하였다.

둘째, 영국과 프랑스 연합군에 백은 1,600만 냥을 배상하였다.

셋째, 9월 초 5일(10월 18일) 영국과 프랑스군이 원명원의 진귀한 문물을 약탈하고는 죄악을 감추기 위해 불을 질렀는데 불길이 하늘을 덮었고 수일 동안 꺼지지 않았다.

넷째, 영국과 프랑스 등 외국군대가 북경에 진입한 것은 전대미문의 일이다. 이들의 침입은 수천 년 중국사에 전례 없는 변고이고 민족사에서도 전례 없는 수모를 겪은 것이다.

함풍제는 영국과 프랑스 연합군의 공세에 어떻게 대응했는가?

결사항쟁의 조서를 내리지 않았다

함풍제는 결전을 치를 의사도 없었고 치밀한 준비도 하지 않았다. 영국군 1만 8,000명과 프랑스군 7,000여 명이 속속 청나라로 도착할 때도 함풍제는 군민에게 결사항쟁 동원령도 내리지 않았고 군대를 보내 천진과 당고를 방어하지도 않았다. 오히려 원명원에서 자신의 30세 생일을 자축하며 정대광명전에서 백관의 조하를 받았고 동락원에서 4일 동안 잔치를 벌였다. 함풍제와 왕공대신이 주색에 빠져 있을 때, 영국과 프랑스 연합군은 공격을 다그치고 있었다.

정치적 책략 결여

함풍제는 주전파와 주화파 사이에서 용단을 내리지 못한 채 우왕좌왕하고 조그마한 승리에 교만했다. 패전하자 '천진조약'을 조인했고 청군의 승리가 전해지자 즉시 '천진조약'을 파기했다. 재차 패전하고도 타협을 거부한 채 잔머리를 굴렸기 때문에 사태가 점점 더 악화되었다. 천진담판을 통한 문제해결은커녕 오히려 숙순과 재원, 무인을 지지하여 영국 공사를 속이고 생포해서 북경으로 압송함으로써 사태를 악화시켰다. 함풍제는 책략 없이 잔재주만을 부렸기 때문에 주체적으로 문제해결을 하지 못하고 상황에 끌려만 다녔다.

황도를 버리고 도주

영국과 프랑스 연합군 6,000여 명이 팔리교로 진격할 때, 함풍제는 결사항쟁해서라도 북경을 지키라는 동원령을 내리기는커녕 오히려 도주할 생각으로 여념이 없었다. 명나라 성조가 북경으로 천도한 이유 중의 하나는 '천자는 국문을 지키고 외세의 침략을 저지해야 한다'고 여겼기 때문이다. 부패하고 무능했던 명나라의 숭정제마저도 사직이 위태로운 상태에서는 천도나 도주를 하지 않았고, '추선' 따위는 더더욱 하지 않았다. 오히려 "짐이 죽어서 무슨 면목으로 조상들을 대하겠는가? 스스로 면류관을 벗고 머리카락으로 얼굴을 가릴 것이다"라고 한탄하며 매산에 올라 목을 매었다.

하지만 함풍제는 외세의 침략 앞에 자신의 직책과 국문을 수호하

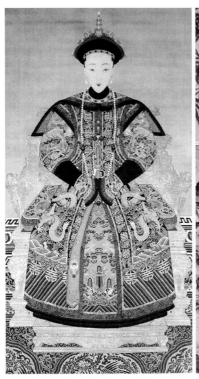

함풍제의 첫 번째 황후—효덕현황후   함풍제의 두 번째 황후—효정현황후(자안)

매귀비(枚貴妃), 춘귀인행락도(春貴人行樂圖)   영빈(英嬪), 춘귀인기마도

기는커녕 '추선'을 빌미로 처자식과 군기대신, 왕공귀족들을 이끌고 황도를 내팽개친 채 멀리 도주했다. 씻을 수 없는 대죄를 저지른 것이다. 피서산장으로 도주한 함풍제는 거기서 무엇을 했는가? 국가와 백성들의 안위를 생각했는가? 아니다. 주색과 아편에 빠져 있었을 뿐이다.

여색

기록에 따르면 함풍제는 전황이야 어떻든 비첩들을 이끌고 유원지를 노니는 것으로 자신의 답답한 마음을 달랬다. 함풍제에게는 목단춘, 해당춘, 행화춘, 타라춘 등 4명의 한족 여자 외에도 '천지일가춘(天地一家春)'인 자희(慈禧)가 있었다.

『야사문(野史聞)』에 따르면 함풍제는 조씨 성의 과부를 사모했는데 그녀는 미모가 몹시 출중하여 입궐한 뒤에 그녀를 가장 그리워했다고 한다. 이밖에도 "산서의 과부 조씨는 풍류와 미모가 뛰어났는데 특히 발이 작고도 고왔고 신발 위를 명주로 장식하는 것을 좋아했다. 함풍제가 그녀를 대궐로 들인 뒤에는 가장 아끼고 사랑했다"는 기록도 있다.

경극 분장과 연출

함풍제는 경극을 즐기고 때로는 분장까지 하고 연출도 했다. 열하에 머물 때는 자주 연극을 보며 내시를 지도하여 '교자', '팔차'와 같은 경극을 연출하도록 했다. '주선진(朱仙鎭)', '청석산(靑石山)', '평안여의(平安如意)' 등은 직접 분장까지 하였다. 또한 대궐 안의 승평서(연극단)를 열하로 불러들여 감상하고, 피서산장의 연파치상전에서 매일 수차례 연극을 보았다. 날씨가 따뜻할 때면 수상 무대가 마련되어 색다른 정취를 감상할 수 있는 여의주에서 연극을 보았다. 설복성의 『용암필기』에도 함풍제가 열하에서 수렵뿐만 아니라 연극을 즐겼다고 기록되어 있다. "화의가 성사되자 곧바로 북경의 승평서를 열하로 불러 연극을 보면서 기뻐서 어쩔 줄 몰라 하였다."

명주(名酒)

함풍제는 술을 즐겼는데 술만 마시면 취하고, 취하면 주정을 부렸다. 야사에 따르면 "문종은 술을 매우 즐기고 매번 취하면 반드시 화를 냈다. 그가 화를 낼 때면 반드시 한두 명의 내시나 궁녀에게 불행이 닥친다. 그가 총애하는 사람일지라도 모욕당하기 일쑤이다. 술에서 깨어나면 운이 좋게 화를 면한 자에게는 곱절로 총애했고 후하게 상을 내리는 등 고통을 보상해 주었다. 그러나 얼마 지나지 않아 또다시 취해서 추태를 보이곤 하였다"고 한다.

익수여의고(益壽如意膏)

황위에 오른 함풍제는 조상의 훈계를 뒤로 한 채 아편에 손을 대기 시작했다. 그는 아편에 '익수여의고(益壽如意膏)'라는 미명까지 달았다. '추선'이라는 미명하에 열하로 도주해 황도를 외세에 내주었으며, 백성들과 외세에 맞서 싸운 것이 아니라 아편으로 자신을 자극하고 마취시켰다.

또한 함풍제는 군주로서의 사명감이나 책임감이 없었다. 영국과 프랑스 연합군의 황도침입이라는 초미의 사태에서 책임을 따진다면 함풍제는 절대로 자유로울 수 없다. 함풍제는 '북경조약' 조인의 직접

312

적인 책임자이다. 외세가 황도로 침입하여 사직이 위태로운 상황에서 황도를 팽개치고 추선이라는 미명하에 피서산장으로 도주했다. 그러고는 외세가 두려워서 환궁을 거부했다.

고명대신(顧命大臣)을 지정한 것이 잘못이다

함풍 11년(1861) 7월 15일, 열하행궁에 머물던 함풍제의 병세가 위독해졌다. 16일 함풍제는 연파치상전의 침소에서 이친왕 재원, 정친왕 단화, 어전대신 경수, 협판대학사 숙순, 군기대신 무인, 광원, 두한(두수전의 아들), 초우영 등을 불렀다. 이 자리에서 함풍제는 "장자 재순을 황태자로 세운다"고 밝히고 "지금 바로 재원, 단화, 경수, 숙순, 무인, 광원, 두한, 초우영을 황태자에게로 보내 성심성의로 보필하여 정무에 협력하도록 하라"고 당부하였다. 이것이 바로 그 유명한 '고명8대신' 또는 '찬양정무8대신(贊襄政務八大臣)'이다. 이들 8대신은 함풍제에게 주필친서를 작성하여 정중함을 표할 것을 요청했다. 이미 병세가

피서산장의 연파치상전(煙波致爽殿)

깊었기 때문에 함풍제는 어쩔 수 없이 조정대신에게 자신의 말을 적어라 했다. 함풍제는 임종에 앞서 황후에게는 '어상(御賞)' 인장을, 황태자 재순에게는 '동도당(同道堂)' 인장(懿貴妃가 관장)을 내리고 17일 새

벽 세상을 떠났다.

당시 조정의 정치세력은 세 갈래로 살펴볼 수 있다.

조정대신세력

조정대신을 대표하는 세력으로는 '찬양정무8대신'인 재원, 단화, 경수, 숙순, 무인, 관원, 두한, 초우영 등이다. 이들에 대해 간략히 살펴보자.

재원: 강희제 13황자 이친왕 윤상의 5대손으로 이친왕 작위를 세습하였다. 도광제 때 어전대신과 고명대신이 되었고, 함풍제가 즉위한 뒤에는 종인부 종정, 영시위내대신이 되었다. 함풍제를 수행하여 승덕의 피서산장으로 도주했으며 단화, 숙순과 결탁하여 막강한 권한을 행사하였다.

단화: 청나라의 개국공신 수얼하치의 아들 정친왕 치얼하랑의 후손으로 도광제 때 정친왕 작위를 세습하고 어전대신에 임명되었다. 도광제가 죽고 고명대신 칭호를 받았다. 함풍제가 즉위하고는 영시위내대신이 되어 함풍제를 따라 피서산장으로 도주했으며, 동생 숙순과 함께 조정대사를 맡았다.

숙순: 종실로 정친왕의 후예이며 단화의 동생이다. 도광제 때 산질대신이 되었고 함풍제가 즉위하자 호군통령에서 어전시위로 임명되었다. 또한 좌도어사, 이번원상서, 도통이 되었고 나중에는 어전대신, 내무부대신, 호부상서, 대학사, 서령시위내대신이 되었다. 숙순은 단화, 재원과 결탁하여 정적을 배척하고

314

대권을 장악하였다.

경수: 1등공신 성가의용공(誠嘉毅勇公) 명서의 후손이다. 건륭제 시절 미얀마를 공격할 때 훈공을 세워 봉작을 받았다. 3대가 지난 뒤 경경(景慶)이 봉작을 세습했지만 그가 죽자 동생 경수가 이었다. 경수는 어전대신이고 공친왕 혁흔의 여동생인 고륜공주의 남편이다.

무인: 만주정백기 출신으로 군기대신, 병부상서, 국자감좨주이다. 천진에 가서 담판하였고 영국 공사를 북경으로 압송함으로써 사태를 악화시켰다. 함풍제를 호위하여 열하로 향하였다.

광원: 도광제 때의 진사로 군기대신이다.

두한: 함풍제의 스승 두수전의 아들이다. 함풍제는 스승의 은덕에 고마워하며 그의 아들을 군기대신에 임명하였다. 두한은 양궁(동궁과 서궁) 태후의 수렴청정을 요청한 동원순에게 거세게 반발함으로써 숙순 등으로부터 신뢰를 얻었다.

초우영: 도광제 때의 거인으로 군기처 장경, 군기대신이 되었고 숙순과 결탁하였다. 적잖은 조서가 그의 손에서 만들어졌다.

이처럼 함풍제가 임종할 당시의 고명대신, 찬양정무8대신은 주로 두 부류이다. 재원, 단화, 숙순, 경수는 종실귀족이고 훈공귀족이다. 무인, 광원, 두한, 초원영은 군기대신이다. 당시 군기대신은 총 5명이었는데 이 가운데 호부좌시랑(상서는 숙순) 문상겸은 함풍제의 '북수'를 저지하다 북경에 남겨졌으며, 군기대신 가운데 유일하게 찬양정무대신에서 제외된 사람이다.

제윤세력(帝胤勢力)

함풍제가 세상을 떠났을 때, 도광제의 황자 9명 가운데 5황자 돈친왕 혁종, 6황자 공친왕 혁흔, 7황자 순군왕 혁현, 8황자 종군왕 혁합, 9황자 부군왕 혁혜 등 5명은 건재했다. 당시 공친왕은 30세, 순군왕은 20세였다.

외세 앞에서 함풍제와 군기대신, 어전대신, 내무부대신 등은 피서산장으로 도주하기에 급급했고 아무도 전선에 나가려 하지 않았다. 비록 대학사도 군기대신도 어전대신도 아니지만 공친왕과 순친왕은 몸을 사리지 않았고 일선에서 함풍제와 군정대신들이 팽개친 잡무를 처리했다.

원래부터 함풍제의 등극에 불만이 많았던 공친왕은 군기대신, 종인부종령, 팔기도통 등 관직을 모두 박탈당한 상태였고, 승덕으로 문상을 가겠다는 요청마저도 거절당했다. 더욱이 함풍제와는 혈육관계였음에도 고명대신에서 제외되었으니 신구원한이 겹친 셈이다. 하지만 공친왕은 결코 고립적인 인물이 아니었다. 그는 여러 형제들과 제후세력을 연합했고, 고명대신을 제외한 조정의 기타세력과도 연합하여 막강한 정치세력을 형성해 나갔다.

제후세력(帝后勢力)

동치제와 양궁의 황태후(동궁 자안태후, 서궁 자희태후)를 말한다. 이들은 비록 어린애와 과부지만 전제왕권시대에는 단연 왕권의 중심에 있었다. 함풍제는 임종에 앞서 '어상'과 '동도당'을 특별 제작하여 조서를 반포할 때 부신으로 삼게 하였다. 다시 말해 모든 상주문은 "찬양대신

316

이 그 내용을 헤아려 수정하여 올리되 황태후와 황제가 검열한 뒤 위쪽에는 '어상'을 아래쪽에는 '동도당'을 찍어 증거로 삼는다"는 것이다.

'어상'은 인장의 시작이고 '동도당'은 인장의 끝마침이다. '어상'은 황후가 관장하고 '동도당'은 황태자가 관장하는데 재순이 위낙 어렸기 때문에 그의 생모 의귀비가 관장하였다. 함풍제의 의도는 자신이 죽은 뒤에 황후와 의귀비 그리고 8대신이 연합하여 집권함으로써 8대신이 전권을 휘두르는 것을 피하고 동시에 황후와 의귀비가 전권을 독단하는 것도 피하려는 것이었다.

어상, 동도당 인장

황후와 의귀비의 권한은 분명 8대신보다 위에 있었다. 8대신이 결정한 군정대사에 인장을 찍지 않는 등 부결권이 있었기 때문이다. 황후와 의귀비가 '어상'과 '동도당'을 찍지 않으면 찬양정무8대신은 '조서'나 '교지'를 내릴 수 없고 그들의 결의는 아

대공주(공친왕의 장녀), 대아가 (동치제) 하정만조도(荷亭晚釣 圖)

무런 효력도 발휘할 수 없다. 반대로 대신이 교지를 작성하면 비록 고명8대신의 동의를 거치지 않아도 '어상'과 '동도당'을 찍기만 하면 즉시 그 효력을 발휘할 수 있다. 따라서 제후세력은 조정에서 가장 중요한 정치세력이었다.

고명대신을 대하는 태도에서 제후와 제윤의 이익이 합치되었기 때문에 이들은 연합하여 고명8대신에 대항하였다. 조정의 3대 정치세력 가운데 제윤세력과 제후세력은 조정대신세력보다 상위에 있었다.

찬양정무8대신의 공통된 특징은 만주귀족(종실귀족, 군공귀족, 팔기귀족)과 군기대신이 결합하였다는 점이다. 겉으로 보면 권력이 평형을 이룬 구조처럼 보이지만 실은 그렇지 못했다. 함풍제가 제윤세력을 찬양정무의 권력체제 속으로 귀속시키지 않았기 때문이다. 가령 공친왕이 '섭정', '의정', '보정', '찬양'대신이 되었더라면 상황은 180도 달라졌을 것이다. 당시 혁흔은 30세였고 자희는 27세였다. 함풍제는 예친왕 도르곤의 섭정으로 삼촌과 형수 사이, 삼촌과 조카 사이의 모순을 교훈으로 삼았던 모양이다.

수적으로만 보면 찬양정무대신은 8명이고 제후세력과 제윤세력은 5명이다. 게다가 황제는 어리고 태후는 홀어미였다. 그러나 후자는 두 개의 강대한 정치집단과 두 갈래의 정치세력을 대표하였다. 따라서 함풍제가 찬양정무8대신을 정한 것은 그야말로 치명적인 오류를 범한 것이다. 3대 정치세력의 평형을 유지시키지 못했고, 자희와 혁흔의 정치적 잠재력과 권력 평형이 상실되었을 때의 위험한 형국에 대해 충분한 인식이 없었기 때문이다. 그 결과 제후세력과 제윤세력이 결탁하여 '신유정변'을 일으키고 찬양정무8대신을 파하고 연합정권을 세웠다. 이어 자희태후가 전권을 휘두르는 국면을 불렀다. 이는 함풍제가 생전에 전혀 예측하지 못했던 결과이다.

함풍제는 임종에 앞서 조정의 주요 정치세력 관계를 정확히 처리하지 못했기 때문에 신유정변의 원인을 제공하고, 나아가 황태후의

'수렴청정'의 원인을 제공함으로써 향후 50년간 중국 역사에 막대한 영향을 미치게 하였다.

동치황제

재순

함풍 6년(1856)~동치 13년(1874)

Chapter 10

동치황제 재순

동치제(同治帝) 재순(載淳)은 6세에 즉위하여 13년간 재위했으며 19세에 병으로 세상을 떠났다. 처음엔 '기상(祺祥)'이라는 연호를 썼지만 신유정변 이후 두 황태후의 수렴청정이 실시되었기 때문에 '공동치국'이란 의미에서 '동치(同治)'로 바꾸었다.

동치 12년(1873), 친정체제를 시작한 이듬해 죽었으니 실제로는 1년 밖에 친정하지 못한 셈이다. 6세의 꼬마 황제에게 가장 큰 영향을 미쳤던 사람

조복을 입은 동치제

은 생모 자희태후(서태후)와 숙부 공친왕이다. 이들의 관계는 순치제와 효장태후, 숙부 예친왕(도르곤)과의 관계와 흡사하다. 차이점이 있다면

효장태후는 무대 뒤편에서 황제를 보좌했고 자희태후는 전면에 나서서 수렴청정을 한 점이다. 또 하나는 예친왕은 섭정 7년만에 죽었지만 공친왕은 동치제가 죽을 때까지 의정왕에 있었다.

동치제와 공친왕의 관계는 역사적 사건과 결부해서 나중에 이야기하고, 자희태후의 관계에 대해서 먼저 살펴보자. 자희태후의 지위는 매우 특별했다. 자희태후는 신유정변 이후 황태후가 수렴청정하는 선례를 열었다. 동치제의 제1의 스승이며 줄곧 조정의 실권을 장악했던 그녀는 동치·광서 두 황제를 통제하면서 48년 동안 권력의 중심에 있었다. 따라서 동치제를 논하면서 자희태후를 논하지 않을 수 없다.

자희태후와 관련된 비밀

자희태후는 특수 지위와 신분과 영향 때문에 이견이 분분한 데 출생지에 대한 것이 특히 더 하다. 북경설 이외에도 5가지가 더 있다. ① 감숙 난주설 ② 절강 사포설 ③ 내몽고 후허호우터설 ④ 안휘 무호설 ⑤ 산서 장치설 등이다.

자희는 만주양남기 출신의 가문에서 태어났다. 증조부 지랑아는 일찍이 호부에서 원외랑을 지냈는데 부채만 잔뜩 남기고 세상을 떠났다. 조부 경서는 형부 산동사에서 낭중을 지내다 도광 27년(1847)에 아버지가 호부에 재직할 때 진 빚을 갚지 못해 파직되었다. 외조부 혜현은 산서 귀화성에서 부도통을 지냈고, 자희의 아버지 혜정은 이부에서 필첩식(筆帖式, 인사부의 비서에 해당한다)을 지내다 승진했다.

청나라의 『내각경찰책(內閣京察冊)』(청 나라의 재경 관리에 대해 3년에 한 번씩 고찰한 기록을 말한다)에 따르면 혜정은 도광 14년(1834)에 이부의 2등 필첩식을 지냈고, 19년(1839)에는 8품 필첩식이 되었다. 도광 23년(1843)에는 이부의 1등 필첩식이 되었다. 26년(1846)에는 이부 문선사의 주사로 옮겼고, 28년(1848)과 29년에는 고찰성적이 뛰어나 황제의 접견을 받는 영광을 누렸다. 4월에는 산서 귀화도, 수원도로 부임하였고, 함풍 2년(1852)에는 안휘의 휘주부, 지주부, 태평부, 광덕주도의 도원으로 자리를 옮겼다.

자희태후(서태후)

혜정의 이력으로 보아 그는 일찍이 북경, 산서, 안휘 등지에서 재임했음을 알 수 있다. 그렇다면 자희의 출생지는 과연 어디일까? 자희의 출생지에 대해서는 어떤 문헌기록도 없다. 아마도 일반 관리의 집안에서 태어난 여인이 수십 년 뒤에 대청제국의 국정을 반세기 이상 주무르는 성모황태후가 된다는 것을 알지 못했을 것이다.

근래에 학자들이 청나라 황실문서로 대청황제가 수녀를 선발했던 명단인 '배단(排單)'을 찾아냈는데, 거기에 함풍 5년(1855) 자희의 친동생이 수녀로 선발된 기록이 있다. 자희의 여동생은 나중에 순군왕 혁현의 첩실이 되어 광서제(재첨)를 출산했다. 배단에 의하면 "이 여자는 만주양남기 출신으로 여허나라씨이고 아버지는 혜정인데 최고관직은 5품 도원이었다"라고 분명히 적혀 있다. 이를 근거로 일각에서는 함풍 5년 이전까지 자희의 친정은 북경 서단의 패루 북벽시에 있었고, 따라서 이곳이 곧 자희태후의 출생지라고 하였다.

경사팔기(京師八旗)는 분할해서 거주한다는 규정에 따라 건륭 35년(1770)에 양남기의 만주도통아문은 부성문내 화가사 골목에 있었고, 민국 초기에 양남기 만주도통아문의 옛터는 부성문내 화가사 14번지에 있었다. 벽시골목과 화가골목은 아주 가까웠다. 자희의 아버지는 만주양남기 출신이므로 분명 벽시골목 일대에 거주하였다는 것이다.

이밖에도 일부 학자들은 자희태후가 북경의 동성 방가원에서 태어났다고 주장한다. 『청조의 황제』에서는 "자희의 친정은 동성 방가원에 있었다. 아버지의 관직은 안휘 휘주부, 지주부, 태평부, 광덕주도의 도원에 올랐다. 도광제 말년에 홍양이 난을 일으키자 혜정은 자신의 구역을 지키지 못하였다는 이유로 파직되고 얼마 뒤 병으로 죽었는데 아내와 2남 2녀를 두었다. 자희는 장녀이다."

또 어떤 책에서는 "공친왕은 일찍이 감개무량하여 '대청의 천하는 방가원에서 망할 것이다'라고 말하였다"고 한다. 주석에는 "방가원은 경사의 동북쪽으로 자희의 친정이 있는 곳이다"라고 하였다. 자희의 동생 조상은 승은공을 세습했다.

『옹동화일기』 동치 9년(1870) 8월 17일 조에는 자희 모친의 발인에 관한 내용이 적혀 있다. "어제 조공 어머니의 발인이 있었는데 그 성대함은 전례가 없었다. 성안의 사람들이 모두 구경을 나왔는데 거의 광기에 가까운 모습이었다. 연도에 끊임없이 늘어선 제붕은 모두 천금을 들여 만든 것이다. 문상을 온 조정대신들은 저명인사들이지만 이시랑(군기대신, 호부시랑 李鴻藻)은 문상을 하지 않았다. 자희태후의 의중을 몹시 거스르는 행위이다."

자희의 친정이 구체적으로 어딘지는 아직 분명하지 않다. 또한 자희가 입궐할 때 수녀로 선발된 '배단'도 아직 발견되지 않았기 때문에 그의 출생지는 여전히 불투명하다.

감숙 난주설

자희의 아버지 혜정이 일찍이 감숙 포정사아문의 필첩식을 지냈던 것에 착안한 설이다. 전설에 의하면 자희는 혜정이 머물렀던 난주팔기 마방문에서 태어났다고 한다. 그러나 전문가들이 문헌과 파일자료를 확인해 본 결과에 의하면 혜정이 필첩식을 지낸 것은 사실이나 그곳은 북경의 이부아문이며 난주의 포정사아문이 아니었다.

절강 사포설

혜정이 일찍이 사포에서 관리로 지냈던 것에 착안한 설이다. 「인민일보」는 일찍이 '사학계의 새로운 발견: 자희는 절강성 사포에서 태어났다'라는 글을 실었다. 이에 따르면 혜정은 도광 15년에서 18년(1835~1838) 사이에 절강성 사포에서 정6품의 무관 효기교를 지냈으며 자희도 그때 출생하였고, 그 지역 노인들 사이에는 아직도 자희의 유년기 관련 전설이 유전되고 있다고 했다.

그러나 도광 때의 규정에 따르면 재경 관리는 3년마다 한 번씩 시험을 치러야 했다. 청나라 고시 관리 자료를 확인해 본 결과 이 시기

혜정은 2등 필첩식이었고, 3년 뒤에는 이부의 필첩식이란 자격으로 시험을 치렀다. 다시 말해 이때의 혜정은 북경에서 이부의 필첩식이었고 품계도 8품 문관이었다. 따라서 절강 사포설은 의문의 소지가 있다. 혜정이 북경과 절강에서 동시에 관리생활을 할 수 없고 관직도 맞지 않는다는 점이다. 경사에서 문관으로 있던 그가 절강에서는 무관이 되었으니 말이다.

안휘 무호설

혜정이 일찍이 안휘 휘주부, 지주부, 태평부, 광덕주도의 도원을 지냈는데 관공서가 무호에 있었다는 것에 착안한 설이다. 자희는 강남에서 자랐기 때문에 가무에 능했고 따라서 함풍제의 총애를 받을 수 있었다는 것이다. 일부 소설과 영화에서도 이 설을 추종한다.

영화 「원명원을 태우다」에서 난귀인 (훗날의 자희)은 오동잎이 우거진 원명원에서 강남의 정취가 담긴 정가를 불러

의비(자희)가
대아가를 만났음을 적은 문서

함풍제를 유인했고 끝내 함풍제의 총애를 한 몸에 받는다는 스토리로 전개된다. 자희가 강남의 정가에 능하였다고 해서 강남에서 태어났다는 것은 어불성설이다.

기록에는 혜정이 함풍 2년(1852) 2월부터 안휘에서 도원으로 있었

다고 하지만 사실은 그해 7월에 정식 부임하였다. 그런데 자희는 함풍 원년(1851)에 이미 난귀인으로 봉해졌다. 황실자료에는 함풍제가 난귀인에게 내린 하사품 품목까지 적혀 있다. 이는 자희가 안휘 무호 출신이 아님을 시사한다.

내몽고 후허호우터설

이는 혜정이 일찍이 산서 귀화도, 수원도의 도원을 지냈다는 것에 착안한 설이다. 청대의 수원성은 내몽고의 후허호우터시이다. 혜정은 산서 귀화도와 수원도의 도원을 지낸 적이 있는데 그때의 관공서는 귀화성에 있었다. 후허호우터시에는 낙봉거리가 있는데 자희가 이 낙봉거리에 위치한 도원자택에서 태어났다는 것이다. 또한 어릴 때 자주 귀화성의 냇가에서 놀았다고 한다.

기록에 따르면 도광 29년(1849) 혜정이 산서 귀화도와 수원도에 재임할 당시, 자희는 이미 15세였다. 따라서 자희는 귀화성에서 태어날 수 없다. 그러나 자희가 아버지를 따라 귀화성에 머물렀을 가능성은 충분하다. 자희의 외조부 혜현은 도광 11년에서 17년(1831~1837) 사이에 귀화성에서 부도통을 지냈기 때문이다.

자희가 외조부의 집에서 머물렀을 수도 있다. 이것이 자희가 귀화성 태생이라는 전설의 모태가 되었을 것이다. 자희의 어머니가 북경에서 멀리 친정까지 가서 출산했을 가능성은 희박하다. 노정이 멀었던 것도 있지만 이는 당시의 예법에도 맞지 않기 때문이다. 자희의 후허호우터 출생설도 신빙성이 없다.

산서 장치설

최근 제기된 설이다. 자희는 만주인이 아니며 아버지도 혜정이 아니라는 것이다. 산서 장치에서 유전되는 전설에 의하면 자희는 원래 산서성 노안부 장치현 서파촌에 살던 왕증창의 여식이며 이름은 왕소겸이었다고 한다. 4세 때 가정형편이 어려워서 상진촌의 송사원이라는 사람에게 팔려가 송령아라고 이름을 고쳤다. 11세 때 송씨 집에 불행이 닥치면서 다시 노안부의 지부였던 혜정에게 팔려가 시녀가 되었다. 한번은 혜정의 부인이 송령아의 양쪽 발에 사마귀가 한 개씩 자란 것을 보고는 복을 의미한다고 여겨 수양딸로 삼았다. 그러고는 성씨를 여허나라씨로 고치고 이름도 옥란이라 하였다. 나중에 옥란은 궁녀로 선발되었고 난귀비가 되었다.

자희가 왕씨 가문의 여식이라는 근거로 첫째, 왕씨 족보는 건륭 59년(1794)부터 현대까지 이어진다. 왕씨 족보에 '왕소겸은 훗날 자희태후가 되었다'고 적혀 있다. 문제는 이 족보가 원본이 아닌 필사본이라는 점이다. 둘째, 현지의 전설에는 서파촌 바깥쪽의 산기슭에 자희 생모라 일컫는 사람의 분묘가 존재한다는 것이다. 분묘 앞의 묘지석은 목패였으나 나중에 석재로 바뀌었다고 한다.

자희가 송씨 여식이라고 주장하는 근거로는 첫째, 상진촌에는 지금도 낭낭원을 보존하고 있는데 여기가 바로 입궐하기 전까지 자희가 머물던 곳이다. 둘째, 일찍이 자희가 집으로 보낸 편지가 송씨 가문의 구들에서 발견되었는데 친정 6대손이 편지를 보존하고 있다는 것이다. 셋째, 상진촌에 거주했던 송씨 가문의 노인들은 "자희태후는 우리 가문 출신이다"라고 말하였다는 것이다. 따라서 송씨 가문은 정부차원에서 사건의 진상을 조사하고 밝혀줄 것을 촉구하기도 하였다.

　이상의 전설은 구체적이며 생동감도 있다. 장치 사람들은 이구동성으로 자희가 장치출신이라 하고, 장치시는 '자희동년연구회'까지 만들었다. 고증에 따르면 이 시기 노안부에서 지부를 지냈던 사람은 총 7명이 있었다. 거기에는 혜정이 보이지 않는다. 혜정이 노안부에서 임관하지 않았는데 자희가 어찌 노안부 혜정의 시녀로 팔릴 수 있는가?

　자희의 출생지가 어디든 관계없이 관리출신 가문에서 태어난 것만큼은 분명해 보인다. 게다가 함풍제 주위에서의 정치경력은 그로 하여금 보통 여자가 갖출 수 없는 탁견과 배포, 지혜와 모략을 두루 지니게 하였다. 함풍제가 홍거하자 제윤세력과 결탁하여 궁중정변을 일으키고 찬양정무8대신을 제거했다. 함풍 11년(1861) 음력 신유에 정변이 발생하였다 하여 '신유정변'이라 부른다.

찬양정무8대신을 제거하는 신유정변을 일으키다

　동치제 재위 13년 동안에 발생한 중대 사건에는 4가지가 있다. ① 즉위년에 신유정변 발생 ② 태평천국 진압 ③ 신정 단행 ④ 원명원 중수이다. 신유정변에 대해 살펴보자.

　고명대신을 지정한 것이 함풍제의 큰 실수였다면 그 직접적인 결과는 '신유정변'의 발생으로 나타났다. 조정에는 고명대신세력, 제윤세력, 제후세력 등 세 갈래의 정치세력이 있었는데 이들 중심에 서 있던 사람이 바로 동치제였다.

승덕그룹과 북경그룹

조정대신도 '승덕그룹'과 '북경그룹'으로 나뉘어져 있었는데 전자는 숙순이 중심이었고 후자는 공친왕이 중심이었다. 북경의 대신은 재분화되어 일부는 고명대신 쪽으로, 대부분은 제윤세력과 제후세력 쪽으로 기울었다. 따라서 아주 복잡한 형국이 형성되었다. 함풍제를 수행했던 '승덕그룹' 중심에는 찬양정무8대신이 있었고, '북경그룹'에는 공친왕을 중심으로 돈친왕, 순군왕, 종군왕, 부군왕 그리고 문상, 계량, 보윤 등 군기대신이 버티고 있었다.

문상은 만주정홍기 출신으로 도광제 때 진사에 합격한 군기대신이었다. 영국과 프랑스 연합군이 북경으로 진격해 오고 함풍제가 열하로 도주하려 하자 "북경을 떠나면 인심이 동요되고 대세에 악영향을 미칠뿐더러 변방(승덕)에는 그곳을 지킬 만한 요새가 없어 오래 버틸 수 없습니다"라며 '북수'를 저지하다 북경에 남겨졌다. 군기대신 가운데 유일하게 찬양정무대신에서 제외된 인물이다.

계량은 만주정홍기 출신으로 공친왕의 장인이며 호광총독, 직예총독, 동각 대학사를 지냈다. 함풍제가 열하로 도주할 때 공친왕과 함께 북경에 남았다. 보윤은 만주양백기 출신으로 도광제 때의 진사이다. 호부 삼고의 사무를 맡았다. 함풍제가 열하에 도착한 뒤, 행궁보수 명분으로 은자 20만 냥을 유용하려 하자 극구 반대하다가 강등되었다.

옹심존은 도광제 때의 진사로 상서방에서 혜군왕과 6황자, 8황자를 가르쳤다. 함풍제 때는 상서방의 총사부가 되었고 체인각 대학사에 제수되었다. 숙순의 행위에 불만을 표하다가 재원 등에 의해 파직되고 관계도 5등급이나 강등되었다. 옹심존, 기준조, 팽온장 등은 상서방의 사부였는데 "이들 셋은 숙순과 맞지 않았기 때문에 선후로 파직되었다."

가정은 도광제 때 1등 진사 두 명 중 한 사람이다. 시강이 되어 상서방에서 6황자 혁흔을 가르쳤다. 나중에는 무영전 대학사가 되었는데 함풍제는 열하로 도주하면서 가정에게 대궐을 지키라는 어명을 내렸다. 가정은 "매일처럼 천안문에 앉아서 외국군의 진입을 저지하였다"고 한다.

이처럼 공친왕 주변의 인물들은 다음의 특징을 가졌다. ① 대체로 유학에 물 젖은 늙은 신하들이다. ② 아부를 모르는 강직한 대신들이다. ③ 많은 사람들이 서구문물에 밝았다. ④ 함풍제에게 북경에 남아 정국을 주재할 것을 간언하였다. ⑤ 외세와 협정이 체결되자 함풍제의 귀경을 강력히 촉구하였다. ⑥ 젊고 박력 있는 관리들이 적지 않다.

이러한 '북경그룹'은 양궁 황태후와 동치제의 지지를 받았다. 그러나 두 정치그룹은 함풍제가 세상을 떠난 직후부터 힘겨루기에 돌입하게 된다. 신유정변의 과정은 다음과 같다.

정변 과정

7월 17일 함풍제가 세상을 떠났다. 함풍제는 임종에 앞서 세 가지 일을 처리했다. ① 황장자 재순을 황태자로 세웠다. ② 어전대신 재원, 단화, 경수와 대학사 숙순 그리고 군기대신 무인, 광원, 두한, 초우영 등 8명을 찬양정무대신으로 임명하고 정국통제권을 맡겼다. ③ 황후에게 '어상' 인장, 황태자에게 '동도당' 인장을 내렸다. 고명대신이 교지를 작성한 뒤에는 필히 '어상'과 '동도당'을 찍도록 하였다. 이로써 8대신과 양궁 황태후 사이에 자연히 모순이 생기게 되었다.

18일 국상을 치른 뒤, 동치제 명의로 효정황후는 모후황태후로, 의귀비는 성모황태후(聖母皇太后, 孝欽皇太后)로 높였다. 8월 초하루, 피서산장으로 가서 함풍제의 재궁(황제나 황후의 관목)을 배알하겠다는 공친왕의 요구가 윤허되었다. 푸이의 『나의 전반생』에 따르면 혁흔은 샤먼(무당)으로 분장하여 행궁으로 들어가 양궁 황태후를 알현하고 계책을 꾸민 뒤, 북경으로 돌아와 정변을 준비했다고 한다.

공친왕은 양궁 황태후로부터 2시간의 면담을 허락받았다. 그는 열하에서 6일간 체류하면서 가능한 한 숙순 등 8대신을 평온한 모습으로 상대함으로써 이들의 경각심을 마비시켰다. 함풍제가 죽은 지 13일이 지났다.

5일, 순친왕(혁현)을 정황기한군도통에 임명하여 병권을 잡았다. 6일, 어사 동원순은 태후의 직권으로 국정을 처리하되 친왕 한두 명이 보필하게 하라는 소청을 올렸다. 7일, 피서산장으로 가겠다는 병부시랑 승보의 요청이 윤허되었다. 승보는 각지의 총병들에게 승덕의 제전에 참석하지 말라는 교지를 하달하고 자신은 제전에 참석할 것을 요청하는 한편 군사를 이끌고 북상했다. 11일, 동원순의 소청을 놓고 양궁 황태후는 8대신을 불러들이고 의견을 물었다. 8대신은 선제의 유지나 어가의 법도 그 어디에도 황태후가 수렴청정한 경우는 없다며 강력히 반발하면서 양궁 황태후와 격론을 벌였다.

변론을 늘어놓는 이들에게서는 이미 신하된 자로서의 예의를 전혀 찾아볼 수 없었다. 『월만당국사일기』에 따르면 숙순 등은 방자하게 고성을 질렀는데 "그 소리가 궁전에 메아리쳐 천자가 놀라 울음보를 터뜨렸고 바지에 오줌까지 누었다"고 전한다. 양궁 황태후가 양보하지 않자 재원, 단화 등은 수일 동안 대치하다가 황태후의 요구에 따르기로 했다. 8대

젊은 시절의 서태후

신은 일단 양궁태후의 요구에 따르고 귀경한 뒤에 다시 방법을 강구할 요량이었다.

18일, 함풍제의 재궁 운송은 9월 23일부터 시작되어 29일에 황도에 도착한다고 선포하였다. 9월 초하루, 동치제는 두 황태후에게 휘호를 올렸다. 모후황태후는 자안황태후라 했고 성모황태후는 자희황태후라 하였다. 4일, 정친왕 단화는 행재보군통령을 서리했고 순친왕 혁현은 보군통령에 임명되었다. 고명대신을 만나는 자리에서 양궁 황태후는 단화가 너무 많은 보직을 겸하였다며 이의를 제기했다. 단화가 자신은 단지 행재보군통령에만 관심이 있다고 말하자 자희태후가 혁현을 보군통령에 임명하였다. 이로써 혁현은 황실수비대를 장악할 수 있었다. 그 뒤에 혁현은 선포영의 직무까지 겸직했다.

23일, 함풍제의 재궁은 열하를 떠났다. 동치제와 두 황태후는 운구 행렬을 따라 귀경길에 올랐으나 첫날에만 재궁을 따라 움직이고는 동

치제가 어리다는 이유로 지름길을 통해 먼저 귀경했다. 29일, 동치제와 두 황태후는 황도로 돌아왔다. 그러나 폭우가 쏟아지고 길이 질척해지면서 운구 일정은 지체되었다. 동치제와 양궁태후는 지름길로 움직였기 때문에 운구행렬보다 4일 먼저 귀경할 수 있었다. 공친왕은 이미 대궐에서 대기하고 있는 상태였다. 30일, 궁정정변을 일으켰다. 동치제와 두 황태후는 혁현이 일전에 승덕에서 수정한 교지를 선포하고 8대신의 죄상을 공개하였다.

① "작년에 연해안이 조용하지 못하고 경사에 계엄령까지 내려진 것은 신제를 섬겼던 친왕과 대신늘의 잘못 때문이다. 재원 등은 혼신을 다해 화해하기는커녕 괜한 영국 공사를 붙잡아 저들의 책임을 회피하려 했기 때문에 세계 각국의 신뢰를 잃었고 원명원까지 소실하게 되었다. 선제께서 열하로 순행을 떠난 것은 부득이한 고충 때문이다." 즉, 영국과 프랑스 연합군의 황도진입과 함풍제가 황도를 비우게 된 정치적 도의적 책임을 8대신에게 전가하였다.

② 멋대로 교지를 고치고 양궁태후의 수렴청정을 저지한 죄로 재원, 단화, 숙순, 경수를 해임하고 무인, 광원, 두한, 초유영 등의 군기대신직을 박탈하였다. 『청사고·숙순전』에 따르면 "숙순 등 8대신은 문종의 재궁을 호위하고 귀환 도중에 있었다. 양궁 황태후는 예친왕 인수, 순친왕 혁현을 보내 숙순을 체포하였다. 야간에 숙순을 급습하여 체포했는데 포효하면서 불복했으나 이내 형틀이 채워졌다. 종인부의 옥사에 하옥시켰는데 재원과 단화가 이미 그곳에 있었다."

『청목종의황제실록』에 따르면 "순친왕 혁현은 선포영의 일을 관장하였다"고 한다. 아마도 숙순 체포사건과 관련이 있을 것이다. 10월 초하루, 혁흔을 의정왕 겸 군기대신에 임명하였다. 군기대신 문상은 두 황태후의 수렴청정을 소청하였다. 『청사고·문상전』에 따르면 "10월, 북경의 궁으로 돌아온 뒤 (문상은) 왕공대신과 함께 양궁 황태후의 수렴청정을 소청하였다"고 한다. 또한 대학사 계량, 호부상서 심조림, 시랑 보윤, 문상을 군기대신으로 임명하였다.

3일, 대행황제(함풍제)의 재궁이 북경에 도착하였다. 5일, 종대학사 주조배는 "이친왕 재원이 입안한 '기상'이라는 연호는 그 의미가 중복되니 정정하시기 바랍니다"라고 소청하였다. 이에 조서를 내려 '기상'을 '동치'로 바꾸었다. '동치'의 함의는 4가지로 해석된다. ① 양궁 황태후가 함께 다스린다. ② 양궁 황태후와 친족귀족이 함께 다스린다. ③ 양궁 황태후와 재순이 함께 다스린다. ④ 양궁 황태후와 재순, 친족귀족이 함께 다스린다.

6일, "재원과 단화는 종인부의 빈 실내에서 자결하고, 숙순은 참수하며 경수, 무인, 광원, 두한, 초우영의 직책을 박탈하고 무인은 군태로 보내 거기서 일보게 하라"는 조서를 내렸다. 기록에 따르면 "참수형을 집행하려 하자 숙순은 욕설을 퍼부었다. 신하된 자라면 귀 열고 듣기 거북스러울 정도로 패역스러웠다. 무릎을 꿇으려 하지 않아 망나니(사형수)가 쇠막대기로 쳐서야 꿇었는데 정강이는 이미 분질러졌다. 끝내 그를 참수하였다"고 전한다.

9일, 재순은 태화전에서 즉위하였다. 26일, 예친왕 세탁은 존지회의 결과를 아뢰고 아울러 「수렴장정」을 올렸다. 양궁 황태후의 수렴청정을 위한 여론이 형성되었고 그에 필요한 장정도 제정되었다.

11월 초하루, 동치제는 자안황태후와 자희황태후를 모시고 양심전

동치제의 조복

동치제의 신발

에서 수렴청정을 시삭하였다. 수렴청정의 장소는 양심전의 동쪽 실내로 동치제의 어좌 뒤편에 누런색 휘장(처음에는 누런색 병풍이었다)을 설치하고 두 황태후가 나란히 그 뒤쪽에 앉았다. 의정왕은 왼쪽에 순친왕은 오른쪽에 서 있었다. 조정대신을 접견할 때면 이부의 당관이 끝이 초록색인 부전(簽)을 전달하고 의정왕이 그것을 받아 어안에 올려놓았다. 황태후의 수렴청정은 중국 역사상 전대미문의 사건이다.

여기서 언급을 하자면 자희는 비록 교육을 충분히 받지 못했지만 공부에 몹시 열중했다. 두 황태후는 남서당, 상서방사부들에게 『치평보감(治平寶鑒)』을 편찬하게 하여 황태후의 교재로 삼아 경연사례를 참작하고 모방했다. 또한 옹동화에게 정기적으로 대궐에 들러 강의해 줄 것을 주문하기도 했다. 훗날 자희태후는 상소문을 직접 교열할 수 준에 이르렀으나, 문장이 유려하지 못하고 오탈자가 많았다.

동치제 즉위 당시의 연호가 기상(祺祥)이기 때문에 이 정변을 '기상정변'이라고 하며, 그 해가 신유년이었기 때문에 '신유정변'이라고도 한다. 또한 정변 발생지가 북경이었기 때문에 '북경정변'이라고도 한다. 당시 '신유정변'의 핵심인물이었던 자안황태후는 25세였고 자희황태후는 27세였으며 공친왕은 30세였다.

'신유정변'이 성공할 수 있었던 직접적인 요인은 다음과 같다.

첫째, 양궁 황태후와 공친왕은 황도에 뛰어들어 원명원을 약탈하고 불사른 영국, 프랑스군의 만행과 국가와 민족의 존망을 뒤로한 채 황도를 버리고 피서산장으로 도주한 '승덕그룹'에 대한 백성들의 불만을 이용하면서 이 모든 책임을 고명대신들에게 전가시켰다. 함풍제의 '북수' 원인도 이들에게 전가시켰다. 그 결과 황태후와 공친왕은 정치적 주도권을 쥐고 민심을 얻을 수 있었다. 물론 8대신은 속죄양이 되는 신세를 면할 수 없었다.

둘째, 찬양정무8대신이 양궁 황태후와 공친왕을 과소평가하고 방심한 틈을 역이용했다. 또한 제후세력이 '어상'과 '동인당'이라는 두 인장을 장악했던 장점을 활용했다. 고명대신들이 작성한 교지는 두 인장이 없으면 효력을 발휘할 수 없었지만 두 황태후와 공친왕은 교지를 작성하고 두 인장을 찍으면 즉시 효력이 발휘되는 유리한 조건을 십분 활용한 것이다.

셋째, 양궁 황태후와 공친왕은 기회를 활용하여 선수를 쳤다. 이들은 대행황제의 재궁 운송에 동행하지 않고 고명대신의 통제와 감시를 벗어나 지름길을 통해 운구행렬보다 4일 먼저 귀경했다. 함풍제가 7월 17일 사망하고 재궁이 황도로 운송되기까지 74일이라는 시간을 충분히 활용하여 정변을 준비한 셈이 된다. 9월 23일에 열하를 떠나 29일에 북경에 도착하기로 예정되었던 운송시간도 도중에 큰비가 내려 지체되었고 10월 3일에야 북경에 도착할 수 있었으니 일정보다 4

일이나 늦어졌다. 29일에 북경에 도착한 양궁 황태후는 30일에 정변을 일으켰으니 적어도 3일간의 틈이 생긴 셈이다. 이는 정변을 준비하는 데 충분한 시간과 공간을 제공하였다고 볼 수 있다.

넷째, 양궁 황태후와 공친왕은 목숨을 걸고 싸우는 것이야말로 자신들의 유일한 활로임을 잘 알고 있었다. 일찍이 자희태후는 숙순 등이 함풍제에게 어미를 죽이고 아들을 남겨 나중에 있을 수도 있는 황태후의 전권을 사전에 막았던 한무제를 모방하라는 건의를 올렸다는 소문을 들었다. 『한서·외척전』에 따르면 한무제가 몹시 총애하던 구익부인 조첩여는 자기 소생을 황태사로 세우려 하였다가 한무제로부터 크게 질책을 받고 죽었다. 한무제는 임종에 앞서 조첩여 소생을 황태자로 세우고 대사마이며 대장군인 곽광에게 어린 황제를 보좌하게 했는데 그가 바로 한소제이다. 함풍제는 한무제를 모방하지 않고, '어상'과 '동도당'을 활용하여 고명대신과 두 황태후 사이의 관계를 조절하고 서로 견제하도록 만들었다. 하지만 인장은 두 황태후에게 이용되었고 권력의 균형은 깨어지고 말았다.

'신유정변'은 군권과 상권의 대격돌로 두 황태후와 공친왕의 지략을 드러냈으며 청나라 왕조체제에도 일대 변화가 일어났다. 정변을 통해 찬양정무대신이 부정되었고 황태후의 수렴청정이 실시되었으니 그야말로 중대한 제도변화였다.

신유정변 이후 공친왕이 의정왕이 되면서 순치조 때 예친왕 도르곤 보정과 유사한 상황이 재현되었다. 제윤세력이 의정왕과 군기대신을 맡고 황태후는 수렴청정을 했다. 결국 왕권의 이원화 현상이 나타났다. 의정왕은 조정을 좌지우지하고 황태후는 국정을 독단하였다.

황태후와 의정왕이 연합하여 국정을 운행함으로써 나중에 자희태후가 국정을 독단할 수 있는 국면이 조성되었다. 이런 상황에서 새로운 제도가 만들어졌는데 영판군기대신은 친족귀족이 맡고 군기대신은 만주 출신 2명과 한족 출신 2명이 맡았다. 동치 왕조는 대체로 5인 군기대신 구조를 유지하였다.

만주귀족에게 있어서 신유정변은 종실귀족과 제윤귀족 간에 벌어진 모순과 사투였다. 두 황태후 특히 자희태후는 제윤귀족을 이용하여 종실귀족에 타격을 가해 승리를 거둘 수 있었다. 신유정변 이후 대내로는 양궁 황태후의 수렴청정이, 대외로는 의정왕의 국정주재가 이루어지면서 동치신정이 시작되었다.

동치신정이 시작되다

동치제는 신정실시를 위한 절호의 기회를 만났다. 대내적으로는 '태평천국'과 '의화단'이라는 사회동란 사이에 있었고, 대외적으로는 영국과 프랑스군의 황도침입과 8국연합군의 북경침입이라는 혼란기에 끼어 있어 마치 태풍 속의 완충기에 처한 듯했다. 이는 동치제에게 신정을 구현할 수 있는 명분과 기회를 제공하였다.

일본의 메이지유신도 이 시기에 진행되었다. 양궁 황태후가 수렴청정하고 의정왕이 정무를 주재하는 등 상호간의 협조를 통해 신정을 실시했다. 신정의 조치로는 총리아문(總理衙門)과 동문관(同文館)을 설립하고 신식학교를 창설하며 서양으로 인재를 보내 광산채굴과 철도건설 등 서양의 근대화를 배움으로써 개혁을 하는 것이었다.

총리아문 설립

통상적으로 총리각국통상사
무아문을 '총리각국사무아문' 또
는 '총리아문'이라 부른다. 함풍
제 10년(1861) 12월 10일에 설립
되었다. 총리아문은 신정을 총
괄하는 중잉징부기구로서 세계
질서를 겨냥한 창의적인 기구였

총리각국사무아문

다. 조정과 세계 각국의 외교업무를 관장하고 대외무역, 세관세무, 변
방방어, 해군건설, 신식공업과 광산업 및 신식학교 설립, 철도건설과
광무까지도 아울렀는데, 실제로는 청나라 조정의 내각 겸 외교부와도
같은 존재였다. 이는 2천년 왕조사 이래 최초로 설립된 외교업무 전
담기구이다.

총리아문은 친왕 1명이 수석대신이 되어 통솔하고, 나머지 관리는
군기대신, 대학사, 상서, 시랑 가운데서 지명하여 파견된다. 부속기구
로 독립적인 공관을 설치했는데 영국, 프랑스, 러시아, 미국과 해방
등 5개의 고가 있다. 러시아고는 러시아와 일본 양국의 외교사무를
처리하고 영국고는 영국과 오스트리아 관련 교섭사무를 처리했으며,
미국고는 미국, 독일, 페루, 이탈리아, 스웨덴, 노르웨이, 벨기에, 덴
마크, 포르투갈 등의 교섭사무를 처리하고, 프랑스고는 프랑스, 네덜
란드, 스페인, 브라질 등의 나라와 교섭사무를 처리하였다. 나중에 남

양과 북양의 해방관련 업무를 전담하는 해방고를 따로 두었다.

총리각국사무아문의 주된 목적은 서구관련 사무를 처리하고 근대화대업을 실시하는 것으로 이는 청나라가 근대화를 향해 첫발을 내디뎠음을 나타낸다. 또한 총리아문에 이어 해외영사관도 설립했다.

서양문물 시찰

서구 열강의 침략 앞에 청나라는 마지못해 문호를 개방했다. 사실 한당성세(漢唐盛世) 때도 중국은 아시아권을 벗어나지 못하였다. 법현과 현장이 서천으로 가서 불경을 구했던 곳도 서구가 아닌 인도였으며, 명나라 정화가 인솔했던 함대도 남양으로 향했지만 유럽에는 이르지 못했다.

서구에 대한 청나라의 시찰은 동치 5년(1866)부터 시작된다. 그해 봄 총세무사 하트(Robert Hart, 1863~1908년 재임)가 결혼 때문에 귀국하면서 의정왕에게 6개월의 휴가를 내는 동시에 인재를 서구로 보내 시찰할 것을 제안했다. 이것은 의정왕의 의도와도 부합되었다. 의정왕은 요원을 서구로 보내 시찰하자는 소청을 올렸고 곧바로 인가되었다. 이로써 청나라가 빈춘 등을 서구로 파견하는 일이 벌어졌다.

『청사고』에는 빈춘이 기록되어 있지 않다. 청나라의 관리들이 해외로 시찰을 떠나는 일을 꺼리면서 아무도 나서려 하지 않자 63세의 빈춘이 자원했다. 친척과 동료들이 만류하며 소무가 흉노 땅에 억류되었던 일을 들먹이기까지 했다. 하지만 빈춘은 직접 체험하기로 결심했다. 그는 정부 관리로서 정부의 파견을 받고 서구를 시찰하기 위해 '동양에서 서양으로 떠난 제1인자'이다.

동치 5년(1866) 1월 21일 빈춘은 3명의 동문관 학생과 자신의 아들을 데리고 상해에서 배에 몸을 싣고 바다를 건넜다. 1개월 8일간의 항해 끝에 프랑스 마르세이에 도착했다. 유럽에 머무는 110일 동안 프랑스, 영국, 네덜란드, 덴마크, 스웨덴, 핀란드, 러시아, 독일, 노르웨이, 벨기에 등 10국을 방문하고 9월 18일에 귀국했다. 그는 『승사필기』라는 책에 직접 목격한 기차, 증기선, 전보, 승강기, 기계인쇄, 증기기관차, 사진기, 기중기, 양수기, 현미경, 환등기, 방직공장, 군수품 공장 등을 기록하고, 최초로 유럽박람회와 발레, 대영박물관, 국가의회, 근대신문사, 고등학원 그리고 프랑스의 베르사이유 궁전, 개선문 등을 관람한 기록도 남겼다. 비춘은 근대 서구의 과학기술과 문명을 현장에서 직접 목격했다.

양무인재 육성

외국어학교, 실업(實業)학당, 근대군사학교를 개설하고 유학생을 파견했다. 동치제 때 최신식학교는 경사동문관(京師同文館)으로 경사에 거주하는 팔기 출신 자제들 가운데 10명을 선발하고 영국 선교사를 교사로 채용했다.

동문관은 서양인을 초빙해 외국어를 가르치고 대유학자 서수림 등을 초빙해 유교경전을 가르쳤다. 당시 한문 교사의 연봉은 백은 100냥이었고 서양인 교사는 백은 1,000냥이었다. 동문

경사동문관

관 학생들의 식사와 문구류는 모두 정부에서 공급하고 별도로 매달 10냥의 학자금이 지급되었다. 또한 월말시험 합격자에게는 32냥, 분기시험 합격자에게는 48냥, 연말시험 합격자에게는 72냥이 상금으로 주어졌다. 세 차례 모두 합격하여 받은 총상금 152냥과 매달 지급되는 학자금을 더하면 1년에 272냥이 지급되었다.

의정왕 혁흔은 동문관 산하에 천문관과 산학관을 개설하여 '서학을 배우고' '서양기계를 제조하자'는 소청을 올렸다. 그러나 이 제안은 커다란 파문을 일으켰다. 일부는 서양기술을 배우는 것은 근본을 버리고 말단을 구하는 것이며, 기절(氣節) 강조야말로 뿌리를 굳건히 하고 근본을 튼튼히 하는 것이라고 하였다. 또한 동문관의 설립은 중국의 전통을 버리는 것이며 중국 관리 자제들에게 서양인들의 기술을 배우라는 것은 일대치욕일 뿐만 아니라 중국이 변해서 오랑캐의 풍속을 따르는 것이라고 주장하는 사람도 있었다. 심지어는 이런 대구가 유전되기도 하였다.

귀신의 책략은 본디 변화무쌍하여 조정으로 하여금 동문관을 설립하게 하였네. 군기처는 원대한 모략이 없었기 때문에 뛰어난 자제들을 꼬드겨 오랑캐를 스승으로 모셨네.(鬼計本多端 使小朝廷設同文館. 軍机無遠略 誘佳弟子拜異類師)

혁흔은 '귀신같은 여섯째(鬼子六)'로 불리며 조롱을 받았다. 전문의 외벽에는 '미동이언(未同而言), 사문장상(斯文將喪)'이라는 문구가 나붙었는데 자구사이에 '동문(同文)' 두 자를 넣어 동문관의 설립으로 인해 중국의 전통문명이 상실하게 될 것임을 풍자한 것이다. 직예지주 후보였던 양정희는 상소문을 올리고 서학은 서양의 수천 년의 귀신들이 중원을 횡행하게 하는 학문으로 서양인을 교사로 삼으면 충의의 기풍은 사라질 것이고 염치도 곧 사라지게 된다고 주장했다.

그해 봄의 가뭄을 "하늘이 경고를 드러낸 것이다"고 하면서 혁흔 등이 주장하는 서학을 공격하는 사람도 있었다. 너나할 것 없이 상소문을 올리고 동문관의 학생모집과 시험 중지를 요구했다. 심지어 동치제의 사부이며 대학사였던 왜인마저도 반대를 표명했다. "입국(立國)의 이치는 예의를 숭상하고 권모술수를 숭상하지 않습니다. 가장 근본적인 도모(圖謀)는 인심에 있으며 기예에 있지 않습니다. …… 고금에 술수를 믿고 쇠망을 진작케 하였다는 말을 들은 적이 없습니다." 그는 서양을 배울 필요가 없다면서 위대한 청나라에는 '그러한 술수에 능한 사람이 반드시 있다'고 하였다.

혁흔 등은 상소문을 올리고 왜인의 소청을 조목조목 반박했다. "왜인의 주장은 단지 공언에 지나지 않으며 시무에 맞지 않다. 그대로 따른다면 중국은 점점 낙후하게 될 것이다. 영국과 프랑스 모두 소국이지만 누차 우리 청나라를 이길 수 있었던 것은 과학기술을 숭상했기 때문이다. 청나라는 낡은 것에만 의존했기 때문에 패배를 거듭했다"는 것이다. 그러면서 왜인에게 술수에 능한 사람을 추천하라고 하였다. 정작 그런 사람을 추천할 수 없었던 왜인은 양보할 수밖에 없었다. 양궁 황태후의 확고한 태도로 동문관 학생모집과 관련된 풍파는 일단락되었지만 그 파급효과는 적지 않았다.

원래는 98명이 정원이었지만 시험에 참석한 사람은 72명뿐이었고 이중 30명은 후한 학자금 때문에 신청하였다. 반년이 지난 후에 학업 진도를 따라갈 수 있었던 학생은 10명에 불과했다. 따라서 원래 동문관의 팔기 제자반과 통폐합하였다. 상해와 광주에도 유사학교를 설립하고 만주와 한인 자제를 입학시켰지만 외국어학과를 개설하고 미국인을 교사로 초빙하는 데 그쳤다. 나중에 동문관은 미국인을 총교습으로 초빙하고 화학, 수학, 천문, 물리, 국제법, 외국의 역사와 지리, 의학, 생리학, 정치경제학 등을 개설하고 졸업연한을 8년으로 규정했다.

동문관은 비로소 종합성격의 고등학부 규모를 갖추게 되었다. 중국 최초의 근대학당은 기타 근대학교의 출현을 이끌어 내었다. 광서 28년(1902) 이 학교는 경사대학당에 편입되었다. 여기서 중국 최초의 서학인재를 육성해 냈는데 해외 공사로만 28명을 배출하였다.

동치제 때 개설한 신식학교로는 그 외에도 강남제조국 부설 기계학당과 복주선정국 부설의 선정학당이 있었다. 복주선정학당은 '구시당예국'이라고도 하는데 동치 5년(1866), 좌종당이 복주선정국을 주재할 당시 부설되었다. 이 학교는 근대학교로는 비교적 이른 시기에 개설한 자연과학 위주의 신식학교이며 동시에 사관학교라는 성격이 짙다. 해군과 조선인재의 육성을 목표로 하였다.

유학생 파견

동치 11년(1872) 제1진 어린이 30명이 미국 유학길에 올랐다. '유동출양(幼童出洋)'이 시작된 것이다. 동치제 때 일었던 유학풍조는 용굉(1828~1912)과 관련이 깊다. 용굉은 광동 향산 사람으로 도광 21년

미국 유학을 가는 어린이들

(1841)에 마카오의 모리슨교회에서 운영하는 학당에서 공부했다. 그의 부모는 용굉이 자라서 매판이 되기를 바랐다. 나중에 이 학교의 미국인 선교사 브라운 목사가 귀국할 때 수행함으로써 중국 최초의 유학생이 되었다. 그는 미국에서 중학교를 다니고 예일대에 입학하여 4년간 공부하다가 함풍 4년(1854) 예일대 학사학위를 받고 귀국하였다.

동치 9년(1870) 직예총독에 임명된 증국번은 용굉을 막료로 기용했다. 용굉은 증국번에게 서양으로 유학생을 파견할 것을 줄기차게 건의했다. 그해 청나라는 증국번 등이 올린 유학생 파견안을 인준하고 12~13세의 어린이 120명을 미국 유학을 보내기로 하였다. 기간은 15년으로 정하고 상해에 유학출양국(留學出洋局)을 세워 사무를 관리하도록 했다. 또한 진난빈과 용굉을 정부위원으로 임명하여 미국에 상주하면서 유학생사무를 관리하게 하였다.

연령은 12~16세로 출국하기 이전에 상해에서 사전교육을 받았다.

당시까지도 상해는 개화되지 않았기 때문에 학생모집은 어렵게 진행되었다. 자신의 아이를 이역만리에 보내는 것을 원하는 부모는 없었다. 예를 들어 첨천우는 홍콩에서 일하던 이웃이 그의 아버지에게 정부에서 유학생을 모집한다는 소식을 전하고는 지원을 권고했다. 그러나 첨천우의 아버지는 과거를 통한 출세를 원했다. 이웃 사람이 미국유학이 과거시험을 통해 진사가 되는 것보다 훨씬 출세하는 일이라고 거듭 설명하며, 첨천우를 미국으로 유학 보내면 자신의 딸을 시집 보내겠다는 약조까지 했다. 그제야 첨천우의 아버지는 아들의 유학에 동의했다. 첨천우는 당시 12세였다. 미국 유학을 마치고 돌아온 첨천우는 경장철도를 건설하고 난하대교(灤河大橋)를 건설하는 등 철도엔지니어로서 명성을 떨쳤다.

어린이들은 예비반에 들어가서 반년 동안 교육을 받고 간단한 영어를 읽히면서 미국생활에 적응해 나갔다. 학교에서는 아이들을 엄격하게 가르쳤고, 공부를 못하는 아이는 체벌을 받아야만 했기 때문에 열심히 공부해서 예비반을 마쳤다.

동치 11년(1872) 여름, 시험을 통해 선발된 1진 30명은 상해에서 배를 타고 태평양을 건넜다. 동치 11년부터 광서 원년(1875)까지 매년 30명을 파견하는 등 네 차례에 걸쳐 총 120명을 미국으로 유학을 보냈다. 어린이들의 입국은 곧바로 미국을 들끓게 하였다. 미국 대통령까지 나서서 이들을 접견했다. 청나라 유학생들은 미국인에게 총명하고 예의바르다는 인상을 심어주었고, '중국의 영광'이라고 불렀다.

용굉은 아이들을 미국의 서민가정에 배치해줄 것을 제안했다. 미국의 교사, 의사, 신사들은 중국 아이들을 집으로 데려가기를 원했고,

해당 가정들은 양호한 거주조건을 제공하면서 공부에 아낌없는 관심을 보였다. 결국 이들은 동서문화교류의 교량이 되었다.

어린이들의 유학생활 관리감독을 위해 청정부가 파견한 진난빈은 유학생들이 운동과 춤에만 미친 채, 포우와 두루마기는 입지 않고 양복만 고집하며 배례 대신 악수를 하며 심지어 단발하는 학생도 있다고 꼬집었다. 그리고 이를 이유로 '서학을 배워 귀국하더라도 이들은 결코 국가에 도움이 되지 못할 것이며 오히려 사회에 해악을 끼칠 것이다'고 주장했다. 나아가 이들을 소환할 것을 건의했다. 총리아문의 디죗대김이던 의신왕은 비록 신정을 주도했던 인물이지만 유학생들이 '조훈(祖訓)'을 거역하였다는 사실에 도저히 참을 수 없었다. 결국 광서 7년(1881) 5월에 '유학생 소환' 소청을 올렸다.

동치 11년에 처음으로 파견되어 광서 7년에 최종 철수하기까지 어린이들의 유학생활은 9년간 지속되었다. 떠날 때 12~16세였던 소년은 귀국할 때 20세 전후의 청년이 되었다. 비록 계획된 학업을 최종적으로 완수하지 못했지만 서구문명과 교육을 접했던 이들은 나중에는 중국의 정계, 관계, 학계, 공상 등의 분야에서 유명인사가 되었고, 엔지니어가 되어 근대국가 건설에 공헌했다.

통계에 따르면 행정과 외교에 종사한 사람은 24명으로, 12명의 영사와 2명의 외교차장, 2명의 공사 그리고 1명의 총장과 내각총리를 배출했다. 해군에 입대한 사람은 20명으로 14명이 해군장교가 되었다. 교육 종사자는 5명으로 그중 2명이 대학총장이 되었고, 실업계에 입문한 사람은 30명으로 9명의 공업·광산업 책임자와 6명의 설계사, 3명의 철도국장이 배출되었다.

양무운동과 부국강병

증국번, 이홍장, 좌종당 등은 상해, 남경, 복주에서 근대군수품 공장을 세우고 서양인을 초빙하여 기술지도를 받았다. 양무운동은 최신식의 무기공장을 세우고 신군을 편성하여 국방을 건설하는 등 부국강병이 주목적이었다.

혁흔은 서학에 대한 습득과 서구식 무기 제조를 강조했다. 그는 서학을 취하고 서구식 무기를 제조하는 것은 이미 강희제 때부터 시행한 것으로, 현재의 양무운동은 조상의 제도와 전통을 계승하고 발전시킨 것이라고 보았다.

함풍 11년(1861) 11월 안경군계소(安京軍械所)를 세우고 서양의 소총과 대포를 모방하여 제조했다. 증국번은 상군의 군관과 막료를 집합하고 사격시범을 보였다. 서양총포의 위력과 사정거리, 사속, 정확도는 조총과 토박이 화포에 비해 훨씬 월등했다. 관중들의 칭찬에 증국번도 몹시 흥분하는 기색이었다.

해군건설을 위해 외국에서 군함을 구입하는 것에 주력하고, 이홍장이 1890년대에 영국으로부터 '용양', '호위', '비정', '책전', '진동', '진서', '진남', '진북' 등 함포가 탑재된 군함을 구입했다. 그리고 1880년대에 독일의 군수품과 조선공업이 약진하자 이홍장은 다시 독일로부터 전함을 구입했다.

동치 3년 청나라는 대형 무기공장 설립을 서둘렀다. 그 결과 강남제조국, 금릉제조국, 복주선정국, 천진기계국, 서안기계국 등 20개소가 생겨났다. 대규모를 자랑하는 무기공장은 강남, 금릉, 복주, 천진, 한양 등지에 있었다.

강남제조총국

증국번과 이홍장이 공동으로 세운 최대 규모를 자랑하는 군수품생산기지이다. 동치 4년(1865) 이홍장은 세관의 관리 정일창을 위탁해 미국 상인이 운영하던 상해 홍구의 기기철공장을 인수하고 상해와 소주의 양포국 두 곳을 상해의 고창묘로 옮겨 초대형 군수품제조국을 세웠다.

동치 6년 증국번은 여기서 선박을 제조할 것과 상해세관에서 20%의 세수를 할애하여 선박건조의 경비로 사용케 할 것을 주청했다. 그 뒤로 공장은 해마다 확충되어 양종공장, 양포공장, 포탄공장, 화약공장, 선박공장, 철강제련소, 총탄공장, 어뢰공장을 갖추었고 학교와 번역관도 설립했다.

증국번상　　　　　　이홍장상　　　　　　좌종당상

동치 7년 중국 최초의 선박을 건조하고 '혜길(惠吉)'이라고 명명했다. 청불전쟁 발발이전까지 총 15척의 군함을 제조했는데 최대 규모는 2,800톤급이었고 작은 것도 수백 톤 규모였다.

금릉제조국

동치 4년(1865) 양강총독 이홍장은 마격리가 주재하던 소주의 양포국을 남경의 우화대로 옮겨 확충하여 금릉제조국으로 개칭하고 대포와 탄약을 생산했다. 광서 초에는 3개의 기계공장과 화약, 로켓, 어뢰 등 군수품생산공장도 갖추는 등 상당한 규모를 자랑했다.

복주선정국

복주선정국은 동치 5년(1866) 복건·절강총독이던 좌종당이 세운 선박건조공장이다. 좌종당이 서양기술자를 초빙하여 감독과 부감독을 맡겼는데 철강제련공장, 선박제조공장과 학당 등 3부분으로 구성되었다. 공장이 채 완공되기 전에 좌종당이 서북지역의 회민 반란을 진압하는 장수로 전임되면서 이곳은 신임 복주선정대신 심보정에게 이첩되었다.

동치 8년(1869) 복주선정국에서는 자체 제조한 첫 선박을 선보이고 '만년청(萬年靑)'이라 명명했다. 동치 13년(1874)까지 총 15척의 선박을 건조했는데, 외국계 기술자들이 모두 철수한 뒤에는 선정학당출신 학도들이 기술을 총괄했다. 갑오전쟁 이전까지 20척의 군함을 건조했으며, 청불전쟁 이전까지 건조한 선박은 대체로 질이 떨어지는 목조선박 위주였다. 광서 10년(1884)에야 비로소 철갑함을 건조했으나 조선기술 발전이 늦어 영국제와 독일제 철갑함과 순양함에 비하면 성능이 훨씬 떨어졌다. 이 시기에 제작된 군함은 청불 마미해전에서 대체로 훼손되었다.

강남제조총국, 금릉제조국, 천진기계국은 이홍장의 입김이 강하게
작용했던 곳으로 이들 군사기업을 '북양삼국(北洋三局)'이라 한다. 북양
삼국의 출현은 선진과학기술과 기계생산의 도입, 선진과학기술의 수
용과 과학기술 인재의 양성에 긍정적인 역할을 수행하였다.

원명원 중건과 관련된 논쟁

동치 12년(1873) 정월, 18세의 동치제는 드디어 친정에 나섰다. 친
정에 앞서 동치제는 '성모의 의지를 준수하겠노라'고 만천하에 선포
하고, 친정 후 나름대로 몇 가지 일을 수행했다. 예를 들어 서원 자광
각에서 일본·러시아·미국·영국·프랑스·네덜란드 등 각국 대사를 접견
하고 국서를 전달받았다. 이와 더불어 동치제의 1년 친정사에서 원명
원 중건사건을 꼽지 않을 수 없다.

원명원 재건 의지

동치제의 친정과 동시에 수렴
청정체제가 막을 내리자 대궐 밖
에서 유람을 즐기고 싶었던 자희
태후는 원명원에서 보냈던 청춘
을 떠올리며 원명원을 재건하라
는 의지를 내렸다. 이는 최소한

서양사절단을 접견하는 동치제—동판화

동치제가 쓴 공하자희황태후
사순만수절시(恭賀慈禧皇太
后四旬萬壽節詩)

은자 수천만 냥이 소모되는 거대공정이었다.

9월 동치제는 두 황태후가 머물고 자신이 정무를 볼 곳으로 원명원을 지목하면서 '이곳을 재건할 것이니 대소 관리들은 헤아려서 헌금하라'는 교지를 내렸다. 의정왕은 어쩔 수 없이 어명에 따라 2만 냥을 헌납하기로 하고, 호부에 지시하여 대신 내도록 하였다. 하지만 대신 지급된 사실이 알려지자 조정에서는 난리가 났다. 관리들이 잇달아 소청을 올려 원명원 중건계획을 반대했다.

어사 심회는 중수 시기를 조금 늦출 것을 소청했는데 동치제는 화를 내면서 심회를 소환해 호통을 쳤다. 어사 유백천이 유사한 상소문을 또 올리자 이번에는 아예 그의 관직을 박탈해 버렸다.

원명원 중수 착공식

동치 13년(1874) 정월에 대소 관리들의 반대를 무릅쓰고 정대광명전, 천지일가춘(자희태후가 본래 머물던 곳) 등에서 원명원 중수 착공식을 가졌다. 4월에 동치제는 원명원 중수 현장 시찰에 나서 자희태후와 설계도를 살펴보았는데 보수해야 할 전각만 3천여 곳에 이르렀다.

7월 6일, 광동의 상인 이광소가 '원명원 중수 이감독'이라 자처하면서 필요한 목재를 구입한다는 명분으로 은자 30만 냥을 착복한 사건이 터지면서 대소 관리들의 강력한 저항에 부딪혔다. 하지만 동치제는 중건의지를 굽히지 않았다.

7월 18일 의정왕과 대학사 문상 등 10여 명(3명의 친왕과 군왕, 3명의 어전대신, 3명의 군기대신, 1명의 사부)이 연명상서를 하고 중수 공사를 멈출 것을 요구했다. "원기를 길러 근본을 튼튼히 하는 것이 적절하다고 사료되며 허황되고 사치스러운 것, 시급하지도 않는 곳에 재정을 탕진해서는 안 됩니다."

동치제가 그린
축만년도(祝萬年圖)

양궁 황태후의 조정

동치제는 이들 중신들과 얼굴을 맞대고 변론을 하며 자신의 잘못을 뻔히 알면서도 인정하지 않았다. 중신들이 거듭 반대하자 동치제는 '붕당을 만들고 불순한 행각을 벌이려고 한다'는 죄명을 선포하고 이들 10대신의 관직을 박탈한다는 교지를 내리려 했다. 사태가 급박하게 돌아가자 양궁 황태후는 황급히 조정에 나섰다. 오여륜의 일기에는 다음과 같이 기록되어 있다. "양궁 황태후는 위쪽에 앉아 눈물을 훔쳤고, 폐하께서는 아래쪽에서 오랫동안 무릎을 꿇고 있었다. '공친왕이 없었다면 어찌 오늘이 있을 수 있겠는가? 폐하께서는 어려서 아직 물정을 모르니 어제의 교지는 없었던 일로 합시다'라고 타일렀다."

결국 10대신의 관직을 박탈하겠다는 교지는 취소되었고 원명원 재건 계획도 삼해(三海) 보수로 전면 수정되었다. 혁흔 등의 간언에 대해 동치제는 "공사를 멈추면 될 것 아니오. 그런데도 세 치 혀를 그처럼 놀려대오"라고 꾸짖었다. 29일 원명원 재건은 일단락되었다. 원명원 재건은 자희태후의 의지에서 비롯되었지만 혁흔 등의 반대로 무산되었다. 자희태후로서는 분노할 수밖에 없었다. 30일 동치제는 "공친왕의 세습을 박탈하고 군왕으로 강등시킨다"는 교지를 내렸다. 그럼에도 이미 보수된 전각과 누각만도 100기 500여 칸이 넘었다.

8월 초하루 동치제는 "짐은 자안단유강경황태후와 자희단우강이황태후의 의지를 받들어 교지를 내리며 공친왕의 친왕세습권을 박탈하고 군왕으로 강등함을 선포한다."는 교지를 내렸다. 아울러 서원의 삼해에 대한 보수를 단행하라는 교지도 내렸다. 그해 12월 동치제가 양심전에서 세상을 떠났는데 사인이 분명치 않다.

동치제의 죽음과 원인

동치제는 6세에서 14세까지 매일 양심전으로 향해서 황제의 격식을 갖추고 양궁 황태후의 수렴청정에 응해야만 했다. 그리고 매일 반나절 동안 홍독전에서 독서를 했다. 동치제는 지엄한 아버지의 교육을 받지 못했고 양궁 황태후로부터 독서요령도 전수받지 못했다. 두 황태후는 매일처럼 중화궁의 소방재에서 식사를 하고 연극을 구경했을 뿐, 동치제에게 글을 가르칠 생각은 없었다. 그런 까닭에 동치제는 어려서부터 놀이에 빠져 독서를 싫어했다. '책만 보면 두렵다'고 말할 정도였다.

상서방 사부가 상소문 보는 법을 가르쳤지만 동치제는 산만하고 상소문 관련 내용을 배우는 데는 관심조차 없었다. 혁상, 혁순 등과

동치제가 그린
관성춘만도(管城春滿圖)

동학하게 한 것도 서로 격려하고 교류하게 하려는 취지였지만, 이들은 동치제를 대신해 체벌받는 역할만 충실히 수행했을 뿐이다. 수업시간에도 집중하지 않고 떠들고 깔깔대기만 하는, 아무도 말릴 수 없는 개구쟁이였다. 17세가 되었는데도 동치제는 상소문도 제대로 읽지 못했고 심지어는 『대학』도 제대로 외우지 못했다.

동치제의 입장에서 본다면 제왕가에서 태어나 유아독존의 영광을 누리면서 '종명정식(鐘鳴鼎食)'의 생활을 영위할 수 있는 황위에 형제들과의 유혈전쟁을 생략한 채 순조롭게 등극할 수 있었던 것은 어쩌면 인생 최대의 희극이었을 것이다. 그러나 그에게도 나름의 비극이 있었다. 19년의 생애 동안 적어도 6가지 불행이 닥쳤기 때문이다. 유년기에 아버지를 잃은 것이 첫째 불행이고, 동년기에 사직을 떠맡으면서 동심의 세계를 상실한 것이 둘째 불행이며, 생모와의 관계가 원만하지 않았던 것이 셋째 불행이다. 결혼생활이 원활하지 못했던 것이 넷째 불행이고, 후사가 없었던 것이 다섯째 불행이며, 19세에 요절하게 된 것이 여섯째 불행이다. 그의 후궁에 대해 간략히 언급해 보자.

동치제는 1후 3비를 두었다. 황후감으로 자안황태후는 시강 숭기의 여식인 아루터씨를 마음에 두었고, 자희황태후는 원외랑 봉수의

글을 쓰는 소년 동치제

여식인 푸차씨를 마음에 두었다. 두 황태후가 견해차를 보이자 동치제 스스로가 선택하게 되었다. 동치제는 아루터씨를 선택했고 두 황태후의 의지를 받들어 동치 11년(1872) 9월에 황후로 책봉하였다. 동치제는 17세였고 황후는 19세였다. 그리고 부차씨를 혜비로 삼았다.

황후의 조부는 대학사 겸 군기대신 싸이상어였고 외조부는 정친왕 단화였다. 황후의 아버지는 청대를 통틀어 유일한 '몽고출신 장원'이다. 만주와 몽고에서 한문으로 한림원 편수에까지 오른 사람으로는 그가 유일하다. 만주와 몽고의 사람들은 그를 영광으로 여겼다. 동치 9년(1870)에 시강이 되었다가 다시 일강기거주관이 되었으며 또다시 성경장군이 되었다. 의화단운동이 일어나자 일부 귀족들과 함께 의화단을 지지했던 그는 의화단운동이 실패하자 영록을 따라 보정으로 도망가서 연지서원에 머물다가 목을 매어 죽었다.

황후의 어머니는 황도가 함락될 때 대문에 머리를 부딪혀 자살하였다. 『청사고·숭기전부숭기처전(崇綺傳附崇綺妻傳)』에 따르면 "숭기의 처는 황도가 함락될 때, 미리 구덩이를 깊숙이 파고 아들과 산질대신 보초, 손자 원외랑 염정, 필첩식 염용, 염밀, 감생, 염굉 등을 이끌고 그 속에 뛰어 들어가 생매장되기를 기다리다가 대문에 머리를 부딪혀 죽었다"고 한다.

이와 같은 명문가에서 태어난 황후
는 어릴 때부터 독서를 즐겼고 예절도
바를 뿐만 아니라 성격이 시원시원하
고 아부를 몰랐다. 기록에는 황후가 '태
도가 온화하고 점잖으며 용모가 단아하
였다', '곱고도 덕이 있었다', '문학적인
소질이 뛰어났으며 또한 아주 총명하였
다'고 한다. 황후는 어릴 때부터 다량의
독서를 통해 대의를 알았다. 또한 단정
하고 온화하여 그에 대한 칭찬이 자자
하였다.

동치 효철의황후상(孝哲毅皇后像)

동치제는 황후를 아주 사랑하고 존중했는데 얼마 뒤 황후가 임신
을 하였지만 자희태후는 황후를 이유없이 미워했고 자주 트집을 잡으
면서 괴롭혔다. 자희태후는 동치제와 황후의 합방을 방해하며 혜비와
의 합방을 종용했다. 자희태후의 뜻을 거역할 수는 없었지만 혜비를
사랑하지 않았던 동치제는 양심전에 머물면서 고독하고 울적한 나날
을 보냈다. 자희태후의 트집으로 황후의 생활도 편안하지 못했다. 황
후는 위독한 동치제를 간호하려 했지만 그마저도 자희태후의 질책과
꾸중을 들어야만 했다.

『나의 전반생』에 따르면, 동치제가 위독하자 황후가 병문안을 들었
다. 두 사람이 회포도 채 풀지 못했는데 이를 전해들은 자희는 난각으
로 달려가 황후의 머리카락을 붙잡고 끌어내서는 종아리를 실컷 때렸

청황실 후궁들의 신발

다. 그러고는 내시에게 곤장을 대령하라고 명했다. 분위기가 험악해지자 황후는 다급한 나머지 실언하고 말았다. "저를 며느리로 들일 때는 대청문으로 들였습니다. 태후께서는 며느리의 체면을 살려주십시오."

자희태후는 자신이 서궁에 머무는 것을 유감으로 여겼고 함풍제가 임종에 앞서 자신을 황후로 책봉하지 않는데 대해 줄곧 불만을 품고 있었다. 황후의 대꾸에 자희태후는 진노했고 동치제는 놀라 쇼크를 일으키면서 병세가 더욱 가중되었다. 그제야 황후에 대한 형벌을 거두었다.

자희태후는 동치제의 죽음에 대한 모든 책임을 황후에게 떠넘겼다. 동치제가 죽자 황후는 대성통곡하면서 식음을 전폐하고 황금을 삼켜 자살까지 시도하였다. 숭기가 이 일을 자희태후에게 아뢰자 자희태후는 "대행황제를 따라가게 하라"고 대답했다. 동치제의 장례를 아직 치르지도 않았는데 대행황제라 했으니 남편을 따라 죽으라는 말이나 다름 아니었다. 숭기는 자희의 의지를 딸에게 전했다. 그리고 자희태후는 동치제의 후사가 아닌 동치제의 사촌 동생 재첨에게 황위를 넘기게 하였다. 사실상 황후에게 그 어떤 여지도 남기지 않겠다는 뜻이었다.

황후에게는 오직 자살밖에 없었다. 광서 원년(1875) 2월, 동치제가 죽고 75일이 지나자 황후도 갑자기 세상을 떠났다. 그때 나이 22세였다. 야사에서는 황후가 임신하자 자희태후는 황자를 출산하여 대통을 잇게 되면 수렴청정을 계속할 수 없기 때문에 황후를 핍박해서 죽였다고 한다.

동치제의 여색편력도 가정불화와 관련이 있다. 전설에 의하면 동치제는 수많은 궁녀들을 가까이 두고도 미복차림으로 기생집을 수시로 드나들었다고 한다. 시종이 음란물을 구해서 전해주면 동치제는 거기에 푹 빠져 숭문문 밖의 술집과 기생집을 전전하였다. 야사에 따르면 '광대 소륙여, 춘미와 기생 소봉은 모두 동치제의 은총을 받았다'고 한다.

또한 동치제는 내시 두지석과 그의 누이를 좋아했다고 전해진다. 두지석은 마치 소녀처럼 예쁘게 생겨서 동치제의 은총을 입었다. 기생이었던 두지석의 누이도 동치제를 유인하여 여색에 빠져들게 했다. 동치제는 이들과 어울리며 점차 대궐로 귀환하는 것조차 잊었다.

기록에 따르면 일찍이 순친왕은 눈물을 흘리면서 미복차림의 대궐 출입을 동치제에게 자제해 줄 것을 간청했다. 그러자 동치제는 도리어 화를 내며 따졌고, 순친왕은 답답해서 말문이 막혔다고 한다. 순친왕을 불러 자신의 미복출궁 사실을 뉘로부터 들었느냐고 추궁했으며, 동치제의 미복출궁으로 대궐 안팎이 시끌시끌하였다고 한다. 하지만 액면 그대로 믿을 수도 없고, 또 그렇다고 무시할 수도 없다.

동치 13년(1874) 12월 5일 동치제는 양심전에서 세상을 떠났다. 사인에 대해서는 천연두로 죽었다는 설, 매독으로 죽었다는 설, 천연두와 매독의 합병증으로 죽었다는 설 등 3가지가 있다.

천연두

천연두로 죽었다는 설은
역사자료와 『옹동화일기』에
근거한 것이다. 『옹동화일기』
에 다음과 같이 기록되어 있
다. "10월 21일 '동치제는 서
원에서 감기에 걸렸는데 30

동치제가 천연두를 앓고 있다는 약처방전

일에 발진했다.' 11월 2일, '폐하의 옥체에 천연두가 생겼다는 소식을
전해 들었다.' 또한 '어제 발진을 치료했는데 신각(오후 4시)에 천연두임
이 확인되었다.' 9일 어전대신을 불러들일 때는 '머리와 얼굴이 온통
물집으로 뒤덮였다.' 동치제는 '짐은 이달에 천연두에 걸렸는데, 돈친
왕 등이 조용히 몸조리하라고 요청했다'고 말하였다."

학자들은 청나라의 황실자료인 『만세야진약용약저부(萬歲爺進藥用藥
底簿)』를 연구해 본 결과 동치제가 천연두로 죽었음이 분명하다고 한
다. 동치제가 천연두에 걸린 뒤, 어의는 증상과 처방전을 내면서 동치
제의 증상이 천연두라고 했음에도 자희태후와 문무대신들은 적극적
으로 치료제나 치료법을 강구했던 것이 아니라 규정에 따라 궁궐 내
에서 천연두 신을 모시는 행사를 벌이고 천연두 신께서 양심전으로
들어가 공봉받기를 바랐다.

대궐 내 도처에는 귀신을 쫓는 붉은색 글귀가 걸려 있었고, 왕공대
신들은 '전3후4'법에 따라 7일 동안 꽃무늬 옷을 입었다. 동치제의 꽃
무늬 옷을 입는 기한은 '전5후7'로 연장되었는데 12일이 지나야 위험
에서 벗어날 수 있다는 이유 때문이었다. 또한 양궁 황태후는 경산의

수황전에서 예를 갖추고 조상
신이 복을 베풀어 줄 것을 기
원하였다. 대궐에서 천연두
신을 구하고 조상신께도 제사
를 올리는 등 온갖 소란을 피
웠지만 동치제는 비쩍 마른
몸으로 이 세상을 떠났다.

동치제의 혜릉

　동치제는 양심전에서 세상을 떠났는데 이곳은 순치제가 천연두에
걸려 숨진 곳이기도 하다. 『숭릉전신록』에 따르면, "혜릉의 신선(동치
제)은 천연두에 걸린 게 분명하다. 세간에서는 매독에 걸렸다고 전하
는데 이는 잘못된 것이다"고 하였다. 근자에 어의가 동치제를 진맥한
『맥안(脈案)』이 발견되었는데 관련 자료를 분석했던 의학전문가들은
동치제가 천연두로 죽었다는 결론을 내렸다.

매독

　매독으로 죽었다는 설 또한 역사자료와 『옹동화일기』에 근거한 것
이다. 야사에도 유사한 내용이 있다. 『청궁유문』에 따르면 동치제가
사창가를 드나들었기 때문에 매독에 걸렸다고 한다. 『옹동화일기』에
따르면 11월 23일 "어의 이죽헌과 장 아무개를 내무부에서 만났는데
그에 의하면 '폐하의 맥박이 약하고 무기력했으며 허리 쪽에 붓기가
있는 두 개의 구멍에서 고름이 흘러내리고 비린내 나는 물까지 흘렀
다. 그 뿌리가 등으로 퍼져나갔는데 겉면이 썩어 상처가 크다는 점만
아뢰었을 뿐 내부가 썩었음은 아뢰지 못하였다. 즉, 아주 난처하다는

말이다'라고 하였다."

28일에는 다시 "어의에 따르면 '허리 쪽이 사발 크기만 하게 썩었는데 고약을 떼어내자 고름이 쏟아져 나왔다. 이때는 추각이었는데 묘각에 다시 떼어내자 반 사발이나 흘러 나왔다'고 적었다. 29일에는 "어의가 동치제를 위해 고약을 떼어내자 고름이 이미 반 사발이나 흘러 나와 하얀색에 비린내가 진동을 했다. 여기저기가 부었는데 허리 쪽은 되레 붓기가 빠졌고 약간 자주색을 띠고 있어 병세가 이미 가중되었음을 알 수 있었다"고 하였다.

이자명의 일기에도 "병을 앓고 있는 폐하의 목과 배에서 계속 고름이 흐르면서 썩고 있었다." 이어 "궁궐이 워낙 격리되었던 까닭에 그 사실관계에 대해서 자세히 알 수 없었다"고 하였다. 청나라의 전장제도는 아주 엄격했기 때문에 황제가 사사로이 대궐 밖으로 빠져나가 도심 속의 화류가에서 전전한다는 것은 불가능한 일이라고 보는 게 청사전문가들의 일반적인 견해이다.

또 하나의 의견으로는 원명원 재건이 백관들의 반대로 무산되자 무료함을 달래기 위해 내시의 도움으로 미복차림을 하고 대궐을 빠져나와 화류가를 전전했다는 것이다.

당시 외국인들은 동치제의 병명을 이미 알고 있었던 것 같다. 미국의 공사는 본국정부에게 보내는 보고서에서 "동치제의 병을 서양의나 서양의료로 치료한다면 불가능한 것은 결코 아니다"고 했다. 그러나 동치제가 청나라 황제였기 때문에 어의가 내린 처방전은 엄격한 심사를 거쳐야만 했고, 또한 피휘법에 따라 황제가 걸린 병의 증상을 그대로 공개할 수 없었으며 증상에 따라서 처방전을 제때 낼 수도 없었다.

증상에 따른 처방전이 아니었기 때문에 그 치료는 아무런 효과도 없었다.

천연두와 매독의 합병증

합병증설은 황실자료와 문헌자료를 참고하여 추리한 것이다. 어의의 처방전에 따르면 동치제는 습독이 허를 찔러 한 곳으로 모였고, 허리 쪽이 붉게 붓고 썩으면서 고름이 흘렀다. 다리가 쑤시고 머리와 팔뿐만 아니라 무릎에도 발진이 생겨 몹시 부었다고 했다. 이는 동치제가 먼저 천연두에 걸리고 그것이 치유되지 않았는데 다시 매독에 걸렸거나 아니면 먼저 매독에 걸린 뒤 천연두에 걸려서 합병증으로 약효를 보지 못하였다는 뜻이다.

민간에서는 동치제의 사인에 대해 의견이 분분했지만 조정에서는 침묵으로 일관하며 아무런 언급도 하지 않았다. 따라서 동치제가 과연 어떤 병으로 죽었는지는 여전히 미스터리이다.

동치제가 죽은 뒤, 양궁 황태후는 돈친왕, 공친왕, 순친왕, 부군왕, 혜군왕 그리고 재치, 재징, 어전대신, 군기대신, 내무부대신, 직홍덕전, 남서방 등 왕공대신들을 불러들이고 양궁 황태후의 의지를 받들어 순친왕의 아들 재첨(동치제의 사촌동생)을 문종(함풍제)의 양자로 들이고 황위를 계승하게 하였다.

『청사고·목종본기(穆宗本紀)』의 논찬에는 "폐하께서 워낙에 어린 연치에 등극했기 때문에 모후께서 수렴청정을 단행하였다. 국운이 중흥하여 10년 사이에 도적을 평정하고 국내외에서 안정을 되찾았다. 황실과 정부가 하나 되어 서로 협조하지 않았더라면 어찌 이런 안정이 있을 수 있겠는가"라고 기록되어 있다.

동치제 때는 안으로 '태평천국'과 '의화단운동'이 일어나 사회는 동란으로 들끓었고 밖으로는 영국·프랑스 연합군과 8국연합군이 두 차례에 걸쳐 북경에 침입했다. 그러나 한편으로는 양궁 황태후와 공친왕, 황실과 정부가 하나 되어 협조하면서 신정을 실시한 결과 어느 정도 성과도 거두었다.

광서황제

재첨

동치 10년(1871)~광서 34년(1908)

Chapter 11

광서황제 재첨

광서제 재첨은 4세에 황위에 올라 34년간 재위했고 향년 38세였다. 연호는 광서(光緒)로 함풍제의 대통을 이어 크게 빛내고 발전시킨다는 뜻이다. 청나라 역사상 황자가 아닌 신분으로 황위에 오른 최초의 황제이다. 광서제의 38년간의 인생은 대체로 4시기로 나눌 수 있다. ① 순친왕의 왕자시기로 출생에서 4세까지 ② 소년 천자시기로 4세부터 17세까지 ③ 친정시기로 17세부터 28세까지 ④ 연금된 황제 시기로 28세부터 38세까지이다.

조복을 입은 광서제

4세의 재첨이 어떻게 황위에 올랐는지부터 살펴보자.

자희태후의 의지로 황제가 되다

동치 13년(1874) 12월 5일, 병에 시달리던 동치제는 끝내 숨을 거두었다. 동치제에게 후사가 없었기 때문에 누가 대통을 계승하느냐에 이목이 집중되었다. 『청목종의황제실록(淸穆宗毅皇帝實錄)』, 『광서조동화록(光緖朝東華錄)』, 『옹동화일기』에 따르면 동치제는 동치 13년 12월 5일 유시(17~19시)에 양심전 동난각에서 세상을 떠났다. 술시(19~21시)에 양궁 황태후는 양심전 서난각에서 돈친왕, 공친왕 이하 29명의 왕공대신을 불러놓고 다음과 같은 의지를 내렸다.

조복을 입은 자희태후(서태후)

"문종께서는 후사도 없는데 이런 변고를 당했으니 황위 계승자를 연장자 가운데서 택하는 것은 실로 원치 않는다. 연소자가 필요한데 반드시 교육해야 할 것이다. 지금 결정하면 영영 바꿀 수 없다. 우리 두 사람은 같은 뜻이니 여러분은 경청하시오." 그런 뒤 "순친왕 혁현의 아들 재첨을 문종 현황제(함풍제)의 양자로 들이고, 대통을 이어받아 황제가 될 것이오"라고 선포했다.

순친왕의 4살배기 아들 재첨을 함풍제의 양자로 들여 대통을 잇게 하고 대청제국의 열한 번째 황제로 내세웠다. 대신들은 양궁 황태후의 의지를 받들고 물러났고 군기대신들은 곧바로 교지를 작성했다. 1시간이 지나고 '해정(22시)에 알현을 요청하여 작성된 교지를 낭독하자 자희태후는 눈물을 흘리며 경청하였다.' 그러고는 순친왕 자택에 사람을 보내 재첨을 입궐시켰다. 재첨이 동치제의 시신 앞에서 큰절을 올리고 통곡한 뒤 즉위했다.

양궁 황태후는 또다시 의지를 선포했다. "선제께서 승천하실 때 후사가 없었기 때문에 부득이 순친왕의 아들 재첨을 문종 현황제의 양자로 들이고 대통을 이어 황위에 오르게 하노라. 폐하께서 황자를 얻으면 곧 대행황제(동치)의 양자로 들일 것이다." 다시 말해 먼저 재첨을 함풍제의 양자로 들여 대통을 잇게 하고 장차 그가 황자를 얻으면 다시 동치제의 양자로 들인다는 것이다.

이러한 교지 선포는 오가독의 시간(屍諫)과 관련이 있다. 오가독은 도광제 때의 진사로 어사까지 지낸 인물로 성품이 강직하고 직언을 서슴지 않았다. 우루무치 제독이던 성록이 함부로 백성을 살해한 것을 고발해 단죄하고 참수형에 처하게 하였다.

상소문에서 "성록을 참수형에 처해 백성들에게 사죄하고 연후에 신을 참수해 성록에게 사죄하게 하소서"라고 간언했다. 사후에 언어가 지나치게 방자하다는 이유로 관직을 3급이나 강등시켰다.

광서 5년(1879)에 동치제는 혜릉에 봉안되었다. 오가독은 장송할 것을 청하고 밤이 깊어지자 계주의 폐찰에서 자살하였다. 품속에서는 장차 광서제가 황자를 얻으면 동치제의 양자로 들이라는 내용이 담긴 유서 한 통이 발견되었다. 이 사건은 조정을 크게 놀라게 했다.

자희는 왜 재첨을 함풍제의 양자로 들이고 황위를 잇게 하였을까? 도광제로부터 그 원인을 찾아야 할 것이다.

도광제에게는 9명의 왕자가 있었다. 장남과 차남, 3남은 일찍 요절했기 때문에 4남이던 함풍제가 즉위했다. 5남은 돈친왕의 양자가 되어 돈군왕 작위를 세습하고 친왕이 되었으며, 6남 공친왕은 의정왕과 군기대신이 되었다. 7남 순군왕은 동치 11년

광서제의 생부 순친왕 혁현과 생모 여허나라씨

에 친왕이 되었으며 8남 종군왕은 농지 7년에 죽었다. 9남은 부군왕이다.

당시에 대통을 이을 가능성이 큰 사람으로는 '부(溥)'자 항렬을 쓰는 사람들로(永, 綿, 奕, 載, 溥, 毓, 恒, 啓), 도광제의 증손자이며 장손인 부륜(溥倫, 載治의 아들)이 있었지만 자희는 그의 종지(宗支)가 멀다는 이유로 반대하였다. 17세가 된 부륜을 세운다면 자희는 수렴청정을 할 수가 없었기 때문에 '재(載)'자 항렬 가운데서 찾아야만 했다. 공친왕의 장남 재징은 아들이 없었고 둘째 재형은 입양되었다. 게다가 자희는 재징과 재형을 세울 생각은 애당초 없었다. 그로 인해 공친왕 권력이 커지면 자신에게 불리하다고 판단했기 때문이다.

그렇다면 순친왕 혁현의 가문에서 찾아야 했다. 순친왕은 4명의 부인과 7명의 아들이 있었다. 장남과 3남은 요절했고 차남이 재첨이었다. 4남은 재광, 5남은 재풍(선통제의 아버지), 6남은 재순, 7남은 재도였다.

함풍 10년(1860) 순친왕은 19세로 어명을 받들어 자희의 동생 여허

나라씨와 혼례를 올렸다. 당시 자희는 의귀비로 한참 함풍제의 총애를 받던 참이었다. 자희는 일찍이 "입궐한 뒤에 나의 미모 때문에 궁녀들의 질투를 사기도 했지만 모두 제압되었다"고 말했다. 나중에 황자 재순을 낳으면서 지위는 한층 강화되었다.

대궐에서 생활했던 의귀비는 평소에 이성을 접할 기회가 거의 없었다. 그나마 접할 수 있었던 이성으로는 시동생들과 내관들뿐이었다. 의귀비는 혼령이 찬 동생에게 황실에서 제부를 골라주고 싶었다. 4명의 시동생 가운데 혁흔은 가정을 이뤘고, 8남과 9남은 너무 어렸다. 성격으로 볼 때 혁흔은 너무나 영민했고 9남은 내성적이었다. 고민 끝에 7남 혁현을 제부감으로 선택했다.

함풍 10년 순친왕은 어명에 따라 의귀비의 동생과 혼인했다. 관례대로 혁현은 별도의 친왕부를 마련하고 대궐을 떠나야 했지만 오히려 선무문 내 태평호의 동쪽에 저택을 하사받았다. 이것이 첫 번째 순왕부이다. 나중에 지어진 순친왕부를 남부라 불렀다(재첨이 황위에 오른 뒤 옹친왕부가 옹화궁으로 승격된 사례에 따라 남부를 순친왕사로 고쳤다. 자희태후의 의지에 따라 스차하이 북쪽 패자부를 순친왕에게 하사했는데 이곳을 순친왕의 북부(北府)라고 한다. 현재 송경령의 옛집이다). 재첨은 이곳에서 태어났다.

순친왕이 10세 되던 해, 함풍제가 등극하면서 순친왕으로 책봉된 것을 제외하면 함풍제 재위 11년간 봉작을 받은 적이 없다. 함풍제가 병으로 죽을 때 혁현은 20세였다. 이 해에 그의 처형은 황태후가 되었다. 이러한 인척관계로 비로소 등용되기 시작했다.

신유정변에서 혁현은 황태후의 의지를 받들어 친위대를 이끌었다. 그는 밀운의 반벽점에서 재궁을 수행하여 귀경하는 찬양정무대신 숙순을 붙잡아 북경으로 이송하고 참수형에 처하였다. 훈공을 인정받은 혁현은 도통, 어전대신, 영시위내대신, 관신기영, 관선포영 등 중임을 맡았다. 동치 3년(1864)에는 친왕이 되었고 이듬해에는 홍덕전행주가 되었으며 동치 11년(1872)에는 다시 친왕으로 책봉되었다.

동치제가 죽자 자희태후는 의지를 내려 순친왕의 아들 재첨을 함풍제의 양자로 들이고 대통을 잇게 했다. 『청사고·혁현전』에 따르면 "갑자기 자신의 아들이 대통을 잇는 후사로 간택되었다는 의지를 접하고는 창졸간에 혼미해졌으며 어쩔 바를 몰랐다"고 하였다.

"가마를 타고 친왕부로 돌아왔는데 어찌나 놀랐는지 꿈만 같았다"고 말할 만큼 혁현은 자신의 아들이 대통을 이어 황위에 오르게 되었다는 사실에 놀랐다. 한편으로는 그것이 화인지 복인지 종잡을 수 없었기 때문이기도 했다.

자희태후의 말 한 마디로 재첨이 황위에 오른 것은 청나라 황실제도의 중대 변화를 시사한다. 자희태후의 의지로 접견명부에 오르내린 후보자만 해도 무려 29명이나 되었다. 후보자가 많았던 이유는 황자가 아닌 신분으로 대통을 잇는 것이 청나라 역사상 초유의 일이기 때문에 정중함을 나타내고 물의를 빚지 않기 위함이다. 재첨이 함풍의 양자로 들여진 것도 청나라 황위 계승제의 또 다른 중대 개혁이다.

황위 부자상속제도를 바꾼 자희태후

청태조 누르하치가 죽자 8황자 홍타이지가 황위에 올랐고, 청태종이 죽자 9황자 푸린이 황위에 올랐으며, 순치제가 죽자 3황자 현엽이 황위에 올랐고 강희제가 죽자 4황자 윤진이 황위에 올랐으며, 옹정제가 죽자 4황자 홍력이 황위에 올랐다. 건륭제가 죽자 15황자 옹염이 황위에 올랐고 가경제가 죽자 2황자 민녕이 황위에 올랐으며, 도광제가 죽자 4황자 혁저가 황위에 올랐고 함풍제가 죽자 장자 재순이 황위에 올랐으며 동치제가 죽자 사촌인 재첨이 황위에 올랐다.

황위 계승 절차를 바꾼 자희태후

청태조와 청태종은 만주귀족회의를 통해서 후계자를 결정했고, 순치제와 강희제는 유지를 통해 후계자를 결정했으며 옹정제는 태자밀건제도를 통해 후계자를 지정했는데, 건륭제·가경제·도광제·함풍제는 이 제도의 직접적인 수혜자이다. 동치제는 형제가 없었기 때문에 순조롭게 황위에 오를 수 있었다. 그러나 재첨의 황위 계승은 만주귀족회의를 통한 천거도, 유지를 통한 것도 아니며, 태자밀건에 의거한 것도 아니다. 오히려 황태후의 한 마디로 정해진 것이다.

꼬마황제를 보필하는 선례를 바꾼 자희태후

꼬마황제가 황위에 오르면 반드시 중신의 보필이 요구되었다. 순치제는 6세에 황위에 올랐는데 정친왕 지르갈랑과 예친왕 도르곤이 보정왕으로 지내다가 나중에 섭정왕이 되었다. 강희제는 8세에 즉위하여 소니, 수커하싸, 어빌룬과 오배 등 4대신이 보필하였다. 동치제는 6세에 즉위하여 처음에는 찬양정무8대신의 보필을 받았고 나중에는 의정왕 혁흔의 보필을 받았다. 그러나 재첨은 4세에 즉위하여 양궁 황태후의 수렴청정을 받았다. 재첨이 함풍제의 양자로 들여진 것은 수렴청정의 필수조건이었으며 동치제를 이어 새 황제가 등극하면 동치제의 황후가 수렴청정할 수 있기 때문이다. 자희태후가 황권을 손아귀에 틀어짐으로써 청나라의 전제집권은 절정에 이르렀다. 혁흔은 자희태후와 연합하기도 했고 충돌하기도 했다.

광서 10년(1884)에 벌어진 '오문안'을 살펴보자. 자희태후는 내관을 보내 친정집으로 물건을 가져가게 했는데 사전에 경사방에서 수문장에게 언질을 내리지 않아 수문장으로부터 제지를 당했고 이에 불복한 내관과 싸웠다. 내관이 돌아와서 자희태후에게 보고를 하자 당직을 섰던 수문장에게 곤장벌칙이 내려졌다. 어떤 책에서는 혁흔과 자희의 대화를 직고 있다.

혁흔이 말하였다. "곤장제도는 전대의 학정으로 본받을 게 못 됩니다." 자희가 말하였다. "그대는 사사건건 나와 맞서는데, 당신은 대체 누구요?" 혁흔이 말하였다. "신은 선종의 여섯째 아들입니다." 자희가 말하였다. "난 그대의 관직을 박탈할 것이오." 혁흔이 말하였다. "관직은 박탈할 수 있겠지만 황자 지위는 박탈할 수 없을 것입니다." 결국 자희가 양보할 수밖에 없었다. 그러나 이때부터 혁흔에 대한 원한이 가중되었고 급기야는 혁흔의 군기대신 관직까지 파면시켰다.

재첨을 황위에 올린 것은 함풍제가 죽은 뒤 13년 동안 자희가 황위 계승과 조정을 다스리는 문제에서 1차 수렴청정을 시작한 이래 다시 한번 조상의 제도를 바꾼 것이다. 조상의 제도를 두 차례나 바꾼 목적은 수렴청정과 조정의 기강을 독단하기 위해서였다. 광서제가 황위에 오른 4세 때부터 17세에 이르기까지의 12년은 소년천자로 지냈던 시기이다.

황제 위에 군림한 자희태후와 소년천자

이미 황위에 올랐지만 재첨은 6세가 되면 상서방에서 독서해야 한다는 어가의 법도에 따라야 했다. 재첨은 어렸고 생모마저 순친왕부에서 지냈기 때문에 순친왕이 입궐하여 돌봐주었다. 순친왕은 나아가고 물러설 시기를 잘 알았고 영욕에도 밝았던 사람이다. 자희태후의 성격과 됨됨이에 대해서는 누구보다도 잘 알았다.

순친왕의 지혜로운 처신

재첨이 황위에 오른 뒤, 순친왕의 지혜로운 처신에 대해 살펴보자.

첫째, '망언을 미리 두절하다(豫杜妄論)'라는 밀지를 올렸다. 먼저 역사고사를 나열하였다. 명나라 무종 정덕황제(正德皇帝, 朱厚照)가 죽고 후사가 없자 사촌인 주후총(嘉靖)이 황위에 올랐다. 주후총은 호북 안륙에서 북경으로 와서 황위에 오른 뒤, 대례의(大禮儀)라는 촌극을 연출하였다.

무종의 아버지와 가정제의 아버지에 대한 호칭을 놓고 일부 대신들은 생부를 흥헌제(興獻帝), 수양아버지를 황백부경황제(皇伯父敬皇帝)라 불러야 한다고 주장했다. 나머지 의견은 이와 정반대였다. 하맹춘 등 136명의 대신들은 금수교 남쪽에서 무릎을 꿇고 대성통곡을 했는데 울음소리가 2시간이나 메아리로 울려퍼졌다. 가정제는 진노하여 220명에게 처벌을 내리고 이중 편수 왕상을 대표로 하는 180여 명(그중 사망한 사람은 17명이다)에게 곤장형을 내림으로써 조야를 놀라게 하였다는 것이다.

376

순친왕은 장차 조정대신들 가운데 누구든지 가정제 사건을 들먹이
거든 이 밀지로 반박하라고 하였다. 자희태후는 이 밀지를 고이 간직
해 두었는데 훗날 과연 오대징의 소청이 있었다. 이때 태후가 순친왕
이 올린 밀지를 보이며 그 주장을 반박하였다.

　　둘째, 모든 직책의 사임을 요청했다. 순친왕은 도통, 어전대신, 영
시위내대신, 관신기영사, 관선포영사, 보군통령, 홍덕전행주 등 요직
을 두루 맡았다. 그는 "진심으로 모든 직책을 사임하기를 청합니다"라
고 소청하였다. 자희태후는 그 요청을 받아들이고 친왕의 두 배에 해
당하는 녹봉만 지급했다. 광서 2년(1876) 광서제가 육경궁에서 입학하
자 순친왕은 천자를 돌보라는 의지를 받았다.

　　셋째, 항상 신중하고 조신했다. 자신의 거소를 겸사당(謙思堂)이라 했
고 서재는 퇴성재(退省齋)라고 하였다. 탁자 위에는 의기가 놓여 있었
다. 의기는 아주 묘한 그릇(巧器)인데 비면 한쪽으로 기울고 중간에 오
면 바르고 가득 차면 거꾸로 뒤집히는 것이 특징이다. 공자가 제자에
게 물을 의기에 넣어라 했더니 결과가 그러하였다. 공자는 감탄하면
서 "아! 어찌 가득 차고도 거꾸로 뒤집히지 않는 것이 있으리오"라고
말했다. 순친왕은 의기를 좌우기(座右器)로 삼고 그 위에 가득 차면 손
해를 부르고 겸손하면 오히려 이익을 얻는다(滿招損, 謙受益)는 명문을 새
겨두었다. 또한 공손하고 삼가며 공경하고 신중할 것(恭謹敬愼)을 처세
와 대인의 준칙으로 삼았고 자희태후를 섬기는 모범으로 삼았다. 자
녀들의 방에는 그의 친필 가훈이 걸려 있었다.

　　재물도 많고 가산도 많으면 나중에 자손이 입을 화 또한 클 것이다.

왜 그러냐고 이유를 묻는다면 돈이 많으면 자손들은 자연히 담도 커지기 때문이다. 세상 무서운 줄 몰라서 패가망신하지 않으면 절대로 그만두지 않기 때문이다.(財也大, 産也大, 後來子孫禍也大. 若問此理是若何? 子孫錢多膽也大. 天樣大事都不, 不喪身家不肯罷!)

순친왕은 '가득 차면 손해를 부른다'고 자신을 경계했고 '교만하면 화를 초래한다'고 자손들에게 충고함으로써 자신과 가정에도 순친왕부 곁의 태평호처럼 태평이 깃들기를 기원했던 것이다.

다음은 광서제가 대궐로 들어선 후의 생활에 대해서 살펴보자.

황위 계승이 선포된 다음날인 6일 재첨은 가마에 실려 대궐로 향했고 오문을 지나 양심전에 이르렀다. 양궁 황태후에게 안부를 전하고 대행황제(동치제)의 영전에서 제전을 올리고는 곧바로 함풍제의 양자가 되었고 대통을 이어 황위에 올랐다. 7일, 광서제는 자안태후를 모시고 동6궁의 종수궁에 머물렀기 때문에 자안태후를 '동태후'라고 부른다. 자희태후를 모시고는 서6궁의 장춘궁에 머물렀기 때문에 자희태후를 '서태후'라고 부른다. 광서제는 양심전에서 거주했고 두 황태후는 수렴청정을 실시하였다. 황제의 훈유를 '유지'라 하고 황태후의 훈유를 '의지'라 했다.

수렴청정 정경

광서제의 즉위

광서 원년(1875) 정월 20일 양궁 황태후의 의지에 따라 광서제는 태화전에서 즉위식을 갖고 천(天)·지(地)·묘(廟)·사(社)에 제사를 지냈다. 즉위식을 마치고 건청궁으로 가서는 동치제의 어용(화상)에 예를 행하고 종수궁과 장춘궁에 들러 두 황태후에게 예를 올렸다. 또다시 조수궁에 들러 가순황후(동치제의 황후)에게 예를 올렸다. 이때 광서제의 나이 5세로 실제로는 3세 반이었다.

광서 2년(1876) 4월 21일 광서제는 육경궁에서 독서를 시작하였다. 육경궁은 동6궁 동쪽의 재궁과 봉선전 사이에 위치한다. 사부로는 서 시랑, 내각학사 옹동화와 시랑 하동선이 배치되었다. 옹동화와 하동선은 함께 진사방에 올랐으며 옹동화는 광서의 독서를 책임졌고 하동선은 작문을 책임졌다. 어전대신은 만주어와 몽고어 그리고 기마술과 사격을 가르쳤다.

어린 나이에 독서한 황제로는 순치제와 강희제 그리고 동치제가 있다. 이들은 각각 6세(순치제), 8세(강희제), 6세(동치제)에 등극하였다. 4세 반부터 독서를 시작한 광서제로서는 환경과 반독에 익숙지 않았다. 사부가 낯설었기 때문에 울기도 하고 떼를 쓰기도 했으며 책을 팽개치기도 하였다. 사부는 하는 수없이 자희태후에게 일렀다. 자희태후는 혁현에게 육경궁에 들러 어린황제를 돌보라는 의지를 내렸다.

광서제는 나이가 들면서 점차 독서에 적응했고 심지어 독서에 열중하는 모습까지 보이자 자희태후는 재첨에 대해 칭찬을 아끼지 않았다. "앉으나 서나 책을 읽고 엎드려 있을 때도 책과 시를 읽는 등 몹시 호학하였다." 광서제는 독서와 임금을 연계시키기도 하였다. 『을유년 어제문(乙酉年御製文)』에서는 "윗사람으로서 먼저 백성을 아끼는 마음이 있은 뒤에 백성을 걱정하는 마음이 있어야 한다. 사랑할수록 걱정하는 마음이 더 간절하다. 걱정하는 마음이 간절하기 때문에 백성이 배곯으면 곧바로 내 배가 고프고 백성이 추위에 떨면 곧바로 내가 춥다. 무릇 백성들이 할 수만 있다면 혼신을 다해 이르게 하고, 백성의 힘으로 벅차다면 정성을 다해 이룩할 수 있게 해야 한다"고 보았다. 이때는 광서 11년(1885)으로 그의 나이 15세였다. 그는 아주 뛰어난 황제가 되고 싶었다. 그가 지은 시인 위로(圍爐)를 보자.

광서제 임안진경자서고(臨顏眞卿自書告)

> 서북은 쌓인 눈으로 밝지만
> 백성들은 휘날리는 눈보라에 떠는구나.
> 오로지 깊은 대궐 속에서
> 육포를 굽는 황금난로의 재만 붉구나.
> 西北明積雪, 萬戶凜寒飛
> 惟有深宮里, 金爐獸炭紅.

광서제의 마음 한구석에는 변방을 생각하고 민초들의 고초를 걱정하는 심리가 자리 잡고 있음을 엿볼 수 있다. 혁현은 육경궁에서 광서제의 독서와 생활을 돌봐주었지만 부자간의 정은 군신의 예로 대체되었다. 겸손하고 신중하며 조심스러운 혁현의 성격이 광서제에게는 별로 영향을 주지 못했다.

광서제의 성격형성 3요소

광서제의 성격형성에 큰 영향을 미친 요소로 다음 3가지를 꼽을 수 있다.

첫째는 유전적 요소이다. 광서제의 성격은 아버지의 '경건하고 조심스러운' 성격보다는 어미의 '포악하고 오만한' 성격이 유전되었다고 할 수 있다. 외조부 혜정은 국고의 재물을 유용하여 파직되었을 만큼 본분을 다하지 못했다. 이모 자희태후는 더 강인하고 표독스러웠다. 이들 요소는 광서제의 성격형성에 지대한 영향을 끼쳤다. 둘째는 교육적 요소이다. 육경궁에서 10년간 독서하면서 받은 유가경전과 스승의 훈도는 광서제의 성격형성에도 영향을 끼쳤다. 셋째는 사회적 요소이다. 광서제 앞에는 패전으로 인한 배상과 민족적 재난이 겹쳐 있었다.

12년의 소년천자 생활을 거쳐 친정에 나설 나이가 되자, 광서 12년(1886) 6월 10일 자희태후는 다음과 같이 의지를 내렸다. "지금까지는 폐하께서 어린 연치에 황위에 오르셨고, 인사나 국정관련 보고를 처리하지 않을 수 없었기 때문에 조정대신들의 요청에 못 이겨 수렴청정을 단행하였다. 오늘 순친왕과 군기대신, 친왕 등을 부르고 올 겨울 천단에서 제사를 올리는 것을 기점으로 폐하께서 몸소 주재하게 할 것이다. 흠천감에게 길일을 택해 내년에 친정의식을 거행하도록 하라." 광서 13년(1887), 광서제는 국정을 운영할 수 있게 되었다.

광서제가 소년천자로 있던 12년간 수많은 사건이 불거졌다.

첫째, 광서 8년(1882), 청·불전쟁이 터졌다. 청나라는 전쟁에서 이기고도 양보해야 하는 촌극을 연출했다. 광서 10년(1884) 프랑스군이 함대를 이끌고 복건 마미항으로 진입하자 청군은 마지못해 응전했다. 같은 해 프랑스군은 다시 상해를 침입했다. 프랑스군이 대만의 담수, 계룡을 공격하자 대만의 군무대신이던 유명전이 수비대를 이끌고 담수를 사수하여 프랑스군을 격퇴시켰다.

이듬해 초, 프랑스군이 해로로 절강의 진해를 공격하고 육로로 진남관을 공격하자 청군이 완강하게 저항하여 '진남관대첩'을 거두었다. 광서 11년(1885) 4월 청나라는 승전국의 입장에서 화해를 청하고 나섬으로써 실패 아닌 실패를 하며 이홍장을 천진으로 보내 프랑스 대표와 '중법신법(中法新法)'을 체결하였다.

둘째, 대만에 행성제도를 실시했다. 광서 11년(1885) 9월 청나라는 복건순무를 대만순무로 개칭하고 공식적으로 대만행성을 세워 유명전을 초대 대만순무로 임명했다. 『청국사·유명전전』에서는 "유명전은 안휘 합비 사람으로 성정이 바르고 충직했으며, 용맹스러워 전공이 혁혁하였다"고 전한다. 『청사고·유명전전』에도 유명전이 어릴 때부터 포부가 컸고 청년이 되어서는 회군에 입대했으며 끝내는 회군의 우두머리가 되었다고 적고 있다. 그는 일찍이 철도건설을 제안하기도 했다.

'중국 철도의 흥기는 유명전으로부터 비롯되었다'고 해도 과언이 아니다. 유명전은 청·불전쟁 기간에는 대만순무의 신분으로 군사를 이끌고 프랑스군의 침략에 맞서 용감히 싸웠다. 나중에는 대만에 포대를 축조하고 철도를 건설했으며 전선을 늘리는 등 경제발전과 사회안정에도 크게 기여했다. 사후에는 태자태보로 추증되었고 그를 위한 사당까지 세워졌다. 또한 타이베이시 공원에는 정성공과 유명전의 상이 세워져 있다.

셋째, 자안태후가 세상을 떠났다. 자안태후의 아버지는 광서우강도를 지냈는데 일찍 죽었기 때문에 가족이 번창하지 못하고 점차 몰락했다. 『청사고·후비전』에서는 "동치 8년 내관 안득해가 대궐을 벗어나 북경을 떠났다. 산동순무 정보정은 이 사실을 알고 즉시 자안태후에게 아뢰었고 자안태후는 안득해를 죽이라는 영을 내렸다"고 한다. 자희태후와 자안태후 사이의 불편함과 원한관계는 이때부터 공식화되었다.

자안태후의 죽음

자안태후는 급작스레 세상을 떠났다. 『청사고·덕종본기』에 따르면, 광서 7년(1881) 3월 "신미(9일)에 자안태후는 몸이 불편하시다가 임신(10일)에 종수궁에서 급작스레 세상을 떠나셨다"고 한다. 항간에는 자희태후가 자안태후를 해쳤다는 소문이 난무하기도 했다. 전설에는 자희태후가 일찍이 욕창을 앓은 적이 있는데 어의 설복진이 가짜 병명을 아뢴 뒤 진짜 처방전을 내리고 보약을 사용함으로써 약효가 탁월했다. 욕창이 완쾌되고 자희태후의 병인을 알게 된 자안태후는 술상을 차리고 자희를 감화시키려 했다. 자안태후에게는 함풍제가 임종에 앞서 내린 친필서한이 있었다. 이 친서에는 만약에 자희가 발호하면 이 내용을 근거로 그를 죽이라는 내용이 담겨 있었다. 자안태후가 함풍제의 친필서한을 자희에게 보이자 자희는 깜짝 놀랐고 동시에 못내 감동하는 모습을 보였다. 자안태후는 자희가 보는 앞에서 그 친필서한을 불살랐다.

광서제의 옥새

며칠 뒤, 자희는 자안을 장춘궁으로 초대하고 자신의 친정에서 보내왔다는 과자를 꺼냈다. 낮잠을 잔 뒤에는 꼭 과자를 먹는 습관이 있었던 자안은 과자를 먹으면서 연신 '맛있다'고 했다. 수일 뒤 자희가 사람을 시켜 다시 자안에게 과자를 보냈는데 거기에 독약을 넣었다고 전해진다. 그 과자를 먹은 자안이 복통을 호소하면서 구역질을 하다가 갑자기 숨을 거두었다. 그때가 45세였다.

자안이 죽고 친정에서 사람이 아직 오기도 전에 서둘러 입관하고 안장하였다. 당연히 사람들의 의심을 불렀다. 자안은 대체 무슨 병에 걸렸을까? 자희가 자안을 해쳤을까? 자안에게 과연 친필서한이 있었을까? 이 모든 것은 황실의 비밀로 알 길이 없다. 자안태후가 죽자 자희태후가 전권을 휘두르는 시대가 열렸다.

실패로 막을 내린 청일전쟁과 변법자강운동

광서 13년(1887) 정월 15일 광서제는 태화전에서 친정대전을 거행하고 조서를 천하에 반포하였다. 그러나 광서 24년(1898) 8월 6일 자희태후가 또다시 수렴청정에 나섰고, 광서제는 가택연금상태에 처해졌다. 이 12년간은 광서제의 친정시기이다. 친정식을 치른 뒤에도 광서제는 여전히 자희태후에 의해 통제되었다. 때로는 자희태후가 위용을 나타내는 위세용으로, 때로는 보좌에 앉혀놓은 장난감으로 취급되었다.

자희태후는 광서제가 격일로 정무를 보고하고 훈시를 받도록 규정했다. 광서제는 새벽부터 밤늦게까지 자희의 거소를 분주히 오가야만 했고, 사건이 터질 때마다 자희의 의지를 받아야만 했다. 무늬만 황제이지 사실은 허수아비에 지나지 않았다. 광서제가 전면에 나서면서 친정체제가 가시화되자 53세의 자희태후는 이화원으로 물러나 노후를 즐기는 것처럼 보였으나 사실은 여전히 대권을 휘두르며 국정을 좌지우지했다.

광서제의 권한을 제한하고 모든 국사는 반드시 자신의 의지에 따라 처리하도록 하는 한편 융유황후(자희의 조카)와 내관 이련영을 통해 광서제의 행동을 감시했다. 대궐 안팎에서 광서제가 맞닥뜨린 고난은 상상을 초월했다.

광서제 때의 국제정세는 동치제 때와 전혀 달랐다. 일본은 메이지유신을 통해 대외로 팽창하기 시작했고, 공격의 방향은 조선과 청나라 동북지역으로 향했다. 극동지역과 청나라 동북·서북지역을 향해 끊임없는 세력팽창을 꾀하기는 러시아도 마찬가지였고, 영국과 프랑스 등 서구열강들은 해상을 통해 청나라 침략을 감행했다. 이와 같은 국내외 정세 속에서 광서제의 친정이 시작되었다.

12년의 친정과정에서 광서제가 취했던 최대의 정치적 조치로 두 가지를 꼽을 수 있다. 첫째는 청일갑오전쟁에서 항전을 주장(主戰)했고, 다음은 무술변법(戊戌變法)에서 변화를 도모하였다(求變)는 것이다.

항전 주장

청·불전쟁이 끝나고 청나라는 해군아문(海軍衙門)을 세웠다. 19세기
80년대 말, 청나라에는 북양, 남양, 복건, 광동 등 4대 수사(水師)가 있
었고, 대소군함 70여 척을 갖는 등 해군의 막강한 파워를 자랑했다.
특히 북양수사의 세력이 강대했는데 20여 척의 군함이 있었고 주력
함은 영국과 독일에서 수입했다. 남양수사도 20여 척의 군함을 가졌
지만 대부분은 강남제조국과 복주선정국에서 자체 건조한 것이고 일
부만 영국에서 수입했다.

복건수사의 20여 척의 군함은 복주선정국에서 자체 생산한 것과
영국과 미국에서 구입한 포함도 있었다. 하지만 이들 군함들은 전투
력이 약해서 대규모 해전을 수행하기 어려웠다.

1890년대 세계선박제조기술의 비약적인 발전에 비해 청나라 해군

청일갑오해전도

의 전투력은 선박기술의 발전을 따라가지 못했다. 군함도 해군도 전무했던 상황에서 청나라는 4개의 함대와 수십 척의 군함, 특히 막강한 화력을 자랑하는 북양함대를 갖추게 되었다. 일본도 메이지유신 이후 해군함대를 창설했다.

메이지유신 이후 일본의 침략 야욕이 구체화되면서 청일갑오전쟁이 일어났다. 광서제는 일본과 항전할 것을 강력히 주장했다. 그러나 청나라 해군은 평양해전, 황해해전에서 잇달아 패전하고 그 결과로 굴욕적인 시모노세키조약을 체결해야만 했다. 청나라는 요동반도, 대만, 펑호열노 빛 인근도서를 일본에 할양하고 은화 2억 냥(청나라 3년의 재정 총수입에 맞먹는 액수)을 일본에 배상하였다.

그 무렵 자희태후는 어디서 뭘 하고 있었을까? 자희태후는 60세 생일축전을 준비하고 있었다. 기록에 의하면 자희는 자신의 60세 생일축전을 건륭 26년(1761)에 치렀던 황태후의 70세 생일축전을 모방해서 진행했다. 건륭제 때는 대청제국의 전성기로 물산이 풍부하고 만천하가 풍요로웠다. 그러나 광서제 때는 전혀 다른 상황이었음에도 불구하고 자희태후의 생일축전을 한 해 전부터 준비하느라 청의원을 이화원으로 고치고 토목공사를 단행했다.

대궐에서 이화원으로 향하는 길목에는 오색찬란한 가설막과 곱게 단장한 등불로 가득했다. 또한 하사품으로 쓰일 850상의 각양각색의 떡과 채색 비단 10만 필, 그리고 붉은색 모전 60만 자도 준비했다. 『장원군서제기』에 따르면 "사용된 은화는 700만 냥에 달한다"고 하였다. 그 가운데 호부의 국고은이 400만 냥이고 재경 관리들의 헌금이 121만 냥, 외관들의 헌금이 167만 냥이었다. 양회지역의 염상

은 각각 40만 냥의 은화를 헌납하고, 내관과 궁녀들마저도 헌금해야
만 했다.

그때는 각지에 재해가 들었던 상황이었기 때문에 북경에도 장소를
마련하고 죽을 나누어주는 등 이재민 구휼에 한창이었다. 당시의 북
경 곳곳에는 다음과 같은 대련이 나붙었다.

> 만수무강에 만천하가 함께 경축하고
> 삼군은 패배해 땅을 떼 주고 화의를 구걸하네.
> 萬壽無疆 普天同慶, 三軍敗績 割地求和

우연의 일치인지는 모르지만 자희태후는 갑(甲)자가 들어가는 날이
면 불길한 일이 생겼다. 독자였던 동치제가 갑술(甲戌, 동치 13년)에 죽었
고, 50세 생일이던 갑신(甲申, 광서 10년)에는 청불전쟁이 터졌으며, 60
세 생일이던 갑오(甲午, 광서 20년)에는 청일전쟁이 터졌고, 70세 생일이
던 갑진(甲辰, 광서 30)에는 러일전쟁이 발발하였다.

실패로 끝난 변법자강운동

청일전쟁에서 패배한 청나라는 땅을 할
양하고 배상금을 지불하는 수모를 겪었다.
광서제는 강유위(캉유웨이), 양계초(량치차오)
등 유신파와 함께 유신정치를 실시하고 부
국강병을 꾀하였다. 광서 24년(1898) 4월 23
일 광서제는 '명정국시조(明定國是詔)'를 반포

강유위(캉유웨이)

하고 유신변법을 실시했다. 서학을 널리 배우며 신정실시를 선포하고 강유위에게 '전절주사'권을 수여하였다. 그러자 광서제의 신정이 자신들의 기득권을 건드릴까 두려웠던 수구세력들은 자희태후에게 달려가 끊임없이 모자관계를 이산실하였다.

건청궁에서 사진을 찍고 있는 8국연합군

사실 자희태후도 광서제의 개혁이 성공하면 자신의 독재에 영향을 미칠까 못내 두려워하던 터였다. 그 결과 조정에는 '태후당'과 '황제당'이 출현했고 양측은 치열한 투쟁을 벌였다. 광서제의 친정은 사실상 자희태후와 정치권력을 다투는 투쟁의 10년이었다. 청일갑오전쟁에서 무술변법에 이르기까지 양측의 관계는 줄곧 대립으로 치달았다. 광서 24년(1898) 8월 6일, 자희를 대표로 하는 수구세력의 반대와 탄압으로 변법자강운동은 실패로 끝이 났다.

변법자강운동 실시기간은 총 103일 동안이었다. 강유위와 양계초는 해외로 도주했고 담사동 등 '무술6군자'는 살해되었다. 광서제도 영태 또는 이화원의 옥난당에 연금됨으로써 정치생활의 막을 내렸다. 이후 10년 동안 줄곧 '연금된 황제'로 어떤 자유도 없었다. 자희태후는 또한 광서제가 가장 사랑하는 진비를 종수궁 뒤편의 북삼소에 감금시키고 더 이상 광서제와 만나지 못하게 하였다. 자희태후가 다시 훈정하면서 여러모로 광서제를 괴롭히고 모욕했으며 심지어 광서제를 폐위시키려고까지 했었다.

　광서제도 이 사정을 잘 알았기 때문에 매일 전전긍긍하고 "내가 정녕 한헌제(漢獻帝)보다도 못하구나"라며 한숨만 내쉬었다. 광서제의 '백일유신'도 처음에는 변화와 생기가 넘쳤지만 유신파는 찾아온 기회를 놓치고 말았다. 황실에서 벌어졌던 알력으로 변혁과 발전의 기회를 모두 상실했다. 이어서 의화단운동이 터졌고 8국연합군이 북경에 침입하자 자희태후는 광서제를 끼고 서쪽으로 도주했다. 그 피해는 고스란히 지배계층과 백성들에게 돌아갔다. 특히 황실과 귀족 그리고 만주족이 입은 피해가 컸다. 신해혁명에서 청황실과 만주귀족은 '혁명의 대상'이 되었다. 이로써 청나라는 변화를 거부하고 결국 망국의 길로 갔다.

광서제와 이련영

　자희태후와 대태감 이련영(李蓮英)은 광서제의 10년 연금생활과 밀접한 연관이 있었다. 이련영은 자희태후의 충복이었다. 선임 대태감은 안득해로 동치 8년(1869) 자희태후의 지시를 좇아 배로 운하를 따라 남하하였다. 직예총독 증국번은 안득해가 경계를 넘어섰는데도 아무런 조치를 취하지 않았다. 산동 태안에 이르러 향을 올리다가 산동순무 정보정이 보낸 사람에게 발각되어 체포되었고 제남으로 압송되었다.

　안득해는 "나는 황태후의 의지를 받들어 용포를 만드는 광동으로

390

이화원 인수전 앞의 자희태후. 앞쪽의 오른쪽은
대총관 이련영, 왼쪽은 총관 최옥귀(崔玉貴)이다.

가는 중이다. 네놈들이 스스로 죽음을 자초하는구나!"라고 저항했다. 일부 관리들은 서태후의 의지를 차분히 기다리자고 간언했지만 정보정은 의지가 도달하기도 전에 안득해를 처결하고 저잣거리에 팽개쳤으며 그의 도당 20여 명도 참수하였다. 또한 이들의 가택을 압수하고 준마 30여 필과 황금주옥을 죄다 내무부로 이송시켰다.

처음에 정보정이 조정으로 상소문을 올리자 자안태후는 신하들에게 "이 일을 어떻게 처리해야 하는가?"를 물었다. 신하들은 머리를 조아리며 아뢰었다. "내관은 함부로 대궐 밖으로 나가서는 안 된다는 조상의 법도에 따라 마땅히 사형에 처해야 되는 줄로 압니다!"

정보정은 안득해를 참수하고 3일간 저잣거리에 팽개쳤다. 자희태후는 정보정에 대해 어떤 보복조치도 내리지 않았고 도리어 총독으로 승진시켰다. 그 원인을 혹자는 이렇게 분석했다.

남녀지사 소문

자희태후가 젊어서 수절했기 때문에 안득해 사이에 남녀지사가 있었다는 소문이 나돌았다. 안득해의 시신을 3일간 방치함으로써 그가 내시라는 사실을 확인시키고 이로써 자신에게 불리한 소문을 해소하기 위한 것이었다고 한다. 참고로 청나라는 명나라 멸망을 교훈 삼아 내관에 대해 엄격히 통제하였다. 명나라는 왕진, 유근, 위충현과 같은 대태감을 배출했다. 왕진은 명나라 영종에게 와랄을 몸소 정벌하라 부추겼고, 토목보에서 패배함으로써 영종이 생포되는 수모를 겪게 했던 장본인이다. 무종 때의 태감이던 유근은 군신들을 소집하고 금수교 남쪽에서 '만천하가 충직하다'고 공인하던 대학사 유건과 상서 한문 등 53명의 죄상을 선포하였다. 위충현의 '활약상'은 널리 알려져 있다. 원숭환이 영원, 금주를 사수하고 있을 때 위충현이 내시를 감군으로 파견했는데 그 지위는 원숭환보다도 높았다. 군사에 대해 무지했던 감군은 총병, 경략사에게 이래라저래라 호통만 쳤다. 명군의 영금대첩 소식이 전해지자 위충현의 손자는 포대기 속에서 공후에 책봉되었다. 하지만 최전방의 장수 원숭환은 고작 한 단계 진급과 백은 30냥을 받았을 뿐이다.

물론 안득해와 명나라 내관을 함께 취급해서 논의할 수는 없다. 안득해가 죽자 이련영이 자희태후를 모시는 대태감이 되었다. 이련영은 하간부 대성현 사람이다. 전하는 바에 따르면 그는 본래 하간부 일대의 무뢰배로 사사로이 초석과 유황을 판매하다가 하옥되었다. 출옥한 뒤 가죽을 취급하는 장인으로 변신했다.

나중에 북경으로 갔는데 머리를 잘 빗겨서 고향 출신의 태감 심감옥에게 청탁하여 대궐로 들어갈 수 있었다. 그는 자희태후의 머리를 빗겨주는 내관이 되었고 곧바로 총애를 한 몸에 받았다. 이 내용을 그대로 믿을 수는 없다.

이련영의 묘지명에 따르면 이련영은 도광 28년(1848)에 태어났는데 자희태후보다 13세 연하이며 9세에 입궐하였다고 한다. 청나라 황실기록에 따르면 그는 함풍 7년(1857)에 정친왕의 저택에서 대궐로 보내져 태감이 되었다고 한다.

서태후가 직접 쓴 경사방 편액

본명은 이진희였는데 나중에 자희태후가 이련영으로 개명하였다. 그는 주사처와 경인궁에서 일하다가 16세 되던 동치 3년(1864)에 장춘궁으로 옮겨가 자희태후의 시중을 들었다. 이때는 안득해가 한창 자희태후의 총애를 받고 있었다. 안득해의 죽음은 이련영에게 더없는 교훈이 되었고 동시에 그가 현달할 수 있는 절호의 기회가 되었다. 워낙 영리한 사람이었기 때문에 얼마 지나지 않아 자희태후의 성격과 기호를 알아내고, 비위를 맞추기 위해 백방으로 노력했다.

자희태후의 유일한 친구

'윗사람을 모실 때는 공손히 모실 줄 알았고 아래 것들에게는 너그러움을 베풀 줄 알았던' 이련영은 내관으로서 영달할 수 있었던 최대의 비결을 갖추고 있었다. 동치 13년(1874) 26세의 이련영은 저수궁의 수석내관이 되었다. 광서 5년(1879)에는 정4품에 해당하는 저수궁총관이 되었고, 자희가 대권을 잡으면서 지위는 하루가 다르게 변모하였다. 31세에 이미 경사방의 대총관이 되어 황실 내관의 총관과 대등한 위치에 있었다. 광서 20년(1894)에 46세의 이련영은 정2품의 관모를 썼다.

일찍이 옹정제는 내관의 품계를 정4품 이하로 제한했으나 자희태후는 권력을 이용해 가법마저 어겼으니 그에 대한 총애가 어떠했는지 짐작이 간다. 정치권력과 욕망이 한없이 강했던 자희태후도 감정에서만큼은 더없이 나약했고 고독을 두려워하는 여인이었다. 신변의 궁녀와 내관은 바뀌고 바뀌었지만 자신의 마음을 헤아릴 줄 아는 사람은 안득해를 제외하면 이련영뿐이었다.

『만청궁정생활견문(晚淸宮廷生活見聞)』에 따르면 아침, 점심, 저녁으로 자희태후는 이련영과 면전에서 안부를 묻거나 내관을 보내 서로 안부를 전하기도 하였다. 자희태후가 중남해나 이화원에 머물 때면 이련영을 불러 "련영아! 함께 걷는 게 어때"라며 산책을 하였다고 한다. 둘이서 나란히 걸으면 나머지 사람은 멀찌감치 뒤따랐다. 때로는 야심한 밤에 이련영을 침궁으로 불러들여 황노장생술에 대해 담론하기도 하였다. 노년의 자희태후에게 이련영은 유일하게 친구와 같은 존재였다.

지나친 총애

이련영에 대한 자희태후의 지나친 총애로 조정대신은 항상 불안에 떨었다. 그가 막강한 권력을 앞세워 사사로이 재물을 챙기고, 문하로 들어간 자들은 모두 고관이 되었다고 주장하는 사람도 있지만 황제당(유신파)과 결탁하였다고 주장하는 사람도 있었다. 그것이 사실이라면 청나라 국법에 따라 마땅히 참수되어야 한다.

광서 12년(1886) 4월 직예총독 겸 북양대신이던 이홍장은 북양수사가 이미 상당한 실력을 갖추었으니 대신을 보내 열병해 줄 것을 조정에 요청했다. 자희태후는 총리해군아문대신인 순친왕(혁현)을 천진과 여순으로 보냈다. 혁현은 순친왕 신분인 데다가 광서제의 아버지였기 때문에 내관과 어의를 수행시켰다. 순친왕은 수행자로 이련영을 요청함으로써 자희태후에 대한 충성을 확인시키려고 하였다. 자희태후는 이련영을 통해 신식해군과 항구에 대해 자세히 파악할 수 있다는 판단에 그 요청을 받아들였다.

4월 13일 순친왕 일행은 천진에 도착했다. 이어 이련영, 이홍장과 군함에 동승하여 대고구, 여순구, 위해위, 연태 능지의 해군을 열병하고 5월 초하루에 귀경하여 그 결과를 보고하였다. 조정은 온통 불만으로 가득했다. 어사 주일신은 "황실의 가법에 환관을 엄정히 다스리라 했습니다. 세조궁에 철패를 세우고 영원히 가법을 준수하라 했습니다. 성모께서 수렴청정 하실 때도 안득해가 채집을 빌미로 대궐을 빠져나가자 엄정히 다스렸습니다." 그러면서 이련영이 순친왕을 수행하여 해군시찰에 나선 것을 꼬집었다. 이련영이 지방 관리와 결탁하고 뇌물을 수수했다고 주장하는 사람도 있었다.

대고구 포대의 혁현

사실이었을까? 청나라 문인이며 유신파였던 왕소항에 따르면 북경을 떠난 뒤, 순친왕은 문무 관리를 접견할 때마다 이련영과 함께 하였다고 한다. 자신의 독단혐의를 불식하는데 증인으로 활용하려는 의도였다. 또한 이련영은 매일 밤 회군에서 마련해 준 호화로운 행궁에 머물지 않았고 순친왕을 수행하면서 기거하였다. 순친왕이 손님을 맞을 때면 이련영은 항상 소박한 옷차림으로 곁에서 담배를 담아주고 불을 붙여주곤 하였다. 사당으로 물러난 뒤에는 외부손님의 방문을 사절했다.

직예와 산동의 지방 관리들은 태후의 절대적 신임을 받던 이련영에게 잘 보이려고 애를 썼지만 실망을 금치 못했다. 자희태후는 주일신의 소청을 접하고 순친왕을 불러 자세한 상황을 물은 뒤 주일신의 관직을 한 단계 강등시켰다.

이련영은 자희태후와 광서제 사이에서 어떤 태도를 취했을까? 이련영이 전적으로 태후 편에 서서 무술변법을 반대하고 광서제를 모함하였다고 주장하는 사람도 있고, 영리하게 양측 모두에게 잘 보였다는 사람도 있다. 사실 자희태후만 그를 총애했던 것은 아니다. 어려서부터 이련영의 보살핌을 받던 광서제 역시 그를 좋아했고 '암달'(사부)이라 부르면서 '충성을 다해 주인을 섬기는 사람'이라고 치하했다.

왕소항에 따르면 경자년에 8국연합군이 북경으로 침입하자 자희태후는 광서제를 끼고 황도를 버린 채 서쪽으로 도주했고 이듬해에야 귀경길에 올랐는데 보정에 잠시 머물렀다. 태후가 머무는 임시처소의 이부자리는 아주 화려했고 이련영의 거처도 괜찮았다. 그러나 광서제의 거처는 달랐다. 이련영은 자희태후의 시중을 들어 잠들게 한 뒤, 안부를 전하려고 광서제의 침소에 들렀는데 황제가 등잔 아래 우두커니 앉아 있었다. 당직을 서는 내관도 보이지 않았다. 한참 눈여겨보던 이련영은 깜짝 놀랐다. 황제가 묵는 침대에 이불이 없었던 것이다. 황제는 추위에 떨면서 잠을 못 이루고 있었다. 이 광경에 이련영은 무릎을 꿇어 광서제의 두 다리를 움켜쥐고는 대성통곡을 했다.

"이놈들이 죽을죄를 지었습니다." 이련영은 자신의 거처에서 이불을 가져다가 광서제에게 주었다. 귀경한 뒤, 광서제는 피난길의 혹사를 떠올릴 때마다 "암달이 아니었으면 난 벌써 황천객이 되었을 것이다"라고 하였다.

광서제와 자희태후의 국상을 치르고 이련영은 선통 원년(1909) 2월 2일에 자신이 51년간 머물렀던 대궐을 떠났다. 융유태후는 "원래의 품계를 유지한 채 은퇴하라"고 윤허하였는데 이는 은퇴 후에도 여전히 백은 60냥을 월급으로 지급받는 것을 의미한다. 이련영은 향년 64세 선통 3년(1911)에 죽었다. 청나라 황실에서는 이련영의 제전용으로 은자 1,000냥을 보냈다. 북경 은제장에 위치한 태감 묘지에 이련영의 호화묘지가 있었지만 문화대혁명 때 파괴되었고 지금은 묘지명의 탁본만 남아 있다.

연금생활로 막을 내린 비극적인 개인사

광서제가 연금생활을 하던 10년은 4시기에 해당한다. 이 기간은 그야말로 불행의 연속이었다. 국가차원에서 본다면 8국연합군의 북경침입과 굴욕적인 '신축조약'을 강요받았다. 개인적인 차원에서는 황제가 수감생활을 하는 불행이 닥쳤다. 정치생명뿐만 아니라 가정생활마저도 비극의 연속이었다.

가장 큰 영향을 끼쳤던 세 여인

가정생활에서 생모를 제외하고 광서
제에게 가장 큰 영향을 끼쳤던 여인은
자희태후와 융유황후 그리고 진비였다.
자희태후는 광서제의 이모이고 은인인
동시에 원수이고 정적이었다. 구홍기의
『성덕기략(聖德記略)』에 따르면 자희태후
또한 광서제에게 불만이 이만저만 아니
었다고 한다. "항간에는 우리 모자관계
가 예전만 못하다고 의심한다. 돌이켜보

광서제가
대혼을 치를 때 사용했던 가마

면 폐하께서는 대통을 이을 당시 내 조카였다. 외가 쪽으로 말하자면
여동생의 아들로 내 어찌 그를 아끼지 않았겠는가? 폐하께서 포대기
에 싸여 대궐로 들어올 때는 갓 4세였는데 몸이 성치 않아 배꼽 아래
쪽에서 자주 땀이 흘러 내가 매일 씻고 닦아주었다."

그러했는데 광서제가 자신의 말을 무시한 채 유신이니 변법이니
운운하자 화가 났고 마음도 아팠던 것이다. 이들의 관계는 광서제의
일생을 관통하기에 더 이상의 언급을 자제하겠다.

융유황후와 진비

광서제와 융유황후, 진비와의 관계를 간략히 살펴보자. 광서제는
황후 1명과 비첩 2명을 두었지만 후사가 없었다. 청나라 황제로서 아
주 특이한 경우이다. 광서 15년(1889) 정월 20일, 19세의 광서제는 대
혼을 치렀다. 황후와 비첩 2명 모두 자희태후가 선택했다. 융유황후

는 자희태후의 남동생인 계상의 여식으로 미인이 아닌 데다 체구도 빈약했고 허리까지 약간 굽었다. 자희의 의지에 의해 정해진 혼사라 지만 전형적인 정략혼이었기 때문에 광서제의 강한 불만을 샀다.

자희태후가 남동생의 여식과 여동생의 아들을 맺어준 목적은 대궐 내에서 황제를 통제하고 조종하며 수렴청정의 기초를 마련하기 위함 이었다. 혼인 뒤에 광서제와 황후는 줄곧 불만족스러운 혼인생활을 영위해야만 하였다. 광서제가 죽고 선통제가 즉위하면서 황후의 휘호 를 '융유'로 높였다. 1913년 정월 17일 융유황태후는 태극전에서 세 상을 떠났다.

2명의 비첩은 근비(瑾妃)와 진비(珍妃) 자매로 친자매였지만 생김새 와 성격은 판이하였다. 근비는 수수한 외모에 성격도 온화하고 나약 했다. 후에 동생인 진비가 자희태후의 뜻을 거역하자 단지 언니라는 이유로 비에서 귀인으로 강등되었다. 선통제 때는 근귀비로 높였고 1924년에 세상을 떠났다.

광서제의 융유황후   근비

진비는 처음에는 빈이었다가 나중에 비로 승격되었다. 그동안 각종 방송에 비쳐진 진비의 모습은 총명하고 아름다우며 영리하고 인정미가 넘치는 사람으로 광서제를 내조하여 무술변법을 시행한 것처럼 묘사되었다. 사실상 진비는 그다지 미인은 아니었다.

진비

광서 14년(1888) 10월, 13세의 진비와 근비는 동시에 빈으로 간택되어 이듬해 2월에 함께 입궐한 후, 광서 20년(1894) 자희태후가 60세 생신을 자축하는 자리에서 둘은 동시에 비로 승격되었다. 19세의 진비는 젊고 열정적이며 성격 또한 시원시원하여 광서제의 총애를 한 몸에 받았다.

광서제는 황후에게 관심은커녕 혐오감을 느낄 정도였기 때문에 황후와 진비 사이에 감정의 골은 점차 깊어만 갔고 급기야는 원한관계로 변해 버렸다. 황후라는 지위와 황태후와의 특수관계를 이용해서 끊임없이 진비에게 시비를 걸었고, 단점을 꼬집어 고모에게 고자질했다. 진비의 입궐과 극진한 사랑은 광서제의 삶에 열정을 불살랐다. 진비와 혼인을 치른 뒤 두 사람은 수년간 즐거운 시간을 보냈다. 하지만 자희태후와 황후는 결코 달갑지 않았다. 오랜 관찰을 통해 황후는 끝내 진비의 약점을 찾아냈다.

『서태후유사』에 따르면, 유관이 복주장군 직책을 꾀하면서 이련영에게 청탁했는데 이련영은 엄청난 뇌물을 요구했다. 그러자 유관은 진비 친정과의 인척관계를 이용해 진비에게 황금을 바치면서 광서제에게 직접 청탁해 줄 것을 부탁했다. 그 일이 이련영의 부하에게 발각되면서 풍파가 일어났다는 것이다.

광서 20년(1894) 10월 28일 새벽, 광서제는 평일처럼 장춘궁에 들러 자희태후에게 안부를 전하였지만 자희는 눈을 지그시 감은 채 거들떠보지도 않았다. 광서제는 무릎을 꿇고 앉아서 고개조차 들지 못하였다. 1시간 내내 묵묵부답이던 자희태후가 돌연 말문을 열었다. "내려가라! 근비와 진비 일을 네가 간여치 않는다면 내가 간여할 테다. 저들이 멋대로 가법을 어기고 조정을 농락하는 꼴을 수수방관할 수는 없다!"

광서제는 영문도 모른 채, 그렇게 하시라며 물러났다. 광서제가 양심전에서 한창 답답해 하던 참에 내관이 달려왔다. 새벽에 태후께서 이련영에게 진비를 곤장으로 매우 치라는 영을 내렸다는 것이다. 진비는 태후의 의지에 따라 처벌을 받았고 이번 사건에 연루되었던 진비의 사촌오빠는 파직되어 유배되었다.

자희태후가 진비의 옷을 벗기고 곤장으로 매우 치라는 형벌을 내렸다는 주장도 있다. 황귀비에게 진정 이처럼 가혹한 처벌이 내려졌다면 이는 왕조사상 전례 없는 것으로 진비에게는 큰 치욕이 아닐 수 없다. 정사에는 자희태후가 곤장으로 진비를 쳤다는 기록이 없다. 하지만 어의가 남긴 기록에서 일부 단서를 찾을 수 있다. 10월 28일, 어의 장중원이 진비를 진맥했는데 맥박이 고르지 않았고 경기를 하면서 눈을 꼭 감고 이를 꽉 문 채 온몸을 부르르 떨었다고 한다.

11월 1일 해시(21~23시)에 다시 진맥할 때도 양 손목의 맥박이 고르지 않았고 여전히 경기를 하면서 인사불성이었다. 심야에 또 한 번 어의를 침궁으로 불러 진맥했다고 적고 있어 병세가 위독했음을 알 수 있다. 어의가 남긴 기록에서도 진비가 가혹한 처벌을 당했음을 짐작할 수 있다.

자희태후가 진비를 가혹하게 처벌한 데는 여러 원인이 있었을 것이다.

① 광서제에게 일벌백계하기 위해서였다. 자희태후는 청일전쟁 패배의 책임을 광서제에게 전가하면서, 그가 친정하는 8년 동안 점차 담대해졌고 심지어 자신마저도 안중에 두지 않았다고 보았다. 어쩌면 진비를 처벌함으로써 광서제에게 경고의 메시지를 전하려는 의도였을지도 모른다.

② 조카인 융유황후를 위해 화풀이를 대신해 주기 위함이다. 자신이 정해준 황후와는 혼인한 지 5년이 다 되도록 사랑도 존중도 없었지만 진비를 일편단심 사랑했으니 자희태후의 체면이 완전히 구겨진 것이다.

③ 미모와 영리함으로 광서제의 총애를 독차지한 진비에 대해 자희태후는 머리끝까지 화가 치밀었다. 특히 젊어서 수절했던 탓에 변태적인 심리가 작용했을지도 모른다. 남이 잘되는 꼴을 볼 수 없었기 때문에 기회가 되면 반드시 진비를 처벌하겠노라 벼르던 참이었다.

④ 궁녀에 대한 경고차원도 있었을 것이다. 대궐만큼은 순전하고 깨끗한 낙원이기를 바랐건만 외부와 내통하여 관작을 매매하는 행태가 버젓이 이뤄지고 있었던 것이다. 진비든 내관이든 관작매매 사실이 드러났으니 진비에 대한 처벌을 통해 궁녀들에게 경고한 것이다.

⑤ 진비의 처벌을 통해 쌓였던 울분을 해소하려는 것이었다.

이처럼 진비의 처벌을 통해 자희태후는 1석5조의 효과를 얻었다.

광서 26년(1900) 7월 21일 8국연합군이 북경을 공략하자 자희태후는 광서제를 대동하고 황급히 도주했다. 전하는 이야기에 의하면 대궐을 떠나면서 자희태후는 내관 최옥귀에게 진비를 영수궁 외곽의 우물에 빠뜨려 죽이라고 명하였다고 한다. 정사에 기록이 있는 것은 아니지만 진비가 그 무렵에 죽은 것만큼은 확실하다. 그 뒤로 청나라의 황실자료에는 더 이상 진비 관련 기록이 보이지 않기 때문이다. 청나라 대궐에서 생활하였다는 어느 한 내관의 회고록에서도 진비가 자희태후에 의해 살해되었음이 언급되어 있다.

진비의 죽음은 광서제에게 심리적으로 큰 충격을 주었다. 연금생활에다가 마음까지 울적하던 광서제는 결국 서원에서 세상을 떠났다.

광서제의 죽음을 둘러싼 비밀

광서 34년(1908) 10월 21일, 광서제는 영태의 함원전에서 세상을 떠났다. 그는 자희태후로부터 폐출(廢黜)되어 10년 동안 연금생활을 하면서 울적함을 견디지 못했다. 황실의 어의 관련자료를 편성한 『자희광서의방선의(慈禧光緖醫方選議)』를 통해서도 광서제가 몸이 허약했음을 알 수 있다. 거기에 실린 광서제와 관련된 처방만도 182개에 달한다. 그중 신경쇠약 관련 처방이 64개, 골격과 관절 관련 처방이 22개, 후사와 장수 관련 처방이 17개였다.

광서제가 잔병에 시달린 것은 사실이지만 그렇다고 돌연사할 만큼 심각했던 것은 아니다. 특히 그 죽음이 자희태후 사망 하루 전에 일어 났다는 것은 심상찮다. 따라서 자희태후가 광서제를 독살하지 않았냐 는 추측이 제기되었다.

자연사망설과 독살설

광서제의 사인에 대해서는 자연사망설과 독살설 두 가지가 있다. 자연사망설은 광서제의 37세 때 병력에 근거하였다. 유정이 20년간 지속되었고 수년 전까지도 매달 십여 차례, 근년에는 매달 서너 차례 반복되었다. 꿈속이 아니면 발기조차 안 되고 혹은 유설되기 일쑤였 는데 겨울에 특히 심하였다. 그 결과 요통이 심하고 어깨가 무거웠으 며, 찬바람만 쏘이면 귀청이 울리고 두통을 호소했다. 현대의학 차원 에서 분석한다면 이는 심한 신경관능증이나 관절염, 골결핵 같은 질 병이라 하겠다. 이것이 광서제가 장년의 나이에 사망하게 된 근본적인 원인이라 는 것이다.

글을 쓰는 광서제

광서제의 어의 6명은 매일 당직을 서 면서 각자의 의견을 내놓았고 치료법도 다양했기 때문에 도리어 치료시기를 놓 쳤다는 설도 있다. 광서 34년(1908) 3월 9일 맥안에 따르면, "폐하께서는 간장 과 신장이 허해 비장에 양기가 부족하면 서 병세가 가중되었다. 때문에 차가운 약이든 따뜻한 약이든 모두 효험이 없었

자희태후와 광서제의 약처방전

고 어의들도 속수무책이었다. 5월 10일자 맥안에는 오랫동안 몸조리를 했지만 아무 효과가 없었다"고 했다.

7월 16일 강소의 명의 두종준은 광서제의 병을 보고 이렇게 말하였다. "내가 이번에 경성에 온 것은 폐하의 병환을 치유하였다는 미명을 얻기 위함이었다. 그러나 이제 보니 모두 부질없는 생각이며 공로는 제쳐두고라도 과오만 범하지 않기를 바랄 뿐이다."

9월의 맥안에는 병상이 더 복잡하여 오장육부의 기능을 완전히 상실하였다고 했다. 10월 17일 3명의 어의가 회진한 맥안에서는 광서제가 이미 폐렴증세와 심폐기능의 저하증상이 나타났고, 극도로 허약해져서 원기가 크게 상했기 때문에 병세가 위독하다는 결론을 내렸다. 10월 20일의 맥안에는 밤이 되자 광서제는 사지가 차가워졌고 눈이 뒤집혔으며, 이를 꽉 문 채 혼수상태에 빠져 있었다고 했다. 10월 21일 맥안에는 맥박이 가늘어 잡힐 듯 말 듯하고 두 눈은 굳은 채, 입을 벌리고 가쁜 숨을 몰아쉬고 있었다. 저녁에 광서제는 숨을 거두었다.

이러한 황실의안기록에 따르면 광서제의 병세는 점차 가중되고 악화되었을 뿐 중독의 기미는 전무하며 돌연사증상도 없다는 것이다. 이것이 자연사망으로 보는 중요한 근거이다.

독살설로는 ① 자희태후 독살설 ② 이련영 독살설 ③ 원세개 독살설이 있다.

첫째, 자희태후가 임종에 앞서 광서제를 독살하였다는 설이다. 『숭릉전신록』과 『청패류초』에 따르면 "자희태후는 병세가 위독해지면서 자신이 죽으면 광서제가 집권할 것이고, 그러면 모든 게 되돌려질까 두려워서 광서제를 독살하였다"고 했다. 『나의 전반생』에서도 "서태후는 자신의 병세가 위독하다는 사실을 알고 광서제보다 먼저 죽기를 달가워하지 않았기 때문에 먼저 독살했다는 루머가 떠돌았다"고 하였다. 이처럼 사람들은 일반적으로 38세인 광서제가 74세의 자희태후보다 먼저 죽은 것, 그것도 하루 전에 죽은 것이 결코 우연이 아니며 자희가 광서제를 죽이려고 온갖 수단을 다하였다고 보았다.

둘째, 이련영이 독살하였다는 설이다. 영국인이 지은 『자희외전』과 『영태읍혈기』에서 청황실의 대태감 이련영은 평소에도 자희태후의 신임을 앞세워 광서제를 중상하고 우롱해 왔는데 자희가 죽으면 광서제가 집권하게 되므로 저들에게 불리하다고 판단해 자희태후 사망 이전에 광서제를 살해했다는 것이다.

셋째, 원세개가 독살하였다는 설이다. 『나의 전반생』에서는 원세개가 무술변법에서 광서제의 신임을 저버리고 광서제를 배신했다고 하였다. 자희태후가 죽으면 광서제가 기필코 자신을 가만두지 않을 것임이 두려웠던 원세개가 치료제를 진상하는 기회를 틈타 거기에 독약을 타서 광서제를 독살했다는 것이다.

넷째, 이름 모를 누군가가 독살하였다는 설이다. 어의로 지냈던 굴귀정은 민국시기에 발간한 잡지 『일경』에서 자신은 광서제 임종 3일

영태의 옛모습

전에 입궐하여 마지막으로 광서제를 진맥하였다고 밝혔다. 그는 호전되었던 광서제의 병세가 갑자기 악화되어 침상에서 데굴데굴 구르면서 복통을 호소했고 며칠 되지 않아 운명했다고 하였다. 그러면서 누가 광서제를 살해했다고는 단정할 수 없지만 누군가가 살해한 것은 분명하다고 하였다.

자희태후보다 하루 먼저 죽은 광서제

청나라 관찬문서와 황실자료에서는 광서제가 병사했다고 기록하였다. 하지만 사람들은 그가 죽은 날부터 줄곧 의문을 품었다. 특히 자희태후보다 하루 먼저 죽은 데 대해 의아해 하면서 자희태후의 수족이 탕약에 뭔가를 섞지 않았냐고 보았다. 하지만 그것은 짐작에 지나지 않는다. 아직까지는 광서제가 피살되었음을 입증할 만한 어떤 확증도 나타나지 않았다.

정사와 문헌사료를 통해서도 광서제의 병세가 어떻게 변화했는지를 살펴볼 수 있다. 광서 34년(1908) 10월 1일, 광서제는 의난전에 가서 자희태후에게 안부를 물었다. 『청덕종실록』에 따르면 "계유에서 무진까지 '줄곧 그러하였다'"고 했다. 이는 1일부터 16일까지 안부 전하는 것을 매일 반복하였다는 말이다.

2일 황태후를 모시고 근정전으로 나아가 일본국 사신의 알현을 받았다. 다시 의난전에 들러 황태후에게 안부를 물었다.

3일 의난전에 들러 황태후에게 안부를 물었다.

4일 의난전에 들러 황태후에게 안부를 물었다.

5일 의난전에 들러 황태후에게 안부를 물었다.

6일 자광각에 나아가 달라이라마를 위한 연회를 베풀었다. 다시 의난전에 들러 황태후에게 안부를 물었다.

7일 의난전에 들러 황태후에게 안부를 물었다.

8일 의난전에 들러 황태후에게 안부를 물었다.

9일 황태후를 모시고 이년전에 행차했고 황태후의 저녁식사 시중을 들었다. 계해(11일)까지 줄곧 그러하였다.

10일 자희태후의 생일이다. 광서제는 문무백관을 거느리고 의난전에 들러 생일축하 의식을 가졌다. 이년전에 들러 황태후의 저녁식사 시중을 들었다.

11일 의난전에 들러 황태후에게 안부를 물었다. 이년전에 들러 황태후의 저녁식사 시중을 들었다.

12일 의난전에 들러 황태후에게 안부를 물었다. 이년전에 들러 황태후의 저녁식사 시중을 들었다.

13일 의난전에 들러 황태후에게 안부를 물었다. 이년전에 들러 황

광서제의 숭릉

태후의 저녁식사 시중을 들었다.

14일 의난전에 들러 황태후에게 안부를 물었다. 이년전에 들러 황태후의 저녁식사 시중을 들었다.

15일 의난전에 들러 황태후에게 안부를 물었다. 이년전에 들러 황태후의 저녁식사 시중을 들었다.

16일 의난전에 들러 황태후에게 안부를 물었다. 이년전에 들러 황태후의 저녁식사 시중을 들었다.

17~19일까지 어의였던 굴귀정의 증언에 따르면 광서제가 세상을 떠나기 3일전에 자신은 황실로 들어가 진맥을 했는데 호전되었던 황제폐하의 병세가 갑자기 악화되어 침상에서 마구 그르면서 복통을 호소하였다고 했다.

20일 『청덕종실록』에서는 '황제폐하의 몸이 성치 않았다'고 하여 광서제가 병환 중임을 알리고 있다. "순친왕 재풍의 아들 푸이(溥儀)를 대궐로 들이고 상서방에서 독서하게 하라"는 황태후의 의지가 있었다. 또한 "순친왕 재풍을 섭정왕에 제수한다"는 의지를 내렸다.

21일 '황제폐하의 병세가 점차 가중되었다'고 했고 곧이어 '황제폐하의 병세가 위독하다'고 하였다. 유각에 광서제는 서원의 함원전에서 세상을 떠났다.

22일 자희태후가 위독하였다. 미각에 의난전에서 세상을 떠났다.

이상에서 볼 때, 광서제의 죽음에는 분명 의문점이 있다. 사람들은 '세 여인과 한 남자'의 죽음이 자희태후와 어떤 관계였었는지를 상상해 보기도 한다. 즉, 자안황태후, 동치제의 황후, 광서제의 진비와 광서제의 죽음이다. 이들의 상관관계는 학자들의 연구가 기대되는 부분이다.

광서제는 후사가 없었기 때문에 황실 종친 가운데서 후계자를 선택해야 했다. 결국 자희태후의 의지에 따라 섭정왕 재풍의 아들 푸이가 대통을 잇고 황위에 올랐다. 그가 바로 선통황제이다.

선통황제

푸이

광서 32년(1906)~민국 56년(1967)

Chapter 12

선통황제 푸이

선통제(宣統帝) 푸이(溥儀)는 청나라 12명의 황제 가운데 마지막 황제로 가장 어린 나이에 등극했으며 가장 짧은 기간 동안 재위했다. 광서제와 동치제의 후계자에 대해 자희태후는 선후로 두 가지 결정을 내렸다. 하나는 부준을 세자로 세워 동치제의 대통을 잇는 동시에 광서제의 후계자로 삼는 것이고, 다른 하나는 푸이를 황위에 올려 동치제의 대통을 잇고 광서제의 후계자로 삼

2살배기 푸이

는 것이다. 동치제와 광서제의 대통을 놓고 '후사를 세우고(立嗣) ― 세자를 폐위시키고(廢儲) ― 다시 세우는(再立)' 해프닝을 벌인 셈이다.

태자 폐위를 번복한 자희태후

후사를 세움

자희태후는 무술정변 후 광서제를 연금시켰다. 4살배기 아이를 대궐로 데려와 심혈을 기울여 양육했음에도 불구하고 제멋대로 무술변법을 실행한 데 대하여 못마땅하게 여겼기 때문이다. 그래서 상심한 나머지 자희태후는 광서제를 폐위시킬 생각까지도 했다.

광서제가 즉위할 때, 양궁 황태후는 장차 광서제에게 후사가 생기면 그를 동치제의 후사로 들이기로 약속했다. 하지만 광서제에게 후사가 없었으니 동치제의 대통을 누가 이을 것인지, 폐위된 광서제를 어떻게 처리할 것인지를 놓고 자희태후는 고민에 빠졌다.

『숭릉전신록』에 따르면 광서 25년(1899) 11월 28일 아침 조례를 마친 서태후는 영록과 별도로 만났다. 둘 사이에 이런 대화가 오갔다고 한다.

> 영록이 물었다: 이제 곧 폐립이 생길 것이라는 소문이 있는데 믿어도 됩니까?
>
> 자희태후가 말하였다: 없는 일이오. 그게 가능하겠소?
>
> 영록이 대답하였다: 태후께서 그리하시려 한다면 뉘라서 감히 막겠습니까. 그저 (광서제) 죄목이 분명치 않아 외국공관이 간섭할까 두려울 뿐입니다. 신중하지 않을 수 없습니다.
>
> 자희태후가 물었다: 그 사실이 폭로되면 어찌되겠소?
>
> 영록이 답하였다: 그럴지라도 무방합니다. 주상전하의 춘추가 한창

임에도 아직 후사가 없으니 차라리 가까운 종친 중에 괜찮은 인물을 골라 광서제의 후사를 잇게 하고 동치제의 대통을 계승하게 하는 것이 나을 줄로 압니다. 대궐에서 육성하여 서서히 황위에 오르게 한다면 분명 명분이 서는 일입니다.

자희가 말하였다: 그대 말이 옳소.

자희태후와 영록은 종친들 중에서 동치제와 광서제의 후계자가 될 만한 아이를 골라서 서서히 광서제를 대체하려 했던 것이다. 자희태후는 동치제의 후사로 재의의 아들 부준을 눈여겨 보았다.

첫째, 부준의 부계는 분명 아이신지로의 혈통으로 증조부는 가경제이다. 가경제의 3남 돈친왕에게 후사가 없어

단군왕 재의

도광제의 5남 혁종을 양자로 들였는데 그가 바로 부준의 조부이다. 혁종의 차남 재의는 재준의 아버지이다. 재의는 다시 가경제의 4남인 서친왕의 아들 서군왕(奕誌)의 양자로 들여졌다. 나중에 재의는 단군왕(瑞郡王이 옳다. 기록할 때 '瑞'를 '端'으로 오기하였던 것이다)으로 승진하였다.

둘째, 부준의 모계는 여허나라씨 혈통이다. 『청사고·면흔전』에 따르면 "재의의 처는 승은공 계상의 여식이며 자희태후의 조카이다." 즉, 부준은 자희태후의 친정조카이며 시집으로 따지면 사촌조카의 아들이다.

어떤 학자는 『청사고·면흔전』의 기술에 이의를 제기하였는데 부준의 생모가 자희태후의 친정조카가 아니라는 점 때문이다. 이에 대해 좀 더 확실한 고증이 요구된다. 이런 연유로 자희태후는 15세의 부준을 선택했던 것이다.

광서 24년(1898) 무술정변 이후 광서제를 가택연금 시키고 자희태후는 훈정을 재개했다. 25년(1899) 11월 28일에는 영록과 상술의 대화를 나누었고, 12월 24일에 태후의 의지에 따라 부준을 동치제의 후사로 들였다. 부준은 홍덕전에서 독서했는데 사부는 동치제의 장인인 승은공 숭기와 대학사 서동이었다. 광서 26년(1900) 정월 초하루에 부준은 황제를 대신하여 대고전과 봉선전에서 태자례를 행하였다.

태자 폐위

경자년, 즉 광서 26년(1900)에 자희태후는 예정대로 광서제의 황위 선양식을 거행하고 국호를 '보경'으로 바꾸려고 하였다. 그러자 대궐 안팎이 들끓었다. 대학사 영록과 경친왕 혁광은 각국 공사들이 이의를 제기하고 여러 세력들의 반발이 심하다는 이유로 황위선양식을 미루자고 건의했다.

대아가 부준

얼마 뒤 의화단운동이 터지자 재의는 의화단을 독실하게 믿으면서 그들을 의민(義民)으로 여겼다. 5월에 재의가 총리각국사무대신으로 취임했다. 일본국 사관의 서기관과 독일 공사가 의화단에 의해 피살되었고 동교민항 등 외국사관이 이들의 공격을 받았다. 7월, 8국연합군이 북경으로 진입하자 자희태후는 광서제를 이끌고 도주했는데 재의와 부준도 동행했다. 산서의 대동까지 도주한 자희태후는 재의를 군기대신에 임명시켰다. 그러나 재의가 12월에 의화단사태의 원흉으로 규명되면서 작위를 박탈당했고 신강으로 유배되었다.

27년(1901) 자희태후 일행이 귀경했다. 귀경길에서 재의가 의화단을 종용하여 조상의 얼굴에 먹칠을 하였기에 부준이 황태자로서 적절하지 않다며 폐위시켰다. 부준은 다시 재의의 아들로 돌아왔다. 그런 뒤에 순친왕(혁현)의 6남 재순을 후사로 들였다. 훗날 부준은 넋 나간 사람처럼 지내다가 비참하게 죽고 말았다.

황태자를 폐위시키는 촌극에 이어 이번에는 푸이가 즉위하는 코미디가 연출되었다.

황위 계승자를 다시 세움

『청덕종실록』에 따르면 광서제가 세상을 떠나기 하루 전인 광서 34년(1908) 10월에 자희태후는 푸이가 황위를 계승한다는 내용과 함께 "순친왕 재풍에게 섭정왕을 제수한다"는 의지를 내렸다. 푸이를 황위 계승자로 지정하고 동치제의 대통과 광서제의 황위를 계승한다는 것이었다. 이틀 뒤 자희태후는 서원의 의난전에서 세상을 떠났다.

자희는 왜 푸이를 황위 계승자로 선택했을까? 그 원인을 밝히기 위해서는 푸이의 배경부터 살펴봐야 한다.

첫째, 푸이의 조모는 여허나라씨로 자희태후의 친동생이다. 푸이

푸이의 조부 혁현

의 증조부인 도광제의 후손 가운데 후세에 엄청난 영향을 끼친 인물로는 4황자 혁저(함풍제), 6황자 혁흔, 7황자 혁현(광서제의 아버지, 푸이의 조부, 함풍제와는 이복동생)이 있다. 혁현은 4명의 부인으로부터 7명의 아들을 두었다. 본처인 여허나라씨는 자희태후의 친동생으로 4명의 아들을 낳았다. 차남 재첨(광서제)을 제외하면 모두 요절했다. 첫째 차비 안찰씨는 일찍 죽었고, 둘째 차비 유가씨는 5남 재풍, 6남 재순, 7남 재도 등 3명의 아들을 낳았다. 셋째 차비 이가씨도 자식이 없었다. 총 7명의 아들 가운데 3명은 요절한 상태였다. 황위를 계승한 광서제와 양자로 보낸 두 아들을 제외하면 재풍만 남았다.

둘째, 푸이의 어머니는 자희태후의 수양딸이다. 혁현이 세상을 떠날 당시 재풍은 8세였지만, 순친왕의 작위가 세습되는 것이 불변의 법칙이었기에 재풍이 작위를 이어받을 수 있었다. 순친왕의 작위를 이어받은 재풍은 18세부터 조정 일을 보았는데 나중에는 열병대신까지 올랐다. 자희태후는 영록의 여식이자 자신의 수양딸인 수완과얼쟈를 재풍의 배필로 정한다는 의지를 내렸다.

푸이의 외조부 영록에 대해서 살펴보자.

영록은 만주정백기 출신이며 청나라 개국공신 페이영둥(費英東)의 후손이다. 일찍이 오리(청렴하지 못한 벼슬아치)라는 죄목으로 숙순에게 참수당할 뻔한 적도 있었다. 나중에는 돈을 주고 직예후보도(直隷候補道)라

푸이의 생부(右一), 생모(左一)와 조모(右二)

는 관직을 사고, 동치제 초기에는 자희태후의 신임을 얻어 총괄내무부대신이 되었다.

　동치제가 죽고 광서제가 즉위하자 자희태후에게 고민거리가 생겼다. 장차 광서제와 동치제의 관계 그리고 광서제의 아들과 동치제의 관계를 어떻게 설정해야 하는가라는 문제였다. 영록은 광서제에게 황자가 생기면 그를 동치제의 대통을 이을 후사 겸 광서제의 황위 계승자로 삼으라고 건의했다. 그는 자희태후의 고민거리를 해결해 줌으로써 신뢰를 얻었다. 광서 원년(1875)에는 보군통령이 되었고 다시 공부상서로 발탁되었다. 광서 20년(1894), 영록은 상소문을 올려서 원세개를 추천하고 신군을 훈련하게 했다. 그는 병부상서, 협판대학사를 지냈고, 24년(1898)에는 직예총독 겸 군기대신이 되었다. 무술정변 중에 원세개가 광서제를 비롯한 유신파를 배신한 후 정변 기밀을 영록에게 넘기고 자희태후에게 보고하자, 보군통령이던 영록이 자희태후의 의지를 받들어 강유위와 양계초에 대한 지명수배령을 내리고 담사동 등 무술6군자를 처형하였다.

8국연합군의 북경 진입 때 도주하였다가 귀경한 자희태후는 영록에게 태자태보를 제수하며 문화전대학사(수석대학사)로 승진시켰다. 다양한 문무관직을 겸비한 영록의 권세는 하늘을 찔렀다. 『청사고·영록전』에 따르면 "영록은 오랫동안 왕실에서 중책을 맡고 태후의 두터운 신임을 얻었다. 그에 대한 태후의 신뢰가 이보다 더 클 수는 없었다. 대소사는 그의 말 한 마디로 결정되기 일쑤였다."

영록의 여식은 자주 황실을 드나들면서 자희태후의 귀여움을 받았고 급기야 자희태후의 수양딸이 되는 영광을 누렸다. 자희는 그를 재풍의 배필로 정해 주었는데 재풍의 생모는 이미 자식의 혼사를 약속해 놓은 상태라고 솔직하게 말했다. 하지만 자희태후는 결정을 굽히지 않았고 재풍의 생모는 정했던 혼처를 물릴 수밖에 없었다.

재풍은 2명의 부인으로부터 4명의 아들을 얻었다. 본처 수완과얼쨔씨는 본명이 난이며 대학사 겸 군기대신인 영록의 여식이자 자희태후의 수양딸이다. 광서 28년(1902)에 재풍과 혼인을 올렸다. 두 아들을 출산했는데 장남이 푸이, 차남은 부걸(1907년 생)이다. 차비인 등가씨와는 1913년에 혼인했으며 역시 두 아들을 두었다. 3남 부기는 요절했고 4남 부임(1918년 생)은 훗날 김우지(金友之)로 개명하였다. 이처럼 자희태후가 지명한 황위 계승자를 살펴보면, 재첨은 친동생의 소생이었고 부준은 조카의 소생이었으며 푸이는 수양딸의 소생이었다.

황위 계승자 선별과정에서 자희태후는 아이신지로의 종실에서 여허나라씨와 관련되는 사람만 골랐으니 제국의 흥망이 자희태후의 친인척에 의해 좌우될 수밖에 없었다. 비록 양대에 걸쳐 순친왕 가문에

서 2명의 황제가 배출되었지만 순친왕
은 여전히 조심스럽고 전전긍긍했다.
부걸은『순친왕부의 생활을 회고하며』
에서 "자희태후와 광서제가 서로 반목
하고 각자 대표하는 두 파벌이 생사결
투 양상을 보이던 복잡한 형국에서 순
친왕은 한편으로 자희태후의 심복이었
던 영록과 왕래하며 끝내 친척관계를
맺었고, 다른 한편으로는 광서제의 스

감국섭정왕 재풍

승인 옹동화와 교류하면서 우호적인 관계를 유지하였다. 이처럼 신중한
처신이 조부께서 평생토록 좌절당하지 않았던 비결이다"라고 하였다.

　재풍은 아버지의 가풍을 계승하여 매사에 조심스럽고 명철보신하
였다. 그의 정실에는 '책이 있으니 정말로 부귀하구나. 태평무사하니
마치 신선 같구나'라는 대구가 적혀 있다. 정치에서 초연하고 독서를
낙으로 삼고 오직 태평만을 추구하겠다는 표명이기도 하다. 이는 진
정을 드러내기 위함이며 남에게 보여주기 위함이기도 했다. 그가 지
녔던 부채에는 다음과 같은 글귀가 적혀 있다.

　　달팽이 뿔 위에서 무엇을 다투랴, 전광석화 속에 이 한 몸 맡기네.
　　부귀에 맡기고 빈곤에 맡기며 또한 즐거움에 맡기니, 어리석은 사
　　람만이 입 다물고 웃노라.
　　蝸牛角上爭何事, 石火光中寄此身
　　隨富隨貧且隨喜, 不開口笑是癡人

포대(布袋) 스님의 게송을 빌어 세상과 다투지 않고 외물에 초연하겠다는 의지를 표명한 것이다. 하지만 그런 가풍이 푸이에게는 그다지 영향을 주지 못한 듯하다.

등극, 퇴위, 복벽으로 이어진 파란만장한 삶

짧았던 재위기간마저도 푸이는 '등극―퇴위―복벽'이라는 우여곡절을 겪었다. 청나라 12명의 황제 가운데 유일무이하다.

푸이 등극

광서 34년(1908) 10월 20일 자희태후는 푸이가 황위를 잇는다는 의지를 내렸다. 푸이를 입궐시키라는 자희태후의 의지를 받들고 순친왕은 군기대신, 내관과 함께 북부로 돌아와 푸이를 대궐로 맞았다. 당시의 정경을 푸이는 『나의 전반생』에서 이렇게 회상하였다.

> 광서 34년(1908) 음력 10월 20일 저녁, 순왕부에 일대 혼란이 벌어졌다. 이쪽에서는 노부인이 갓 취임한 섭정왕이 모셔온 자희태후의 의지를 마저 듣기도 전에 이미 기절하였다. 왕부의 내관과 시녀들은 생강차를 먹고 의원을 부르는 등 매우 소란스러웠다. 저쪽에는 온통 아이 울음소리와 어른들이 달래는 소리로 뒤덮였다.
> 섭정왕은 함께 왔던 군기대신과 내관들을 불러 우는 아이에게 옷을 입히라 하면서 동분서주했다. 노부인의 혼절상황을 까마득히 잊은

것 같았다. 그러다가 다시 불려와 혼절한 노부인을 보살피게 되자 이번에는 군기대신 등이 곧 황제가 될 아이를 입궐시키기 위해 자신을 기다린다는 사실을 잊고 있었다. 한참 난리를 피운 뒤 노부인은 결국 정신을 차렸고 부축하여 안채로 들여보냈다.

아이는 아직도 '항명'하면서 내관들이 자신을 안지 못하도록 떼를 썼다. 내관들은 쓴웃음을 지으며 군기대신의 분부를 기다렸지만 군기대신도 속수무책이었다. 섭정왕과 대책을 상의했으나 그도 머리만 끄덕일 뿐 아무런 대책이 없었다.

일대혼란은 유모에 의해 수습되었다. 유모는 내가 슬피 울자 젖을 물렸고 그제야 울음을 그쳤다. 그야말로 번뜩이는 아이디어였다. 군기대신과 아버지는 유모에게 나를 안겨서 중남해로 들어간 뒤 다시 내관에게 넘겨 자희태후에게 데려가기로 결정했다.

푸이는 태어나서부터 세 살까지 줄곧 조모가 길렀다. 순왕부의 규정에 따르면 첫째 아이는 한 달이 지나면 생모 곁을 떠나 조모가 키우고 둘째 아이부터 생모가 키우게 되어 있다. 푸이는 태어나서 한 달이 지나면서 조모의 슬하에서 자랐다. 푸이는 회고록에서 "조모께서는 나를 몹시 사랑하셨다. 유모의 증언에 따르면, 매일 밤 한두 번씩 내 방으로 건너오셔서 나를 보살폈다고 한다. 내게로 올 때면 마룻바닥에서 나는 소리에 내가 깰까 두려워서 신발도 신지 않았다고 한다. 이처럼 세 살까지 줄곧 지켜보았다"고 털어놓았다.

자희태후의 의지가 푸이의 운명을 바꿔놓았다. 입궐한 다음날, 광서제가 세상을 떠나자 세 살배기 푸이는 광서제의 영전에서 곡한 후

자금성의 서6궁

감국섭정왕인

에 자희태후의 병상 앞으로 다가가 머리를 조아리며 쾌유를 빌었다.

광서제의 시신 앞에서 그리고 곧 운명하게 될 자희태후의 면전에서 어린 푸이는 공포와 두려움, 추위와 고통을 견뎌야만 했다. 3일 뒤 자희태후도 세상을 떠났다. 광서제의 빈소는 건청궁에, 자희태후의 빈소는 황극전에 마련되었다. 국상이 치러지면서 황실은 온통 비애 속에 잠겼다. 11월 9일, 푸이는 태화전에서 황위에 올랐다. 『나의 전반생』에는 이렇게 적었다.

나는 그들에게 한참 동안 시달린 데다가 유난히 추운 날씨까지 겹쳐 인내심이 바닥을 드러냈다. 그들이 나를 안고 태화전으로 가서 황위에 앉혔을 때 나는 더 이상 버틸 수 없었다. 아버지는 보좌 아래서 몸을 비스듬히 하고 한쪽 무릎을 꿇은 채, 두 손으로 나를 부축하며 함부로 움직이지 말라고 했지만 나는 몸부림치며 울었고 고함을 질렀다.

"난 여기 안 앉아. 집에 갈래! 집에 가겠단 말이야!"

아버지는 비지땀을 흘리면서 나를 구슬렸다.

"울지 마, 울지 마! 곧 끝나려고 해! 곧 끝날 거야!"

즉위식이 끝나자 문무백관들은 수군거렸다. 왕공대신들은 고개를 숙인 채, 이는 대청제국의 불길한 징조라고들 하였다.

선통제에게는 3명의 아버지와 7명의 어머니가 있었다. 3명의 아버지는 생부인 순친왕 그리고 동치제와 광서제를 두고 이르는 말이다. 선통제는 자희태후의 의지에 따라 동치제와 광서제의 수양자가 되었다. 7명의 어머니는 생모 과얼쟈씨, 서모 등가씨, 동치제의 유비 허서리씨, 동치제의 순비 아루터씨, 동치제의 진비 시린줴뤄씨, 광서제의 황후 여허나라씨(융유태후), 광서제의 근비 타타라씨이다. 생모를 떠나 입궐한 푸이는 융유태후가 양육하게 되었고 유모 왕초씨가 보살폈다. 푸이는 어머니가 7명이나 되었지만 모정이 결여된 환경에서 자랐다.

선통제는 즉위에서 퇴위까지 3년간 황위에 머물렀다. 3세에 즉위하여 6세까지였지만 어린아이였다. 6세부터 육경궁에서 독서했고 9세부터 일기를 적기 시작했다. 조정의 정무는 섭정왕과 융유태후가 대신 처리했다. 대궐 내외에서 일어난 사안들 가운데 선통제에게 가장 큰 영향을 미친 것은 신해혁명이다.

청나라는 두 차례의 아편전쟁, 청일갑오전쟁, 러일전쟁, 영국·프랑스 연합군의 제1차 북경침입과 8국연합군의 제2차 북경침입 등에서 거듭 패전하며 남경조약, 천진조약, 북경조약, 애혼조약, 시모노세키조약, 신축조약 등 굴욕적인 조약을 강요당하였다.

이런 과정을 거치면서 '인심의 향배를 통해 천명을 안다'고 사람들은 황권을 혐오하고 공화정을 열망했으며 군주를 혐오하고 민주를 갈망했다. 손문이 이끈 신해혁명은 시대흐름과 역사조류에 순응했고, 대중들의 요구에 부응함으로써 가까이는 혼란을 싫어하고 대치를 갈망하는 나라 안 민심을 수습하고 멀리는 옛 성인들이 추구했던 천하 위공의 대의를 실천하려고 노력했다.

광서 31년(1905) 일본 도쿄에서 중국동맹회가 성립되었다. 손문을 총리로 추대했고 '오랑캐를 축출하고 중화를 회복하며 민국을 세우고 지권(地權)을 고르게 배분하자'를 혁명 강령으로 삼았다. 광서 32년 7월에 청나라 황실에서는 '헌정제도를 실시한다'는 조서를 내렸다. 먼저 여러 대신들이 헌정제도를 실시하자는 소청을 올렸고 황실에서는 '대권은 조정에 있다,' '민중의 지능은 아직 트지 못하였다'는 이유로 헌정제도의 실시를 수년 뒤로 기약하였다. 광서 33년 4월 동맹회는 민중을 조직하여 광동의 황강, 안휘의 안경, 절강의 소흥 등지에서 봉기했지만 실패했다.

선통 2년(1910) 1월 동맹회는 광동신군을 앞세워 봉기했으나 또다시 실패하고, 선통 3년(1911) 8월 19일 무창신군 봉기를 조직하였다. 봉기군은 호북군정부를 설립하고 여원홍을 도독으로 추대했으며 선통 연호를 폐지했다. 이를 시발점으로 호남 등 13개성이 무창봉기에 호응하고 독립을 선포하면서 청나라는 순식간에 와해되고 말았다. 얼마 뒤 각지의 대표들은 남경회의를 개최하고 손문을 임시대통령으로 추대했으며 양력 기원을 사용하기로 정하였다. 그해가 신해년이었기 때문에 이를 신해혁명이라 한다. 신해혁명은 268년간 지속된 청나라의 왕조통치를 뒤엎었고, 2천년간 지속된 중국의 황제제도에 종말을 고하였다.

선통 3년(1912) 11월 13일 손문은 남경에서 중화민국 임시대통령에 취임하고 중화민국의 성립을 선포하였다. 하지만 곧바로 원세개와 비밀협상을 갖고 자신을 이어 원세개가 중화민국 대통령에 취임한다는 데 합의했다. 신해혁명 승리의 결실을 원세개에게 도둑맞은 것이다.

푸이 퇴위

1912년 2월 12일(선통 3년 12월 25일) 청나라 황실명의로 선통제의 퇴위조서를 반포했다.

일전에 국민군이 봉기를 일으키고 각지에서 분분히 호응하면서 중국이 들끓었고 백성들이 도탄 속에 빠졌다. 이에 원세개를 파견하여 국민군대표와 정국을 상의하도록 한 결과, 국회를 개원하고 공론화를 통해 정치체제를 결정하기로 하였다. 그러나 2개월이 지나도록 적절한 방법을 모색하지 못하였다. 남과 북이 노리면서 대치상태에 있었던 탓에 회담은 중도에서 유야무야되고 말았다. 국체가 하루라도 결정되지 않으면 인심은 계속 불안할 것이다.

지금 온 국민의 민심은 대체로 공화정으로 기울고 있다. 남쪽의 각 성은 공화정의 선제 실행을, 북방의 여러 장수들도 나중에는 이 주장에 가세하였다: 민심의 향배를 통해 천명을 아는 것처럼, 나 또한 어찌 일개 성씨의 영광을 유지하기 위해 만백성들의 바람을 뿌리치겠는가? 밖으로 대세를 관찰하고 안으로 정세를 살펴 특히 황제를 이끌고 통치권을 전국에 돌림으로써 입헌공화국체제로 정하기로 하였다. 그래서 가까이는 혼란을 싫어하고 대치를 열망하는 나라 안 민심을 위로하고, 멀리는 옛 성인들이 추구했던 천하위공의 대의를 실천할 것이다.

원세개는 일전에 자정원(資政院)에서 총리대신으로 선출한 인물이다. 신구세력이 교체하는 이 시기에 남북통일의 방도가 있다면 원세개를 전권대신으로 삼아 임시공화정부를 조직하고 국민군과 통일방법을 협상하게 할 것이다. 아무쪼록 국민이 평안하고 국가가 태평하기를 바랄 뿐이다.

만주, 몽고, 한족, 회족, 장족 등 5개 민족의 영토를 통합하여 중화민국으로 삼도록 한다. 나와 황제께서 물러나 평안하고 한가로운 세월을 보내면서 오랫동안 국민의 대우와 예우를 받고 정치가 더없이 잘 다스려지는 세상이 이루어지는 것을 볼 수 있다면 어찌 의지를 내리지 아니하겠는가!

퇴위조서는 양정동(楊廷棟)이 집필하였다. 그는 청말 거인(擧人)으로 일찍이 일본에서 유학하고 귀국한 뒤에는 영민하고 민첩한 사고와 유창한 문필로 장건의 두터운 신임을 얻었다. 그가 작성한 조서초안은 장건의 윤색과 원세개의 교열을 받은 뒤 융유태후에 의해 최종 발표되었다.

퇴위조서의 끝 부분에는 "나와 황제께서 물러나 평안하고 한가로운 세월을 보내면서 오랫동안 국민의 대우와 예우를 받고 정치가 더

없이 잘 다스려지는 세상이 이루어지는 것을 볼 수 있다 면 어찌 의지를 내리지 아니 하겠는가"라고 하였다. 청왕 조의 종말과 2천년간 지속된 황제제도의 종말을 이처럼 가 볍고 청아하며 절절한 문구로

융유태후와 푸이

구사한 점에서도 문필가의 풍채를 엿볼 수 있다.

그날 대청황제가 퇴위한 뒤에 취할 대우조건과 황실대우조건도 반포했는데 내용은 『청선통정기(清宣統政紀)』에서 찾을 수 있다.

갑. 대청황제가 공화국체제에 찬성하고 퇴위한 뒤, 대청황제에 대한 중화민국의 대우조건은 다음과 같다.

① 대청황제는 퇴위한 뒤에도 존호를 계속 사용할 수 있으며 중화민국은 세계 각국의 군주에 준하는 예우를 한다.

② 대청황제는 퇴위한 뒤에도 매년 백은 400만 냥을 사용할 수 있다. 새로운 화폐 체계가 도입되면 이 금액은 현행 화폐 가치에 맞게 수정하며 그 금액은 중화민국이 지불한다.

③ 대청황제는 퇴위한 뒤, 자금성에 잠시 거주하다가 차후에는 이화원으로 거처를 옮긴다. 친위대는 종전처럼 사용할 수 있다.

④ 대청황제는 퇴위한 뒤에도 그의 종묘, 능침과 봉사(奉祀) 행위에 대해 중화민국은 시위대를 보내 적절한 호위조치를 취한다.

⑤ 덕종의 능침은 미완공단계지만 만약 능침을 영조 또는 보수 그

리고 봉안을 행할 때는 송전대로 할 수 있으며 소요되는 모든 비용은 중화민국이 지불한다.

⑥ 이전에 대궐 내에서 일보던 사람들을 계속 부린다. 다만 더 이상 내관을 모집하지 않는다.

⑦ 대청황제가 퇴위한 뒤, 모든 재산은 중화민국이 특별히 보호한다.

⑧ 기존의 왕실수비대는 중화민국 육군부대에 편성하되 그들의 봉급은 종전과 같다.

을. 청황족에 대한 대우조건

① 청나라 왕공귀족의 작위세습제는 종전과 같다.

② 청나라 황족은 중화민국의 국민과 동등하게 국가의 공권과 사권을 누릴 수 있다.

③ 청나라 황족의 사유재산도 함께 보호한다.

④ 청나라 황족은 병역에서 면제된다.

병. 만주, 몽고, 회족, 장족 등 민족에 대한 우대조건

지금 만주, 몽고, 회족, 장족 각 민족은 공화정에 찬성하므로 이들

태화전에 모셔진 융유태후 영전

에 대한 중화민국의 대우는 다음과 같다.

① 한족과 평등하다.

② 고유재산을 보호한다.

③ 왕공의 작위세습은 종전과 같다.

④ 왕공귀족 가운데 생계유지가 어려운 자에 대해서는 생계비를 최대한 마련해 준다.

⑤ 먼저 팔기의 생계비를 책정하는데, 최종 책정 이전까지는 팔기군의 봉급을 계속 지급한다.

⑥ 종전의 영업, 거주 등에 대한 제한은 일제히 폐지하고 각 주현은 자유로운 입적을 허락한다.

⑦ 만주, 몽고, 회족, 장족 등은 고유의 종교와 신앙생활을 유지한다.

건청궁의 푸이

이상 조건은 공문으로 작성하여 양측 대표가 북경주재 각국의 공사를 만난 뒤 이들로 하여금 자국정부에 전달하도록 했다. 한편 선통제는 퇴위하고도 줄곧 복벽의 기회를 노렸다.

푸이 복벽

푸이가 퇴위하자 이번에는 장훈병변과 선통복벽이라는 해프닝이 연출되었다. 원세개가 죽자 여원홍 부통령이 대통령으로 추대되었고 단기서가 내각총리에 임명되었다. 그러나 두 사람은 국정운영과정에서 사사건건 충돌했다. 대통령과 내각총리의 모순을 일러 부원지쟁(府院之爭, 총통부와 자정원)이라 했다. 이 문제를 해결하기 위해 여원홍은 장훈을 북경으로 불러 도움을 요청했다.

아주 어려운 환경에서 자란 장훈은 군에 입대하고 청불전쟁에 참전하면서 참장이 되었다. 광서 21년(1895) 원세개의 천진신군에 입대했고 얼마 뒤 부장으로 승진했다. 광서 34년(1908)에는 운남제독, 선통 3년(1911) 강남제독에 임명되었다. 신해혁명 이후 장훈은 남경을 고수하면서 국민군과 우화대에서 격전을 벌이다 패하자 물러나서 서주를 지켰다.

청나라 조정에서는 장훈을 강소순무 겸 양강총독으로 임명했다. 원세개가 대통령이 되자 장훈은 다시 장강순열사, 안휘독군이 되었다. 선통제가 퇴위한 뒤, 장훈은 부하들에게 변발을 자르지 못하게 함으로써 청황실에 대한 충성을 나타냈다. 사람들은 그를 '변수', 또한 그가 이끄는 부대를 '변자군'이라 불렀다.

장훈은 부원지쟁의 조정자를 자처하고 1917년 5월에 3천 변자군을 이끌고 북경에 진입했다. 5월 12일(6월 30일) 밤, 장훈은 몰래 대궐로 잠입하여 진보침 등과 복벽계획을 상의하고 사전에 청나라 종실에 알렸다. 5월 13일(7월 1일) 새벽, 장훈은 두루마기에 마고자를 입고 청나라 관모를 쓴 채, 강유위와 북경정부참모총장 겸 육군총장 왕사진(王士珍) 등 50여 명과 함께 입궐하였다.

『나의 전반생』에서 푸이는 이렇게 회상하였다. "양심전에 나가서 장훈을 접견했다. 장훈은 '공화정은 우리의 국정에 맞지 않으니 오직 황제폐하께서 복위하셔야만 만백성이 구출될 수 있습니다.' 내가 말하였다. '나는 나이가 어려 그 중임을 수행할 수 없소이다.' 그러자 장훈은 강희제가 8세에 황위에 올랐다는 이야기를 들려주었다. 내가 말하였다. '사정이 정 그렇다면 어쩔 수 없이 내가 나서야 되겠네요.'"

푸이는 그날을 선통 9년 5월 13일(7월 1일)로 고쳤다. 이어 9개의 조서를 내려 관직을 수여하고 작위를 내렸다. 여원홍을 1등 공신으로

단강황귀태비(端康皇貴太妃)

봉하고 장훈, 왕사진, 진보침, 양돈언, 유정침, 원대화, 장진방 등 7명을 내각의정대신으로 봉했으며 각 부처의 상서도 정했다. 양돈언을 외무부 상서로, 장진방을 도지부 상서, 왕사진을 참모부 대신, 뇌진춘을 육군부 상서, 주가보를 민정부 상서로 임명했다. 또한 서세창과 강유위를 필덕원 정부원장으로, 조이손 등은 고문대신에 봉하였다.

또한 각 성의 독군을 총독과 순무로 삼았다. 장훈은 직예총독, 북양대신을 겸직하며 북경을 지키게 했고 풍국장을 양강총독, 남양대신으로 임명했다. 14일(7월 2일) 구홍기를 대학사로, 심증식을 학부 상서로, 살진빙을 해군부 상서로, 노내선을 법부 상서로, 이성탁을 농공상부 상서로, 첨천우를 우전부 상서로, 궁상눠얼뿌를 이번부 상서로 책봉했다. 그리고 전국에서 정삭을 사용하고 용기를 게양할 것을 요구했다. 그날 북경거리에는 황룡기를 게양하는 기현상이 나타났다.

장훈이 군사를 이끌고 북경에 진입함으로써 푸이는 다시 황제가 되었다. 이는 분명 푸이 또는 선통제의 복벽이다. 그해는 정사년이었기 때문에 역사상 '정사복벽'이라고 한다. 하지만 역사교과서나 수많은 저술에서 볼 수 있듯이 이를 '장훈복벽'이라 칭하는데 이는 결코 적절한 용어가 되지 못한다. '복벽'의 '복'자에 대해 『사기·평원군열전』에서는 "세 번이나 재상자리에서 물러났지만 세 번이나 다시 재상

자리에 복귀하였다"고 했다. 여기서는 회복의 뜻이다. '벽'자에 대해 『시경·이아·석고』에서는 "벽, 임금이다(辟, 君也)"라고 하여 임금의 지위를 의미하였다. 따라서 '복'과 '벽'을 합하면 임금의 지위 또는 황위를 다시 회복한다는 뜻이 된다.

선통제의 복벽은 장훈이 군사를 이끌고 북경으로 진입해서 황위를 회복시킨 것이다. 장훈은 누군가? 그는 장강순무사, 안휘독군이었다. '장훈복벽'이라 하는데 장훈에게 무슨 벽이 있어 회복했다는 말인가? 장훈병변이지 복벽은 아니다.

여원홍은 푸이의 임명을 거부하고 일본 공사관으로 피신했으며, 각 성으로 군사를 보내서 장훈을 토벌하라는 격문을 띄웠다. 그리고 풍국장에게 대통령직을 대행케 하고 단기서를 국무총리에 재임명시켰다. 호남 등지의 독군은 전문을 발표하고 복벽을 반대했다.

15일(3일) 단기서는 역적토벌군을 조직하여 스스로 총사령을 맡고 장훈에 대한 토벌에 나섰다. 18일(6일) 풍국장은 남경에서 대통령대리로 취임하고 단기서를 국무총리로 세웠다. 19일(7일) 남원의 항공학교에서 비행기를 보내 대궐에 폭탄 3개를 투하하였는데 이 때문에 대궐 안은 온통 아수라장으로 변했다. 귀비와 궁녀들이 괴성을 지르면서 탁자 밑에 숨는가 하면 내관들은 놀라서 어쩔 바를 몰랐다.

그날 역적토벌군은 낭방에서 장훈의 변자군을 대파시켰다. 21일(9일) 북경주재 공사관은 청나라 황실에 조회를 보내고 장훈의 무장해제를 권고하라고 요구했다. 24일(12일) 역적토벌군은 북경으로 들어가 장훈의 변자군을 축출했다. 장훈은 동교민항의 네덜란드 공사관으로 피신했다.

푸이의 스승과 아버지는 장훈의 사직을 윤허한다는 교지와 퇴위조서를 대리 작성하였다. 푸이의 두 번째 퇴위조서이다. 대성통곡을 하며 두 번째 퇴위조서를 받았던 푸이의 이때 나이는 14세였다. 12일간 지속되었던 장훈병변과 푸이 복벽의 촌극은 끝내 막을 내렸다. 푸이 복벽이라는 촌극이 막을 내리자 이번에는 푸이가 대궐 밖으로 쫓겨나는 비극이 연출되었다.

국민, 전범, 공민으로 신분이 바뀌다

푸이 복벽의 결과는 사람들에게 "선통제는 본분을 지키지 않는다! 그를 대궐에 계속 머물게 하는 것은 변발머리 하나를 남겨두는 것과 다르지 않다. 대궐이야말로 복벽세력의 본산지이다"라는 사실을 깨닫게 했다. 결국 북경정변이 도래되었다.

민국의 국민

1924년 10월 23일, 풍옥상은 북경정변을 일으키고 자신의 소속부대를 국민군으로 개칭하고 총사령겸 제1군 군단장을 맡았다. 11월 4일 민국정부는 푸이를 대궐에서 내쫓자는 풍옥상의 의안을 인준하였다. 5일, 대궐에서 축출한다는 사실과 선통제의 제호를 폐지한다는 민국의 결정을 푸이에게 공식 전달하였다. 결국 푸이는 민국의 국민이 되었다.

대궐에서 축출된다는 것은 푸이에게는 너무나 갑작스런 일이었다.

녹종린   양심전 침궁 모습

북경수비대 총사령관 녹종린은 푸이에게 2시간 안에 자금성을 떠나라는 통첩을 내렸다. 워낙 급박했기 때문에 대처할 겨를도 없었다. 푸이는 장사돈과 순친왕을 불러서 상의하려 했지만 외부와의 연락이 두절된 상태였다. 융유태후는 이미 죽었고, 동치제의 두 귀비인 경의비와 영혜비는 죽어도 대궐을 떠나려 하지 않았다.

　순친왕이 입궐했지만 주견이 없기는 마찬가지였다. 녹종린의 재촉은 불호령 같았다. 그는 이미 최후통첩시간이 지났으니 제때 떠나지 않으면 대포를 쏘겠다고 으름장을 놓았다. 왕공대신들은 말미의 시간을 주면 조속히 입궐하여 소식을 전하고 철수준비를 하겠노라고 하였다. 녹종린은 군경들에게 "빨리 나가서 외곽의 군부대에게 잠시 포격하지 말라고 알려라! 20분만 더 줄 것이다"라고 명령했다. 내무대신 소영이 입궐하여 20분 안에 대궐을 비우지 않으면 포격하겠다는 사실을 푸이에게 알렸다.

　푸이는 수정된 우대조건에 사인을 하고 대궐을 빠져 나와 순친왕부의 북부에 머물기로 정하였다. 그리고 '황제지보'와 '선통지보' 두 옥새를 내놓았다. 오후 4시 10분 자금성에서 차량 5대가 빠져나왔다. 녹종린이 선두 차량에 탔고 푸이는 두 번째 차량에 탔다. 완용, 문수 및 기타 친족과 수행원들은 세 번째, 네 번째 차량에 탔고 경찰총감 장벽은 다섯 번째 차량에 탔다. 이들은 선통제의 출생지인 순친왕부 북부로 향하였는데 푸이가 처음 입궐할 때 한 말대로 되었다. "난 여기 앉지 않을 거야. 집에 갈래!" 푸이는 정말로 집으로 돌아왔다.

전범

1925년 푸이는 천진으로 거처를 옮겼고 선후로 장원, 정원에 머물렀다. 1931년에는 동북으로 향했고 이듬해에는 일제치하의 만주국 '집정'이 되었다. 1934년 3월에는 '만주제국황제'가 되었지만 1945년 일제가 투항하자 소련군에 생포되었고 1950년 8월에 중국정부에 인도되어 무순의 전범관리소로 이관되었다. 선후 15년의 옥고를 치렀다.

공민

푸이는 1959년 특별사면으로 풀려났고 1964년에는 전국정치협상회위원이 되었다. 1967년 10월 17일 신장암으로 죽었는데 향년 62세였다. 푸이가 죽은 뒤 가족의 동의하에 납골함은 북경 팔보산공묘에 안치되었으나 나중에 팔보산혁명공묘로 옮겨졌다.

한 가지 보충할 것은 푸이가 3세에 등극한 뒤, 황실에서는 그의 '만년길지'를 고려하기도 하였다. 이에 대해서는 두 가지 설이 있다. 하나는 푸이가 등극하고 자신의 '길양(吉壤)'을 청서릉의 숭릉 곁인 왕릉촌에 택해 선통 2년(1910)에 첫 삽을 뜨고 기공식을 가졌다는 것이다. 다른 하나는 1915년, 푸이가 10세 때 '길양'을 왕릉촌에 선택하였다는 것이다. 푸이가 생전에 능침을 영조했는지 여부에 대해 그의 조카 육첨은 "양정분을 숭릉공사의 대신으로 임명했는데 어떻게 동시에 푸이의 능침을 영조할 수 있었겠는가?"라고 답하였다. 따라서 재위기간에 능침이 영조되지는 않은 듯하다. 1994년 홍콩인 장세의가 자금을 대고 청서릉 숭릉 서북쪽에다 '화룡능원'을 세웠다. 장세의는 푸이의 미망인 이숙현과 상의하고 1995년 1월 26일에 푸이의 납골함을 화룡능원으로 이장시켰다.

　　육군고의 『마지막 황제 20년: 아이신지로·육첨회고록』에 따르면, 이숙현은 생전에 "나의 뼈는 절대로 푸이와 합장하지 말라. 나는 팔보산인민공묘로 갈 것이다"라는 유촉을 남겼다. 이숙현의 납골함은 화룡능원에 있는 푸이와 합장하지 않았다.

　　푸이의 가정, 그의 부모 형제에 대해서는 앞서 언급하였다. 푸이는 선후 5명의 부인을 두었다. 황후 궈붜러씨는 이름이 완용으로 다워얼족이다. 1922년에 18세의 푸이와 혼인하였다. 혼전에는 북경 동성의 고루 남모아 골목 35, 37호에 살았다. 푸이는 퇴위한 뒤에 혼인했지만 '우대조건'에 따라 존호는 폐하지 않았기 때문에 혼례를 여전히

완용(오른쪽)과 문수

'대혼'이라 했다. 하지만 푸이는 이미 황제가 아니고 완용도 황후가 아니었다.

숙비 문수는 완용과의 대혼일에 푸이와 혼례를 치렀다. 나중에 천진에서 푸이와 이혼하였다. 상귀인은 타타라씨로 나중에는 담옥령으로 개명하였다. 푸이와는 장춘에서 혼례를 치렀고 1942년에 사망하였다. '복귀인' 이옥금은 1943년에 장춘에서 푸이와 혼인했고 1957년에 헤어졌으며, 2001년에 사망하였다. 이숙현은 1924년 생으로 1962년 5월 1일에 푸이와 결혼했으니 진정한 평민혼이다. 이씨는 1997년에 사망했다.

푸이에게 청나라 망국의 책임을 물을 수는 없다. 또한 그의 시비공과에 대해 평론할 필요도 없다. 다만 청나라 마지막 황제로서 그는 역사에 남을 것이다.

청나라 황제들은 두 가지 우연의 일치현상을 보였다.

하나는 청태조 누르하치는 무순(撫順)시 신빈(新賓)의 허투알라에서 흥기했는데 청나라 마지막 황제가 무순전범관리소에 수감된 점이다. 무순은 청나라의 발원지이자 마지막 황제가 수감되었던 곳이다. 역사의 아이러니이다.

다음은 청나라가 발흥할 때의 황후는 여허나라씨이며 청나라가 망할 때의 태후도 여허나라씨이다. 채동번의 『청사연의』에 이런 구절이 있다. 누르하치가 제천당을 만들 때 석비 하나를 발굴했는데 그 위에 '건주를 멸하는 자는 여허이다(滅建州者葉赫)'라고 적혀 있었다고 한다. 여허나라씨인 자희태후와 융유태후 때 청나라가 망하였다. 그러나 이 내용은 소설가의 추리에 지나지 않는다. 만문, 한문, 조선문에는 그 어디에도 이 금석문에 관한 기록이 없다.

선통제는 3세에 즉위하여 대청제국의 마지막 황제가 되었다. 기원전 221년 진시황이 황제로 칭한 뒤부터 1912년 선통제가 퇴위할 때까지 2,132년 동안 중국에는 492명의 황제가 배출되었다. 푸이는 청나라의 마지막 황제일 뿐만 아니라 중국 역사상 마지막 황제이다. 푸이의 퇴위는 대청제국의 종결이며 중국 황제제도의 종결이기도 하다. 신해혁명과 선통제의 퇴위는 중국 역사상 획기적인 사건으로 공화제는 황제제도를 대체했고 민주제는 군주제를 대체하였다.